Nicolas Heinrichs

Bewertung von Wachstums- und Startup-Unternehmen

Analyse traditioneller Bewertungsverfahren und des stochastischen Modells von Schwartz und Moon

Diplomica® Verlag GmbH

Heinrichs, Nicolas: Bewertung von Wachstums- und Startup-Unternehmen. Analyse traditioneller Bewertungsverfahren und des stochastischen Modells von Schwartz und Moon, Hamburg, Diplomica Verlag GmbH 2008

ISBN: 978-3-8366-6911-5
Druck Diplomica® Verlag GmbH, Hamburg, 2008

Bibliografische Information der Deutschen Bibliothek
Die Deutsche Bibliothek verzeichnet diese Publikation in der Deutschen Nationalbibliografie;
detaillierte bibliografische Daten sind im Internet über
<http://dnb.ddb.de> abrufbar.

Dieses Werk ist urheberrechtlich geschützt. Die dadurch begründeten Rechte, insbesondere die der Übersetzung, des Nachdrucks, des Vortrags, der Entnahme von Abbildungen und Tabellen, der Funksendung, der Mikroverfilmung oder der Vervielfältigung auf anderen Wegen und der Speicherung in Datenverarbeitungsanlagen, bleiben, auch bei nur auszugsweiser Verwertung, vorbehalten. Eine Vervielfältigung dieses Werkes oder von Teilen dieses Werkes ist auch im Einzelfall nur in den Grenzen der gesetzlichen Bestimmungen des Urheberrechtsgesetzes der Bundesrepublik Deutschland in der jeweils geltenden Fassung zulässig. Sie ist grundsätzlich vergütungspflichtig. Zuwiderhandlungen unterliegen den Strafbestimmungen des Urheberrechtes.

Die Wiedergabe von Gebrauchsnamen, Handelsnamen, Warenbezeichnungen usw. in diesem Werk berechtigt auch ohne besondere Kennzeichnung nicht zu der Annahme, dass solche Namen im Sinne der Warenzeichen- und Markenschutz-Gesetzgebung als frei zu betrachten wären und daher von jedermann benutzt werden dürften.

Die Informationen in diesem Werk wurden mit Sorgfalt erarbeitet. Dennoch können Fehler nicht vollständig ausgeschlossen werden und der Verlag, die Autoren oder Übersetzer übernehmen keine juristische Verantwortung oder irgendeine Haftung für evtl. verbliebene fehlerhafte Angaben und deren Folgen.

© Diplomica Verlag GmbH
http://www.diplomica.de, Hamburg 2008
Printed in Germany

Inhaltsverzeichnis

Abbildungsverzeichnis III
Tabellenverzeichnis IV
Abkürzungsverzeichnis V
1. Einleitung 1
2. Methoden der Unternehmensbewertung 2
    2.1. Substanzwertverfahren 2
    2.2. Discounted Cash Flow-Verfahren 4
    2.3. Vergleichsverfahren 7
    2.4. Realoptionen 9
    2.5. Modell von Schwartz/Moon 11
3. Charakteristika von Wachstums- und Startup- Unternehmen 17
    3.1. Definition 17
        3.1.1. Abgrenzung anhand des Lebenszykluskonzeptes 17
        3.1.2. Möglichkeiten der Quantifizierung 20
    3.2. Spezifische Charakteristika junger Wachstumsunternehmen 22
        3.2.1. Mangelnde Datenbasis 22
        3.2.2. Vermögensgegenstände 24
        3.2.3. Erfolgsgrößen und Cash Flows 27
        3.2.4. Unternehmenswachstum 35
        3.2.5. Handlungsflexibilität und Positionierung im wettbewerblichen Kontext . 39
        3.2.6. Insolvenzrisiko 44
        3.2.7. Unternehmenssteuern 47
        3.2.8. Kapitalstruktur und Finanzierung 50
    3.3. Konklusionen für die Bewertung 53
        3.3.1. Zusammenfassung und Anforderungen 53
        3.3.2. Übersicht über die Modellparameter von Schwartz/Moon 54
4. Würdigung der Bewertung von Wachstums- und Startup- Unternehmen 56
    4.1. Anwendbarkeit der klassischen Bewertungsverfahren 56
        4.1.1. Substanzwertverfahren 56
        4.1.2. Discounted Cash Flow-Verfahren 56
        4.1.3. Vergleichsverfahren 58
        4.1.4. Realoptionen 60

	4.2. Anwendbarkeit des Modells von Schwartz/Moon	62
5.	Empirische Analyse des Modells von Schwartz/Moon	64
	5.1. Empirische Befunde und Ermittlung relativer Schätzfehler	64
	5.2. Fallstudie	67
6.	Resümee	72
	6.1. Zusammenfassung	72
	6.2. Ausblick	74
Anhang		76
Literaturverzeichnis		115

Abbildungsverzeichnis

Abbildung 1: Unternehmenswerte im zeitlichen Verlauf 70
Abbildung 2: Erläuterung des Binomialmodells und der Black & Scholes Formel 77
Abbildung 3: Anpassungsprozess der Umsatzvolatilität 78
Abbildung 4: Diskretisierung des Modells von Schwartz/Moon 78
Abbildung 5: Typische Umsatzentwicklung im Lebenszyklus 79
Abbildung 6: Charakteristika der Lebenszyklusphasen eines Unternehmens 80
Abbildung 7: Unternehmen verschiedener Branchen und Lebenszyklusphasen 80
Abbildung 8: Branchenverteilung Neuer Markt 81
Abbildung 9: Branchenverteilung TecDax 81
Abbildung 10: TecDax-Unternehmen mit Branchenzugehörigkeit 82
Abbildung 11: Klassifizierung immaterieller Vermögensgegenstände 84
Abbildung 12: Einzelfragen zur Aktivierung 84
Abbildung 13: Typischer Verlustverlauf junger Wachstumsunternehmen 85
Abbildung 14: Insolvenzhäufigkeit im Zeitablauf 86
Abbildung 15: Einfluss der anfänglichen Umsatzwachstumsvolatilität auf die Insolvenzhäufigkeit und den Unternehmenswert 87
Abbildung 16: Beispielrechnung eines steuerlichen Verlustvortrages 88
Abbildung 17: Besonderheiten bei der Bewertung von Realoptionen 91
Abbildung 18: Histogramm zur Unternehmenswertverteilung von Google 93
Abbildung 19: Beispielhafte simulierte Unternehmenswertverteilungen 97
Abbildung 20: Bestimmung der Kostenparameter 102
Abbildung 21: Verlauf der 1-jährigen US Treasury-Bill Rate 107

Tabellenverzeichnis

Tabelle 1: Abgrenzung junger Wachstumsunternehmen 20
Tabelle 2: Bewertungsanforderungen aufgrund spezifischer Charakteristika 53
Tabelle 3: Schätzverfahren und Quellen zur Parameterbestimmung............................54
Tabelle 4: Gesamtunternehmenswerte und relative Schätzfehler..................................69
Tabelle 5: Verfahrenseignung zur Bewertung junger Wachstumsunternehmen 72
Tabelle 6: Vereinfachtes und indirektes Ermittlungsschema des Cash Flows................76
Tabelle 7: Überblick über gebräuchliche Multiples..76
Tabelle 8: Determinanten und deren Wirkung auf den Optionswert..............................77
Tabelle 9: Übersicht über Klassifizierungsstandards..83
Tabelle 10: Unternehmensmerkmale des ehemaligen Segmentes Neuer Markt............83
Tabelle 11: Verwendung von Wachstumsindikatoren 85
Tabelle 12: Überlebensrate in Abhängigkeit von der Unternehmensgröße...................85
Tabelle 13: Ausfallraten junger Unternehmen in verschiedenen Branchen 86
Tabelle 14: Anleihen-Rating und kumulierte Ausfallwahrscheinlichkeit.......................87
Tabelle 15: Wachstumsfinanzierungsmodell im Lebenszyklus.......................................88
Tabelle 16: Jährliche Renditeerwartungen und Haltedauer von Risikoinvestoren 89
Tabelle 17: Erläuterung und Aufgaben verschiedener Eigenkapitalquellen...................89
Tabelle 18: Übersicht über Mezzanine Finanzierungsinstrumente.................................90
Tabelle 19: Empirische Studien über Einflüsse auf den Verschuldungsgrad 91
Tabelle 20: Inputparameter der Beispiele Amazon, eBay und Google...........................92
Tabelle 21: Aktienkurse von Amazon, eBay und Google und relative Schätzfehler 93
Tabelle 22: Inputparameter der untersuchten Unternehmen auf Quartalsbasis 94
Tabelle 23: S/M-Bewertung und relative Schätzfehler...98
Tabelle 24: Multiple-Bewertung und relative Schätzfehler..99
Tabelle 25: Auswertung der Schätzfehler bei der S/M- und Multiple-Bewertung.......100
Tabelle 26: Beobachtete Gesamtunternehmenswerte 101
Tabelle 27: Bestimmung anfänglicher Wachstumsraten und Wachstumsvolatilitäten.101
Tabelle 28: Bestimmung der Risikoparameter..105
Tabelle 29: Zusammenfassung der Parameterbestimmung 108
Tabelle 30: Inputwerte für Amazon, eBay und Google..110
Tabelle 31: Auswertung der Schätzfehler und Korrelationskoeffizienten....................113
Tabelle 32: Insolvenzwahrscheinlichkeit im Zeitverlauf..113
Tabelle 33: Sensitivität der Modellparameter...114

Abkürzungsverzeichnis

APV	Adjusted Present Value
CAPM	Capital Asset Pricing Model
DCF	Discounted Cash Flow
EBIT	Earnings before Interest and Taxes
EBITDA	Earnings before Interest and Taxes, Depreciation and Amortization
EBT	Earnings before Taxes
EntV	Enterprise Value
EStG	Einkommensteuergesetz
EV	Equity Value
F&E	Forschung und Entwicklung
FCF	Free Cash Flows
FF	Fama-French Industry Classification Codes
FTE	Flow to Equity
GewStG	Gewerbesteuergesetz
GICS	Global Industry Classification Standard
GuV	Gewinn- und Verlustrechnung
HGB	Handelsgesetzbuch
IAS	International Accounting Standards
ICAPM	Intertemporal Capital Asset Pricing Model
ICB	Industry Classification Benchmark
IFRS	International Financial Reporting Standards
IPO	Initial Public Offering
ISIC	International Standard Industrial Classification
KGV	Kurs-Gewinnverhältnis
KMU	Kleinstunternehmen sowie kleinere und mittlere Unternehmen
KStG	Körperschaftsteuergesetz
KUV	Kurs-Umsatzverhältnis
LBO	Leveraged Buy-Out
MBI	Management Buy-In
MBO	Management Buy-Out
NACE	Nomenclature of economic activities
NAICS	North American Industry Classification System

PEG	Price-Earnings-Growth
POS	Percentage-of-Sales
ROA	Return on Assets
ROI	Return on Investments
SIC	Standard Industrial Classification
SolZG	Solidaritätszuschlaggesetz
S/M-Modell	Modell von Schwartz/Moon
TCF	Total Cash Flow
TS	Tax Shields
TV	Terminal Value
US-GAAP	US-General Accepted Accounting Principles
WACC	Weighted Averaged Cost of Capital

1. Einleitung

Die Unternehmensbewertung spielt in der Theorie und für die Praxis eine bedeutende Rolle. In der wissenschaftlichen Literatur werden viele Untersuchungen beschrieben, in deren Fokus vor allem etablierte Unternehmen liegen.[1] Die traditionellen Verfahren eignen sich jedoch wenig zur Bewertung von Wachstums- und Startup- Unternehmen. Die besonderen Charakteristika dieser Unternehmen stellen andere Ansprüche an die Wertermittlung. Die spezifische Bewertung dieser Unternehmen hat insbesondere auch durch das fulminante Kurswachstum und den spektakulären Kurssturz an den Wachstumsbörsen ein beträchtliches Interesse bei den Analysten geweckt.[2]

Der Grundsatz der Zukunftsbezogenheit in der funktionalen Unternehmensbewertung führt zu unsicheren Bewertungsgrundlagen und hat insbesondere für die Bewertung junger Wachstumsunternehmen[3] aufgrund des geringen Wertbeitrages der vorhandenen Vermögenssubstanz im Vergleich zum zukünftigen Entwicklungspotenzial einen großen Einfluss auf den Unternehmenswert.[4] In der funktionalen Unternehmensbewertung bestimmt der jeweilige Bewertungszweck den zur Anwendung kommenden Wertansatz und die Zielrichtung des Kalküls zur Ermittlung eines Unternehmenswertes.[5]

Die Anlässe der Bewertung junger Wachstumsunternehmen sind der Kauf oder Verkauf von Unternehmen bzw. Unternehmensanteilen, die Beteiligungsfinanzierung durch Venture Capital, der Börsengang (IPO), ein Management Buy-In/-Out (MBI/MBO), die Preisfestlegung bei Vergabe von Aktienoptionen oder das Insolvenzverfahren.[6] Häufig wird auch im Rahmen einer Kreditwürdigkeitsprüfung eine Unternehmensbewertung durchgeführt, da junge Wachstumsunternehmen meist nur über eine geringe Substanz zur Kreditsicherung verfügen. Die Erfüllung der Zahlungsverpflichtungen ist in erster Linie abhängig von zukünftigen Zahlungsströmen, die auf der Grundlage einer Unternehmensbewertung offen gelegt werden können.[7]

Junge Wachstumsunternehmen werden häufig durch Produkt- und Prozessinnovationen, hohe Investitionen in immaterielle Vermögensgegenstände, aufsteigenden Kapitalbedarf und Risikokapitaleinsatz in einem dynamischen Wettbewerbsumfeld mit negativen und volatilen Cash Flows determiniert. Die Schätzung der Cash Flows unterliegt

---

[1] Vgl. Peemöller (2005); Copeland/Koller/Murrin (2002); Damodaran (2002a).
[2] Vgl. Bertl (2003), S.119. Bspw. durch das Platzen der New Economy Blase im Jahr 2000.
[3] Im Folgenden wird für die Begriffe „Wachstums- und Startup-Unternehmen" der Begriff „junges Wachstumsunternehmen" synonym verwendet. Vgl. zur Definition Abschnitt 3.1.1.
[4] Vgl. Münstermann (1970), S.21; Bertl (2003), S.89; Peemöller (2005), S.36.
[5] Vgl. Drukarczyk/Schüler (2007), S.93; Peemöller (2005), S.17; Moxter (1983), S.6.
[6] Vgl. Sieben (1993), Sp.4321f.; IDW (2007), S.4; Schefczyk/Pankotsch (2003), S.282.
[7] Vgl. Irmler (2005), S.12.

beträchtlicher Unsicherheit.[8] In dieser spezifischen Bewertungssituation ist ein dynamisches, zeitkontinuierliches und stochastisches Verfahren, welches Unsicherheit und Handlungsflexibilität berücksichtigt, einem teilweise statischen, zeitdiskreten oder deterministischen Verfahren vorzuziehen.

Vor dem Hintergrund der aktuellen Diskussion wird die wichtige Frage zu klären sein, inwieweit sich die Bewertungsverfahren zur Wertermittlung junger Wachstumsunternehmen eignen. Im Fokus steht die Analyse des stochastisch rationalen Bewertungsmodell von Schwartz/Moon[9] (S/M-Modell) mit den Adaptionen von Keiber/Kronimus/Rudolf[10].

Im folgenden Kapitel werden Verfahren zur Unternehmensbewertung dargestellt. Die Abgrenzung und Charakterisierung von Wachstums- und Startup- Unternehmen erfolgt unter Berücksichtigung der Bewertungsverfahren im dritten Kapitel. Anschließend werden die Bewertungsansätze für junge Wachstumsunternehmen zusammengefasst und gewürdigt. Im fünften Kapitel werden bisherige empirische Ergebnisse und eine Fallstudie des S/M-Modells über die Wertermittlung von Amazon.com[11], eBay und Google im Zeitablauf analysiert und ausgewertet. Das abschließende Kapitel dient dem Resümee, wie Wachstums- und Startup-Unternehmen bewertet werden sollten.

2. Methoden der Unternehmensbewertung

2.1. Substanzwertverfahren

Die Substanzwertverfahren stellen Einzelbewertungsverfahren dar. Die Ermittlung des Unternehmenswertes erfolgt durch eine stichtagsbezogene, isolierte Bewertung der einzelnen Vermögensgegenstände und Schulden.[12] Die Substanzwertverfahren werden in Substanzwerte auf der Basis von Reproduktionswerten und auf der Basis von Liquidationswerten unterschieden.

Bei dem Substanzwert auf Basis von Reproduktionswerten wird von der Vorstellung für einen Nachbau des Unternehmens ausgegangen. Grundlage des Reproduktionswertes sind einzelne Neuerrichtungskosten für ein dem zum Bewertungsobjekt äquivalenten Unternehmen. Die Neuerrichtung orientiert sich an den Vermögensgegenständen bzw.

---

[8] Vgl. IDW (2007), S.30. Unsicherheit ist ein Maß für die Größe des Spektrums potenzieller Unternehmenswerte. Durch die Zuordnung von Wahrscheinlichkeiten wird in der Unternehmensbewertung auch von Risiko gesprochen. Die Begriffe werden im Folgenden synonym verwendet [Vgl. Hendel (2003), S.22f.].
[9] Vgl. Schwartz/Moon (2000); Schwartz/Moon (2001).
[10] Vgl. Keiber/Kronimus/Rudolf (2002).
[11] Im Folgenden wird die Abkürzung Amazon für das Unternehmen Amazon.com verwendet.
[12] Vgl. Mandl/Rabel (2005), S.79.

der vorhandenen Substanz des Unternehmens.[13] Zur Ermittlung dieses Substanzwertes werden vom Reproduktionswert des betriebsnotwendigen Vermögens die Schulden bei Fortführung des Unternehmens abgezogen und der Liquidationswert des nicht betriebsnotwendigen Vermögens addiert. Das betriebsnotwendige Vermögen umfasst auch die mangels Anschaffungskosten nicht in der Bilanz aktivierten immateriellen Vermögensgegenstände.[14] Die betriebsnotwendigen Schulden werden mit Nominalwerten und die nicht betriebsnotwendigen Schulden mit Ablösebeträgen angesetzt.[15]

Der Ansatz des Substanzwertes auf Basis von Liquidationswerten geht von einer geplanten Zerschlagung des Unternehmens aus. Die Ermittlung des Liquidationswertes erfolgt, indem von der Summe der mit den erwarteten Veräußerungspreisen angesetzten Vermögensgegenstände bei Verkauf des Unternehmens, die Unternehmensschulden und die durch die Zerschlagung entstehenden zusätzlichen Kosten, z.B. für Insolvenzverwalter und Notar, abgezogen werden.[16] Die Höhe des Liquidationswertes hängt dabei maßgeblich von der unterstellten Auflösungsintensität und der Auflösungsgeschwindigkeit ab. Dies ermöglicht eine Bandbreite an Werten vom reinen Zerschlagungswert bei Auflösung unter Zeitdruck bis hin zur Gesamtveräußerung eines Unternehmens ohne Zeitdruck.[17] Erstreckt sich die Liquidation über einen längeren Zeitraum, dann werden Barwerte der Liquidationserlöse angesetzt.[18]

Der Wertermittlung durch die Substanzwertverfahren kommt inzwischen nur noch eine untergeordnete Bedeutung zu.[19] Besonders bei dem Reproduktionswert wird bei dessen Ermittlung kein direkter Bezug zur geplanten Fortführung des bewerteten Unternehmens und dessen zukünftigen finanziellen Überschüssen hergestellt. Der Liquidationswert wird angesetzt, wenn dieser den Fortführungswert des Unternehmens übersteigt. Generell hat der Liquidationswert daher lediglich den Charakter einer Wertuntergrenze für den Unternehmenswert.[20]

---

[13] Vgl. Krag/Kasperzak (2000), S.30f. Anzusetzen sind Wiederbeschaffungskosten der Güter im gebrauchten Zustand für das betriebsnotwendige Vermögen.
[14] Vgl. Mandl/Rabel (2005), S.80.
[15] Vgl. Ballwieser (2007), S.190.
[16] Vgl. Mandl/Rabel (2005), S.82; Krag/Kasperzak (2000), S.30. Einige Bestandteile des Liquidationswertes entstehen erst durch die Liquidation, z.B. Sozialplanverpflichtungen oder Abfindungen, und andere können aufgrund der Zerschlagung entfallen, wie z.B. Aufwands- und Kulanzrückstellungen [Vgl. Sieben/Maltry (2005), S.399].
[17] Vgl. Mandl/Rabel (2005), S.83.
[18] Vgl. Sieben/Maltry (2005), S.398; Irmler (2005), S.30f.
[19] Die Kombination aus Substanzwert- und Ertragswertverfahren ist aufgrund der willkürlichen Festlegung der Gewichtungsfaktoren nicht mehr praxisrelevant [Vgl. Hayn (2005), S.499].
[20] Vgl. IDW (2007), S.29, S.34; Krag/Kasperzak (2000), S.30; Sieben/Maltry (2005), S.399f.

2.2. Discounted Cash Flow-Verfahren

Der Unternehmenswert wird bei den Discounted Cash Flow-Verfahren (DCF-Verfahren)[21] durch das Kapitalwertkalkül errechnet, indem zukünftige Cash Flows diskontiert werden. Abhängig von der Definition der bewertungsrelevanten Cash Flows und der anzuwendenden Diskontierungszinssätze wird in Entity-Verfahren (Adjusted Present Value (APV)-, WACC-Methode) und Equity-Verfahren (Flow to Equity (FTE)-Methode) differenziert.[22] Grundlage der Bewertung sind die freien Cash Flows (FCF). Denn nur entziehbare Überschüsse bilden die Basis einer rationalen Bewertung. Die FCF stellen eine zahlungsstromorientierte Größe dar und entziehen sich jeglicher bilanzpolitischer Gestaltung.[23]

Ausgehend von einer Vergangenheitsanalyse kann durch die Finanzplanung auf Basis von Planbilanzen sowie Plangewinn- und Verlustrechnungen (Plan-GuV) eine Prognose der erwarteten FCF erfolgen.[24] Ein häufig verwendeter Ansatz zur Planung der Cash Flows ist die Percentage-of-Sales (POS)-Methode.[25] Bei dieser Methode beginnt die nachfrageorientierte Prognose mit Schätzung der Umsatzwachstumsrate. Die prognostizierten Veränderungen der Aktiva, Kosten und der kurzfristigen Verbindlichkeiten verhalten sich proportional in einem konstanten Verhältnis zur erwarteten Umsatzänderung. Die Prognose der Abschreibungen wird meist als prozentualer Anteil am Sachanlagevermögen und die Investitionsausgaben werden aus der Veränderung des Sachanlagevermögens zuzüglich der Abschreibungen kalkuliert.[26] Restliche Planungsgrößen, die sich nicht prozentual zum Umsatz ändern, sind abhängig von Annahmen des Unternehmens, z.B. über die Ausschüttungspolitik, oder errechnen sich aus den bisher bestimmten Größen. Die bewertungsrelevanten FCF können dann entweder direkt aus dem Finanzplan über die Differenz der potentiellen Ein- und Auszahlungen der jeweiligen Periode oder indirekt über die Korrektur von Jahresabschlussgrößen abgeleitet werden.[27]

---

[21] Unter gewissen Bewertungsvoraussetzungen gelangen die Residual Income Methode sowie das Ertragswertverfahren zu den gleichen Ergebnissen wie die DCF-Verfahren. Aus diesem Grund werden diese Verfahren hier nicht vorgestellt [Vgl. Peemöller (2005), S.40].

[22] Die verschiedenen DCF-Methoden führen bei korrekter Anwendung zu identischen Unternehmenswerten [Vgl. Ross/Westerfield/Jaffe (2005), S.482; Drukarczyk/Schüler (2007), S.139]. Die Total Cash Flow (TCF)-Methode wird aufgrund der geringen praktischen Bedeutung nicht näher betrachtet.

[23] Vgl. Drukarczyk/Schüler (2007), S.105, S.123; Nowak (2000), S.43.

[24] Vgl. Brigham/Ehrhardt (2005), S.482; Koller/Goedhart/Wessels (2005), S.232f.

[25] Alternativ wird der Cash Flow auf der Grundlage von Werttreibern ermittelt [Vgl. Rappaport (1998), S.32; Copeland/Koller/Murrin (2002), S.178].

[26] Vgl. Copeland/Koller/Murrin (2002), S.294f.; Brigham/Ehrhardt (2005), S.482.

[27] Siehe Anhang Tabelle 6: Vereinfachtes und indirektes Ermittlungsschema des Cash Flows.

Die zukünftigen Cash Flow-Entwicklungen sind aber nicht vollständig antizipierbar und stehen daher nicht mit Sicherheit fest. Die Unsicherheit muss bei der Bewertung berücksichtigt werden. Generell werden die Sicherheitsäquivalenz-Methode sowie die Risikozuschlagsmethode angewendet. Bei der Sicherheitsäquivalenz-Methode werden die unsicheren Cash Flows in eine als gleichwertig empfundene sichere Zahlung mittels eines Risikoabschlags zu deren Sicherheitsäquivalent transformiert. Die berechneten periodenspezifischen Sicherheitsäquivalente werden mit dem Zinssatz für risikofreie Anlagen diskontiert.[28] Dagegen wird bei der Risikozuschlagsmethode die Unsicherheit der zu diskontierenden Cash Flows über einen Risikozuschlag zum risikofreien Zinssatz im Nenner der Bewertung integriert.[29]

Bei der Wertermittlung wird zwischen einer Detailplanungs- und einer Rentenphase unter Annahme einer unendlichen Unternehmensdauer unterschieden. In der Detailplanungsphase, die üblicherweise die ersten drei bis fünf Jahre umfasst, werden die FCF detailliert geschätzt. Da mit zunehmender zeitlicher Entfernung vom Bewertungszeitpunkt die Möglichkeiten einer genauen Planung abnehmen, sind in der Rentenphase nur noch Trenderwartungen ableitbar, die auf Fortschreibungen der Detailplanungen der ersten Phase beruhen.[30] Der Unternehmenswert setzt sich aus den Barwerten der FCF der Detailplanungsphase und der Rentenphase zusammen.[31] Der Barwert der ewigen Rente wird als Residualwert bzw. Terminal Value (TV) bezeichnet. Bei gegebenem Fremdkapitalbestand wird für das TV ein stabiler Zustand durch ewig wachsende FCF mit der erwarteten langfristigen Wachstumsrate g oder ewig konstante Cash Flows mit Nullwachstum angenommen.[32] Der Einfluss des Residualwertes auf den Unternehmenswert ist umso größer, je kürzer die Detailplanungsphase ist.[33]

Beim WACC-Verfahren erfolgt die Ermittlung eines Gesamtunternehmenswertes im 2-Phasenmodell durch die Diskontierung der von sämtlichen Kapitalgebern entziehbaren FCF mit den durchschnittlich gewogenen Kapitalkosten (Weighted Average Cost of Capital (WACC)). Diese setzen sich aus den mit Risiko bewerteten Renditeforderungen der Eigen- und Fremdkapitalgeber zusammen.[34] Die Fremdkapitalkosten sind bei der

---

[28] Vgl. Mandl/Rabel (2005), S.62; Krag/Kasperzak (2000), S.61ff.; Weckbach (2004), S.94.
[29] Vgl. Grinblatt/Titman (2002), S.377, S.395. Da die Risikozuschlagsmethode in der Praxis bevorzugt wird und sich auf empirisch beobachtbares Verhalten stützen kann, wird im Folgenden nur diese Methode bei der DCF-Bewertung vorgestellt [Vgl. Mandl/Rabel (2005), S.62; Baetge/Niemeyer/Kümmel (2005), S.289].
[30] Vgl. Krag/Kasperzak (2000), S.50; Peemöller (2005), S.37.
[31] Vgl. Titman/Martin (2008), S.277.
[32] Vgl. Copeland/Koller/Murrin (2002), S.337; Irmler (2005), S.38f.
[33] Vgl. Copeland/Koller/Murrin (2002), S.324f.; Nowak (2000), S.87.
[34] Vgl. zur WACC-Formel u.a. Modigliani/Miller (1963), S.436ff.; Ross/Westerfield/Jaffe (2005), S.424; Drukarczyk/Schüler (2007), S.134; Koller/Goedhart/Wessels (2005), S.291.

Ermittlung der Bemessungsgrundlage für die Ertragssteuern als Betriebsausgabe abzugsfähig. Die Steuerlichen Finanzierungsvorteile (Tax Shields (TS)) werden in den WACC erfasst und führen bei steigendem Verschuldungsgrad zu sinkenden WACC.[35] Die Renditeforderung der Eigenkapitalgeber des verschuldeten Unternehmens k_s^F wird üblicherweise auf Basis des kapitalmarktorientierten Capital Asset Pricing Model (CAPM) bestimmt.[36] Die Eigenkapitalkosten bilden sich im CAPM aus der risikolosen Verzinsung und der Marktrisikoprämie, die mit dem unternehmensspezifischen Risiko β multipliziert wird.[37] Das Beta ermittelt sich aus dem Verhältnis der Kovarianz zwischen den Renditeerwartungen des Unternehmens und dem Marktportfolio zu der Renditevarianz des Marktportfolios.[38] Die Marktrisikoprämie wird als historischer Durchschnitt der Differenz zwischen Renditen eines Marktindexes und dem risikolosen Zinssatz bestimmt. Als risikolose Rendite gilt der Zins für quasi sichere Kapitalmarktanlagen, z.B. langfristige öffentliche Anleihen mit ca. 10-jähriger Laufzeit.[39] Um den Marktwert des Eigenkapitals EK_0^{WACC} zu errechnen, wird vom Unternehmensgesamtwert der Marktwert des verzinslichen Fremdkapitals FK_0 subtrahiert.[40] Der Marktwert des Fremdkapitals wird durch Diskontierung der an die Fremdkapitalgeber fließenden Zahlungen mit dem Fremdkapitalkostensatz bestimmt:[41]

$$EK_0^{WACC} = \sum_{t=1}^{T} \frac{FCF_t}{(1+WACC)^t} + \frac{1}{(1+WACC)^T} \overbrace{\frac{FCF_{T+1}}{WACC}}^{TV} - FK_0$$

Beim APV-Ansatz werden die steuerlichen Wertbeiträge separat erfasst. Die Bewertung des Gesamtunternehmenswertes wird in einen Barwert bei unterstellter vollständiger Eigenfinanzierung (V) und in einen Barwert steuerlicher Vorteile (TS) zerlegt. Die FCF werden daher mit der geforderten Rendite der Eigenkapitalgeber für das unverschuldete Unternehmen k_s abgezinst. Da aus dem CAPM nur das Beta für ein Unternehmen mit seiner tatsächlich realisierten Kapitalstruktur gewonnen werden kann, muss das Verschuldungsrisiko durch Transformation des Betas des verschuldeten Unternehmens in ein Beta des unverschuldeten Unternehmens eliminiert werden.[42] Der Barwert der

---

[35] Vgl. Irmler (2005), S.42; Krag/Kasperzak (2000), S.105.
[36] Vgl. Krag/Kasperzak (2000), S.90. Das CAPM basiert auf Überlegungen von Markowitz (1952), S.77ff. und Sharpe (1964), S.425ff.
[37] Vgl. Copeland/Koller/Murrin (2002), S.265; Ross/Westerfield/Jaffe (2005), S.285. Alternativ lassen sich die Eigenkapitalkosten des verschuldeten Unternehmens über einen Ansatz von Modigliani/Miller (1963), S.439, herleiten.
[38] Es kann auf veröffentlichte Beta-Schätzungen, von z.B. Barra, oder auf Regressionsanalysen zur Betafaktorenermittlung zurückgegriffen werden [Vgl. Copeland/Koller/Murrin (2002), S.274].
[39] Vgl. Krag/Kasperzak (2000), S.50; Nowak (2000), S.72; Copeland/Koller/Murrin (2002), S.266f.
[40] Vgl. Mandl/Rabel (2005), S.65; Krag/Kasperzak (2000), S.106.
[41] Vgl. Baetge/Niemeyer/Kümmel (2005), S.273.
[42] Vgl. Krag/Kasperzak (2000), S.101f., S.109; Nowak (2000), S.35f.; Mandl/Rabel (1997), S.367.

periodenspezifischen Steuervorteile ergibt sich durch Diskontierung mit den Fremdkapitalkosten.[43] Durch Addition beider Komponenten und Abzug des Fremdkapitals FK_o wird der Marktwert des Eigenkapitals EK_0^{APV} berechnet:[44]

$$EK_0^{APV} = \overbrace{\sum_{t=1}^{T}\frac{FCF_t}{(1+k_s)^t} + \frac{1}{(1+k_s)^T}\overbrace{\frac{FCF_{T+1}}{k_s}}^{TV}}^{V} + \overbrace{\sum_{t=1}^{T}\frac{is_k FK_{t-1}}{(1+i)^t} + \frac{1}{(1+i)^T}\overbrace{\frac{is_k FK_T}{i}}^{TV}}^{TS} - FK_o$$

Der Bewertungsgegenstand der FTE-Methode ist der unmittelbar den Eigentümern zufließende Zahlungsstrom. Der Marktwert des Eigenkapitals EK_0^{FTE} wird direkt berechnet. Die Diskontierung der FTE erfolgt daher nur mit der Renditeforderung der Eigenkapitalgeber bei Mischfinanzierung k_s^F, d.h. in Bezug auf ein verschuldetes Unternehmen:[45]

$$EK_0^{FTE} = \sum_{t=1}^{T}\frac{FTE_t}{(1+k_s^F)^t} + \frac{1}{(1+k_s^F)^T}\overbrace{\frac{FTE_{T+1}}{k_s^F}}^{TV}$$

Das WACC-Verfahren unter Verwendung einer modifizierten WACC-Formel lässt sich bei konstantem Zielverschuldungsgrad $L° = \frac{FK}{V^F}$ und das APV-Verfahren bei festgelegten zukünftigen Fremdkapitalbeständen und variierenden Verschuldungsgrad direkt anwenden.[46] Das FTE-Verfahren ist durch eine rekursive Berechnung (Rollback-Verfahren) anwendbar.[47]

2.3. Vergleichsverfahren

Die marktorientierten Vergleichsverfahren werden in Multiple-Verfahren auf Basis vergleichbarer Unternehmen, dem sogenannten Comparative Company Approach, sowie in Multiple-Verfahren aufgrund von Erfahrungswerten unterschieden.[48]

Beim Comparative Company Approach wird der Unternehmenswert durch realisierte Marktpreise für vergleichbare Unternehmen ermittelt. Ausgangspunkt ist die Bestimmung von Multiples M_i auf Basis der Marktpreise und einer Bezugsgröße der Vergleichsunternehmen:

$$M_i = \frac{Marktpreis\ des\ Vergleichsunternehmens_i}{Bezugsgröße\ des\ Vergleichsunternehmens_i}$$

Das Multiple wird dann i.d.R. als arithmetisches Mittel aus einer Gruppe von N Vergleichsunternehmen abgeleitet:

$$\bar{M} = \frac{1}{N}\sum_{1=i}^{N}M_i$$

---

[43] Vgl. Mandl/Rabel (1997), S.42
[44] Vgl. Titman/Martin (2008), S.294; Copeland/Koller/Murrin (2002), S.188.
[45] Vgl. Mandl/Rabel (1997), S.367; Krag/Kasperzak (2000), S.109; Nowak (2000), S.27. Bei diesem Nettoansatz werden Änderungen des Fremdkapitalbestandes direkt in der Prognose der FTEs berücksichtigt.
[46] Vgl. Ross/Westerfield/Jaffe (2005), S.484; Krag/Kasperzak (2000), S.98, S.107. Herleitung der Formeln für die modifizierten Kapitalkosten in Miles/Ezzell (1980), S.719ff.
[47] Schildbach (2000), S.707ff., leitet eine geschlossene Formel zur Bewertung mit dem FTE-Verfahren bei variierender Kapitalstruktur her.
[48] Vgl. Mandl/Rabel (2005), S.75.

Durch die Multiplikation der Bezugsgröße des zu bewertenden Unternehmens mit dem durchschnittlichen Multiple wird der potenzielle Marktwert V des Bewertungsobjektes ermittelt:[49]

$$V = \bar{M} \times Bezugsgröße\ des\ Bewertungsobjektes$$

Vergleichbare Unternehmen können anhand der Kriterien Unternehmensgröße, Produktähnlichkeit, Unternehmensalter, Branchenzugehörigkeit, Wettbewerbsposition des Unternehmens, Wachstum und Kapitalstruktur, usw. definiert werden.[50] Aufgrund mangelnder vollständiger Vergleichbarkeit zwischen den Unternehmen wird der ermittelte Wert i.d.R. um pauschale Ab- und Zuschläge modifiziert.[51]

Der Comparative Company Approach kann in folgende Ausprägungen zur Herleitung der Vergleichspreise unterteilt werden: Während bei der Similar-Public-Company-Methode die Börsenkurse der Vergleichsunternehmen am Bewertungsstichtag verwendet werden, liegen der Recent-Acquisitions-Methode die tatsächlich realisierten Kaufpreise vergangener Transaktionen vergleichbarer Unternehmen und bei der Initial-Public Offering (IPO)-Methode die bei Börsengängen erzielten Emissionspreise zugrunde.[52] Die Similar-Public-Company-Methode basiert auf der Annahme eines effizienten Kapitalmarktes.[53] Voraussetzung für die Anwendung dieser Methode ist das Vorhandensein einer geeigneten Anzahl von börsennotierten Unternehmen in der relevanten oder einer vergleichbaren Branche.[54] Die Recent-Acquisitions-Methode interpretiert den Marktwert als Transaktionspreis, der für die Akquisition der Vergleichstransaktionen bezahlt wurde. Der Ansatz nimmt an, dass ähnliche Unternehmen für ähnliche Preise verkauft werden.[55] Die Transaktionspreise enthalten aber eine Prämie, die den Preis über den bisherigen Marktwert anhebt.[56] Anwendungsvoraussetzungen des Ansatzes sind das Vorliegen einer genügend großen Anzahl zeitnaher Transaktionen von Unternehmen der Vergleichsgruppe sowie Informationen über die Höhe der tatsächlich gezahlten Kaufpreise. Die IPO-Methode erlangt nur zur Schätzung von Emissionspreisen im Rahmen von Börseneinführungen Bedeutung.[57]

Die Multiple-Methode auf der Grundlage von Erfahrungswerten verwendet Branchenerfahrungen zur Multiple-Bestimmung. Da das verwendete Multiple dann ein branchen-

---

[49] Vgl. Mandl/Rabel (2005), S.76.
[50] Vgl. Weston/Mitchell/Mulherin (2004), S.232; Schopper (2001), S.289.
[51] Vgl. Irmler (2005), S.33; Löhnert/Böckmann (2005), S.411, S.416.
[52] Vgl. Nowak (2000), S.160; Mandl/Rabel (2005), S.76f.
[53] Vgl. Schopper (2001), S.289; Mandl/Rabel (2005), S.77.
[54] Vgl. Hauser (2003), S.80.
[55] Vgl. Weston/Mitchell/Mulherin (2004), S.232.
[56] Vgl. Weston/Mitchell/Mulherin (2004), S.234. Denn bei Unternehmensakquisitionen ist i.d.R. ein Investor bereit eine Kontrollprämie zu bezahlen. Je nach Bewertungsanlass muss der Transaktionswert daher um eine spezifische Kontrollprämie reduziert werden, um den fairen Unternehmenswert zu erhalten [Vgl. Schopper (2001), S.292; Löhnert/Böckmann (2005), S.414].
[57] Vgl. Mandl/Rabel (2005), S.77.

spezifischer Faktor ist, werden für die Bewertung keine Informationen über realisierte Transaktionspreise oder über Börsenwerte von Vergleichsunternehmen benötigt. Die Anwendung dieser Methode verlangt eine Zuordnung des zu bewertenden Unternehmens zu einer bestimmten Branche sowie die Kenntnis über branchenspezifische Multiples. Die Methode basiert auf vielen Vereinfachungen und bietet nur eine grobe Schätzung des potenziellen Unternehmenswertes.[58]

Als Multiples stehen unterschiedliche Kennzahlen zur Auswahl.[59] Die Auswahl hängt von der Branchenzugehörigkeit, dem Wachstumsprofil, Rechnungslegungsunterschieden sowie von der Umsatz- bzw. Gewinnsituation des Bewertungsobjektes ab.[60] Die Kennzahlen werden in die Kategorien Enterprise-Value (EntV)- und Equity-Value (EV)-Multiples unterteilt. Die Referenzgröße der EntV-Multiples ist der Wert des ganzen Unternehmens, der sich aus dem Marktwert des Eigenkapitals und den Finanzverbindlichkeiten zusammensetzt.[61] Als Bezugsgrößen dienen u.a. Wertgrößen, wie der Umsatz, der bereinigte Gewinn vor Abschreibungen, Zinsen und Steuern (EBITDA), der Gewinn vor Zinsen und Steuern (EBIT), der operative Free Cash Flow oder operative Mengengrößen, wie z.B. die Kundenanzahl oder der Web-Traffic.[62] Zur Ermittlung des Marktwertes des Eigenkapitals sind dann vom errechneten Wert noch die Finanzverbindlichkeiten abzuziehen. Dagegen dient der Marktwert des Eigenkapitals direkt als Referenzgröße bei Anwendung der EV-Multiples. Als Bezugsgrößen werden u.a. der Jahresüberschuss, das Gewinnwachstum oder der Eigenkapitalbuchwert verwendet. Bei Berechnung des Kurs-Gewinnverhältnisses (KGV) wird beispielsweise der Börsenkurs durch den Jahresüberschuss pro Aktie geteilt.[63]

Eine größere Aussagekraft erlangen Multiples auf der Grundlage von zukünftigen erwarteten Erfolgsgrößen. Die benötigten Informationen können aus mehreren Aktienanalysen gewonnen werden.[64]

2.4. Realoptionen

Unter Realoptionen werden Handlungsspielräume verstanden, die in Verbindung mit Investitionsprojekten auftreten.[65] Diese Handlungsspielräume ermöglichen flexible

---

[58] Vgl. Mandl/Rabel (2005), S.78f.
[59] Siehe Anhang Tabelle 7: Überblick über gebräuchliche Multiples.
[60] Bei Branchen mit unterschiedlichen Kapitalintensitäten ist bspw. ein EBIT-Multiple einem EBITDA-Multiple vorzuziehen [Vgl. Löhnert/Böckmann (2005), S.414].
[61] Das nicht betriebsnotwendige Vermögen wird nicht zum Enterprise Value gezählt.
[62] Vgl. Ballwieser (2007), S.202; Löhnert/Böckmann (2005), S.412f.
[63] Vgl. Schopper (2001), S.290; Löhnert/Böckmann (2005), S.412; Hauser (2003), S.80.
[64] Vgl. Löhnert/Böckmann (2005), S.417; Liu/Nissim/Thomas (2007), S.56.
[65] Vgl. Trigeorgis (1996), S.4; Friedl (2003), S.379; Hommel/Lehmann (2001), S.114. Erstmals bezeichnet Myers (1977), S.163, Investitionsmöglichkeiten eines Unternehmens als Realoption.

Reaktionen bzw. Anpassungen der Investitionsentscheidungen durch das Management auf sich ändernde Umweltbedingungen.[66] Neben Handlungsflexibilität berücksichtigt die Realoptionstheorie Unsicherheit und Irreversibilität einer Investition.[67] Da eine höhere Streuung ein höheres Risiko impliziert, steht Unsicherheit gemessen in der Streuung der Cash Flows in den traditionellen Bewertungsmethoden in einer negativen Beziehung zum Unternehmenswert.[68] Dagegen steigt der Wert einer Realoption mit zunehmender Volatilität durch den höheren Handlungsspielraum.[69] Aus dieser Flexibilität folgt eine asymmetrische Risikostruktur, indem Unsicherheit als Chance zukünftiger Wertsteigerungen interpretiert wird und das Verlustrisiko auf die Auszahlungen begrenzt ist.[70]

Eine irreversible Investition unter Unsicherheit und Handlungsflexibilität ist mit einer Finanzoption vergleichbar.[71] Ein Unternehmen mit einer Investitionsmöglichkeit verfügt über eine Option, eine bestimmte Investitionsauszahlung während eines bestimmten Zeitraumes zu tätigen und dafür ein unsicheres Cash Flow-generierendes Projekt zu erhalten. Der Realoptionswert wird durch den Barwert zukünftiger Cash Flows, die Volatilität dieser Cash Flows, die Höhe der Investitionsauszahlungen, die Laufzeit der Option und den risikolosen Zins determiniert.[72] Der Basispreis einer Realoption kann im Gegensatz zu Finanzoptionen im Zeitablauf variieren, da auch künftige von Umweltzuständen abhängige Investitionsauszahlungen berücksichtigt werden.[73] Bei Realoptionen handelt es sich meist um offene bzw. geteilte Optionen amerikanischen Typs, da die Entscheidungsflexibilität i.d.R. jederzeit und mehreren Wettbewerbern offen steht.[74] Für eine Realoptionsbewertung können Modelle zur Bewertung von Finanzoptionen herangezogen werden, wie das nummerische, zeitdiskrete Binomialmodell von Cox/Ross/Rubenstein oder das analytische, zeitkontinuierliche Bewertungsmodell von Black/Scholes.[75]

---

[66] Vgl. Freihube (2001), S.21f.; Krag/Kasperzak (2000), S.118.
[67] Eine Investition ist irreversibel, wenn die Korrektur einer Investitionsentscheidung nicht ohne Kosten und ohne zeitlicher Verzögerung erfolgen kann [Vgl. Freihube (2001), S.18].
[68] Handlungsspielräume können mit den klassischen Verfahren nur schwer abgebildet werden [Vgl. Hommel/Lehmann (2001), S.115]. Jedoch zeigen Fischer/Hahnenstein/Heitzer (1999), S.1207ff., die Berücksichtigung von Handlungsräumen bei DCF-Verfahren mittels retrograden Vorgehens.
[69] Vgl. Müller (2003), S.64; Friedl (2003), S.253; Adams/Rudolf (2005), S.195.
[70] Vgl. Trigeorgis (1996), S.69ff.; Tomaszewski (2000), S.80ff.; Meyer (2006), S.163.
[71] Eine Option ist ein Terminkontrakt, der das Recht ohne Verpflichtung verbrieft, vom Vertragspartner zum vorher festgelegten Preis, den Basispreis, an einem oder mehreren zukünftigen Zeitpunkten, die Optionsfrist, eine Verpflichtung zu kaufen (Call) oder zu verkaufen (Put). Für das Ausübungsrecht wird eine Optionsprämie gezahlt [Vgl. Copeland/Koller/Murrin (2002), S.466].
[72] Siehe Anhang Tabelle 8: Determinanten und deren Wirkung auf den Optionswert.
[73] Vgl. Nowak (2000), S.133.
[74] Vgl. Meyer (2006), S.163ff.
[75] Vgl. Cox/Ross/Rubenstein (1979), S.229ff.; Black/Scholes (1973), S.637ff.
Siehe Anhang Abbildung 2: Erläuterung des Binomialmodells und der Black & Scholes Formel.

Realoptionen werden u.a. nach Verzögerungs-, Beschleunigungs-, Abbruchs-, Erweiterungs- und Einschränkungs-, Nutzungswechsel-, Wachstumsoptionen und Optionen mit stufenweisen Investitionen klassifiziert.[76] Zwischen einzelnen Realoptionen können Interdependenzen bestehen, wenn z.B. Optionen aufeinander aufbauen bzw. voneinander abhängen.[77] Im Realoptionskalkül ergibt sich der Unternehmenswert V aus einem fundamentalen Wert ohne Handlungsflexibilität zuzüglich eines Portfolios von Realoptionswerten. Der fundamentale Wert stellt einen Barwert zukünftiger Cash Flows dar, der nicht durch zukünftige Investitionsentscheidungen beeinflusst wird:

$$V = Fundamentalwert + Optionswerte \text{ [78]}$$

2.5. Modell von Schwartz/Moon

Das rationale Bewertungsmodell von Schwartz/Moon ist ein simulationsbasiertes Verfahren. Es wird eine Bandbreite möglicher Entwicklungspfade für den Unternehmenswert simuliert.[79] Dabei werden explizit die unsicheren Erwartungen über die Entwicklung von zentralen Werttreibern des Unternehmenswertes bei der Wertermittlung einbezogen.[80] Die zentralen Werttreiber werden als zeitstetige stochastische Prozesse modelliert und für einen relativ langen Zeithorizont in die Zukunft simuliert.[81] Die erste veröffentlichte Version des Modells von Schwartz/Moon (2000)[82] wird später selbst von Schwartz/Moon (2001)[83] sowie von Keiber/Kronimus/Rudolf (2002)[84] weiterentwickelt, indem der variable Kostensatz als dritter Risikofaktor neben der Umsatzentwicklung und der erwarteten Umsatzwachstumsrate als stochastischer Prozess in die Modellstruktur integriert wird. Zusätzlich erfolgt die Modifizierung der ursprünglichen Verlustvortrag- und Steuerfunktion.[85] Der Unternehmenswert wird durch Diskontierung zukünftiger Cash Flows in Abhängigkeit von stochastisch modellierten sowie weiteren Parametern unter dem risikoneutralen Wahrscheinlichkeitsmaß ermittelt.

---

[76] Vgl. Trigeorgis (1996), S.2f., 9ff.; Copeland/Koller/Murrin (2002), S.472f. Erläuterungen im Abschnitt 3.2.5.
[77] Bei komplexeren Optionsbündeln eignen sich weniger analytische Verfahren zur Bewertung, sondern es wird auf numerische Verfahren oder Simulationstechniken zurückgegriffen [Vgl. Schwartz/Trigeorgis (2001), S.10; Böhmer (2003), S.34f.].
[78] Vgl. Myers (1977), S.150, S.163; Trigeorgis (1996), S.124; Tomaszewski (2000), S.54ff.
[79] Vgl. Böhmer (2003), S.68.
[80] Vgl. Schwartz/Moon (2001), S7f.; Rudolf (2004), S.454.
[81] Vgl. Adams/Rudolf (2005), S.197.
[82] Vgl. Schwartz/Moon (2000), S.62ff.
[83] Vgl. Schwartz/Moon (2001), S.1ff.
[84] Vgl. Keiber/Kronimus/Rudolf (2002), S.735ff.
[85] Die Darstellung des Modells wird im Folgenden unter Berücksichtigung der Weiterentwicklungen erfolgen.

Ein stochastischer Prozess beschreibt die Wertentwicklung von Zufallsvariablen im Zeitverlauf.[86] Bei einem zeitstetigen stochastischen Prozess kann die Zufallsvariable in einem Zeitraum beliebig oft die Ausprägung ändern.[87] Der Standard-Wiener-Prozess ist ein solcher zeitstetiger stochastischer Zufallsprozess.[88] Die Wahrscheinlichkeitsverteilungen der zukünftigen Ausprägungen hängen dabei nur vom aktuellen Wert der Variablen und nicht von Vergangenheitswerten ab. Aus dem Standard-Wiener-Prozess lässt sich die arithmetische Brownsche Bewegung mit Drift μ_x und Volatilität σ_x konstruieren. Der Drift gibt den erwarteten absoluten Zuwachs und die Volatilität die Schwankungsintensität der zugrundeliegenden Variable $x(t)$ an. Die Dynamik des Standard-Wiener-Prozesses bei marginaler Änderung der Zeit dt beträgt $dz_x(t)$.[89] Beziehen sich der Drift und die Volatilität auf die relative Änderung und sind unabhängig vom Niveau der Variablen $x(t)$ handelt es sich um eine geometrische Brownsche Bewegung mit Drift:[90]

$$\frac{dx(t)}{x(t)} = \mu_x dt + \sigma_x dz_x(t)$$

Die Tendenz einer Zufallsvariablen $x(t)$ mit der Anpassungsgeschwindigkeit κ_x zu ihrem langfristigen Mittelwert $\bar{x}$ zu gelangen, wird als Mean-Reversion bezeichnet. Berücksichtigung findet dies beim Ornstein-Uhlenbeck-Prozess:[91]

$$dx(t) = \kappa_x[\bar{x} - x(t)]dt + \sigma_x dz_x(t)$$

Hierbei kann der Drift $\kappa_x[\bar{x} - x(t)]$ im Zeitablauf positive und negative Werte annehmen. Der Drift und die Volatilität sind abhängig von der Zeit t und dem erreichten Niveau $x(t)$. Die geometrische Brownsche Bewegung und der Ornstein-Uhlenbeck- Prozess sind Spezialfälle des Itô-Prozesses.[92]

Im S/M-Modell liegt der Schwerpunkt der stochastischen Modellierung auf der zeitlichen Entwicklung der Umsatzerlöse $R(t)$. Die Umsatzentwicklung wird durch die geometrische Brownsche Bewegung modelliert:[93]

$$\frac{dR(t)}{R(t)} = \mu(t)dt + \sigma_R(t)dz_R(t)$$

Die Umsatzerlöse entwickeln sich mit der erwarteten Wachstumsrate $\mu(t)$ und der Volatilität $\sigma_R(t)$. Das stochastische Element $dz_R(t)$ ist eine Zufallsvariable der Normalverteilung und beschreibt die Dynamik des Standard-Wiener-Prozesses. Es wird angenommen, dass junge Wachstumsunternehmen in den Anfangsjahren zunächst hohe

---

[86] Vgl. Meyer (2006), S.77.
[87] Vgl. Dixit/Pindyck (1994), S.60f.; Mostowfi (2000), S.20.
[88] Dieser Prozess hat einen Drift von null und eine Varianz von eins [Vgl. Hull (2006), S.263ff.].
[89] Vgl. Mostowfi (2000), S.23.
[90] Vgl. Specht (2000), S.37.
[91] Vgl. Dixit/Pindyck (1994), S.74ff.
[92] Für den Erwartungswert und die Varianz der Veränderungen des Itô-Prozesses gelten: $E = \mu(x,t)dt$ und $\sigma^2(x,t)dt$.
[93] Vgl. Schwartz/Moon (2000), S.62; Keiber/Kronimus/Rudolf (2002), S.737; Meyer (2006), S.86.

Wachstumsraten der Umsatzerlöse aufweisen. Da das hohe Umsatzwachstum aber nicht langfristig realisierbar ist, wird es sich im Zeitverlauf verringern und an einen langfristigen Mittelwert, z.B. dem Branchendurchschnitt, annähern.[94] Entsprechend wird die Entwicklung der Umsatzwachstumsrate $\mu(t)$ anhand eines Ornstein-Uhlenbeck-Prozesses modelliert:
$$d\mu(t) = \kappa_\mu[\bar{\mu} - \mu(t)]dt + \sigma_\mu(t)dz_\mu(t)$$

Der Parameter κ_μ legt die Konvergenzgeschwindigkeit fest, mit der die Umsatzwachstumsrate $\mu(t)$ gegen den langfristigen Durchschnitt $\bar{\mu}$ konvergiert. Mit $\sigma_\mu(t)$ werden die Schwankungen der Veränderungen von $\mu(t)$ erfasst. Durch die stochastische Komponente $\sigma_R(t)dz_R(t)$ kann das realisierte vom erwarteten Umsatzwachstum abweichen.[95] Für die Volatilitäten wird ebenfalls ein Konvergenzverhalten unterstellt. Ursache der anfänglich überdurchschnittlichen Volatilität ist die erhöhte Unsicherheit in den Anfangsjahren des Unternehmens, die durch die Etablierung des Unternehmens am Markt im Zeitablauf sinkt. Die Volatilitäten $\sigma_R(t)$ und $\sigma_\mu(t)$ konvergieren mit den Anpassungsgeschwindigkeiten von κ_{σ_R} bzw. κ_{σ_μ} gegen ein langfristig niedriges Durchschnittsniveau von $\bar{\sigma}_R$ bzw. gegen einen Durchschnittswert, welcher von Schwartz/Moon zur Vereinfachung auf null festgelegt wird.[96] Die Entwicklungen der Volatilitäten sind nicht stochastisch:[97]

$$d\sigma_R(t) = \kappa_{\sigma_R}[\bar{\sigma}_R - \sigma_R(t)]dt \qquad d\sigma_\mu(t) = -\kappa_{\sigma_\mu}\sigma_\mu(t)dt$$

Die Unterteilung der Gesamtkosten $C(t)$ erfolgt in proportional zum Umsatz $R(t)$ abhängige variable Kosten $\gamma(t)R(t)$ mit dem Kostensatz $\gamma(t)$ und in modellkonstante Fixkosten F:
$$C(t) = \gamma(t)R(t) + F$$

In der Modellerweiterung von Schwartz/Moon (2001) wird der variable Kostensatz $\gamma(t)$ als dritter Risikofaktor in das Modell implementiert.[98] Die stochastische Dynamik des $\gamma(t)$ folgt mit der Tendenz zum langfristigen Durchschnitt einem Ornstein-Uhlenbeck-Prozess:[99]
$$d\gamma(t) = \kappa_\gamma[\bar{\gamma} - \gamma(t)]dt + \sigma_\gamma(t)dz_\gamma(t)$$

Die Variable $\sigma_\gamma(t)$ stellt die Volatilität der Veränderungen des $\gamma(t)$ dar und der Parameter κ_γ bezeichnet die Anpassungsgeschwindigkeit bei der Entwicklung des $\gamma(t)$ gegen seinen langfristigen Mittelwert $\bar{\gamma}$. Die Variable $dz_\gamma(t)$ beschreibt die

---

[94] Vgl. Schwartz/Moon (2000), S.62; Böhmer (2003), S.68; Bertl (2003), S.118.
[95] Vgl. Irmler (2005), S.75.
[96] Siehe Anhang Abbildung 3: Anpassungsprozess der Umsatzvolatilität.
[97] Vgl. Schwartz/Moon (2000), S.63; Keiber/Kronimus/Rudolf (2002), S.738.
[98] In der ersten Version des Modells werden die Kosten als deterministische pfadabhängige Gleichung modelliert: $C(t) = (\alpha + \beta)R_t + F$, wobei α einen Anteil der variablen Herstellkosten und β einen Anteil der variablen sonstigen Kosten an den Umsatzerlösen darstellen. Durch die Komponente F werden die Fixkosten berücksichtigt [Vgl. Schwartz/Moon (2000), S.63].
[99] Vgl. Schwartz/Moon (2001), S.10; Keiber/Kronimus/Rudolf (2002), S.739.

unerwartete Komponente der variablen Kosten des Standard-Wiener-Prozesses. Die Volatilität des Kostensatzes $\sigma_\gamma(t)$ folgt einem deterministischen Mean-Reversion-Prozess:[100]

$$d\sigma_\gamma(t) = \kappa_{\sigma_\gamma}[\bar{\sigma}_\gamma - \sigma_\gamma(t)]dt$$

Mit der Anpassungsgeschwindigkeit κ_{σ_γ} nähert sich die Volatilität des Kostensatzes $\sigma_\gamma(t)$ an den langfristigen Mittelwert der Volatilität des Kostensatzes $\bar{\sigma}_\gamma$ an. Die Korrelationen zwischen der tatsächlichen Umsatzentwicklung, des erwarteten Umsatzwachstums und des variablen Kostensatzes können auf Grundlage der Korrelationskoeffizienten $\rho_{R,\mu}$, $\rho_{R,\gamma}$ und $\rho_{\mu,\gamma}$ formalisiert werden:[101]

$$\rho_{R,\mu}dt = dz_R(t)dz_\mu(t) \qquad \rho_{R,\gamma}dt = dz_R(t)dz_\gamma(t) \qquad \rho_{\mu,\gamma}dt = dz_\mu(t)dz_\gamma(t)$$

Die Wertermittlung erfolgt auf Basis des Kassenbestandes bzw. der Cash Flows. Neben der Entwicklung der drei Risikofaktoren über die stochastischen Prozesse werden pfadabhängige deterministische Variablen eingeführt.

Die Entwicklung des Sachanlagevermögens wird von den periodischen Investitionen $CE(t)$ und Abschreibungen $D(t)$ beeinflusst: $\qquad dPPE(t) = [CE(t) - D(t)]dt$

Die Periodenabschreibungen $D(t)$ werden als fester Prozentsatz DR vom bestehenden Sachanlagevermögen zu Periodenbeginn kalkuliert: $\qquad D(t) = DR \, PPE(t)$

Für einen Detailplanungszeitraum bis zum Zeitpunkt $\bar{t}$ werden die Investitionen aus den Planzahlen $CAPEX(t)$ verwendet und für den Zeitraum danach aus einem konstanten Prozentsatz CR vom Umsatz:[102]

$$CE(t) = \begin{cases} CAPEX(t), & falls \, t < \bar{t} \\ CR \, R(t), & falls \, t \geq \bar{t} \end{cases}$$

In den Unternehmenssteuerzahlungen $T(t)$ wird ein Verlustvortrag $L(t)$ berücksichtigt, indem die zu bewerteten Wachstumsunternehmen erst nach Abbau des Verlustvortrages Steuern zahlen. Wenn der Unternehmenssteuersatz mit s bezeichnet wird, dann gilt:[103]

$$T(t) = \begin{cases} 0, & falls \, [R(t) - C(t) - D(t) - L(t)] < 0 \\ [R(t) - C(t) - D(t) - L(t)]s, & sonst \end{cases}$$

Keiber/Kronimus/Rudolf (2002) entwickeln folgende Funktion für den Verlustvortrag in Abhängigkeit des erzielten Gewinns nach Steuern $Y(t)$:[104]

$$dL(t) = \begin{cases} -[Y(t) + T(t)]dt, & falls \, L(t) > [Y(t) + T(t)]dt \\ -max[L(t)dt, 0], & sonst \end{cases}$$

---

[100] Vgl. Rudolf (2004), S.455; Kronimus (2003), S.55.
[101] Vgl. Schwartz/Moon (2000), S.63f.; Keiber/Kronimus/Rudolf (2002), S.739.
[102] Vgl. Schwartz/Moon (2001), S.11; Keiber/Kronimus/Rudolf (2002), S.739f.
[103] Vgl. Keiber/Kronimus/Rudolf (2002), S.739. Diese Funktion unterscheidet sich von der Steuerfunktion von Schwartz/Moon. Dort ergeben sich nur Steuerzahlungen, wenn der Verlustvortrag null ist, d.h. nicht in Perioden, in denen der Vorsteuergewinn größer als der Verlustvortrag ist [Vgl. Schwartz/Moon (2000), S.63].
[104] Vgl. Keiber/Kronimus/Rudolf (2002), S.740. Dagegen wird in der ursprünglichen S/M-Formel ein negativer Verlustvortrag berücksichtigt, wenn der Vorsteuergewinn größer als der Verlustvortrag ist: $dL(t) = \begin{cases} -Y(t)dt, & falls \, L(t) > 0 \\ max[Y(t)dt, 0], & falls \, L(t) = 0 \end{cases}$ [Vgl. Schwarz/Moon (2000), S.63].

Für den Gewinn nach Steuern $Y(t)$ gilt: $\qquad Y(t) = R(t) - C(t) - D(t) - T(t)$

Es wird unterstellt, dass die generierten Cash Flows $Y(t) + D(t) - CE(t)$ vollständig thesauriert und in die Veränderung des Kassenbestands $dX(t)$ im Zeitintervall dt einfließen werden. Der verfügbare Kassenbestand $X(t)$ wird mit dem stetigen risikolosen Zinssatz r verzinst. Die Entwicklung des Kassenbestandes wird modelliert:

$$dX(t) = \left[r\,X(t) + \overbrace{Y(t) + D(t) - CE(t)}^{Cash\ Flow} \right] dt$$

Fällt der Kassenbestand $X(t)$ in einer Periode unter eine vorgegebene Grenze X^*, dann folgt die Insolvenz des Unternehmens.[105] Sobald der Pfad des Kassenbestandes die kritische Grenze unterschreitet, bricht die Simulation dieses Pfades ab und der Wert des Unternehmens am Ende des Simulationszeitraumes beträgt in diesem Fall null.[106]

Da die Bewertung auf der Basis des risikoneutralen Wahrscheinlichkeitsmaßes erfolgt, wird die Unsicherheit gemäß der marktorientierten Sicherheitsäquivalenz-Methode durch einen Risikoabschlag bei der Ermittlung der zentralen Werttreiber berücksichtigt.[107] Bei diesem Konzept werden Martingale-Wahrscheinlichkeiten zur Wertermittlung zukünftiger Cash Flows genutzt. Die Risikoanpassung erfolgt durch eine Driftadjustierung der stochastischen Prozesse. Wenn λ_R den Marktpreis des Risikos der tatsächlichen Umsatzveränderungen, λ_μ den Marktpreis des Risikos des erwarteten Umsatzwachstums und λ_γ den Marktpreis des Risikos des variablen Kostensatzes bezeichnen, dann werden die stochastischen Prozesse bei unterstellter Gültigkeit des zeitstetigen, kapitalmarktorientierten Intertemporal Capital Asset Pricing Model (ICAPM) nach Merton (1973a) für Individuen mit logarithmischen Nutzenfunktionen und bei Vollständigkeit des Kapitalmarktes unter dem risikoneutralen Wahrscheinlichkeitsmaß folgendermaßen transformiert:[108]

$$\frac{dR(t)}{R(t)} = [\mu(t) - \lambda_R\,\sigma_R(t)]dt + \sigma_R(t)\,dz_R^{\Pi}(t)$$

$$d\mu(t) = [\kappa_\mu(\bar{\mu} - \mu(t)) - \lambda_\mu \sigma_\mu(t)]dt + \sigma_\mu(t)\,dz_\mu^{\Pi}(t)$$

$$d\gamma(t) = [\kappa_\gamma(\bar{\gamma} - \gamma(t)) - \lambda_\gamma \sigma_\gamma(t)]dt + \sigma_\gamma(t)\,dz_\gamma^{\Pi}(t)$$

Die Dynamiken der Standard-Wiener-Prozesse dz_R^{Π}, dz_μ^{Π} und dz_γ^{Π} sind

---

[105] Vgl. Schwartz/Moon (2001), S.11.
[106] Vgl. Adams/Rudolf (2005), S.202.
[107] Schwartz/Moon (2000) wenden sich von der üblichen in DCF-Verfahren genutzten Risikoberücksichtigung mittels eines risikoadjustierten Diskontierungszinssatzes ab. Die Risikoberücksichtigung erfolgt vielmehr bei der Berechnung der Cash Flows im Rahmen der risikoneutralen Bewertung [Vgl. Irmler (2005), S.69].
[108] Vgl. Keiber/Kronimus/Rudolf (2002), S.741; Merton (1973a), S.876ff. Schwartz/Moon (2001), S.12, legen fest, dass die Risikoprämien der stochastischen Prozesse des erwarteten Umsatzwachstums und des variablen Kostensatzes den Wert null annehmen In diesen Fällen kann eine Driftadjustierung dieser Gleichungen entfallen.

stochastische Prozesse unter dem risikoneutralen Wahrscheinlichkeitsmaß Π.[109] Im genutzten Spezialfall des ICAPM unter der Annahme logarithmischer Nutzenfunktionen bestimmt sich die Risikoprämie als Kovarianz σ_{iM} zwischen den Renditen des Marktportfolios M und den Renditen des Wertpapiers i:[110] $\quad \sigma_{iM} = \rho_{iM}\sigma_i\sigma_M = \lambda_i\sigma_i$
Dementsprechend errechnen sich die Risikovariablen durch die Multiplikation der Marktvolatilität σ_M mit den jeweiligen Korrelationskoeffizienten:

$$\rho_{RM}\sigma_M = \lambda_R \qquad \rho_{\mu M}\sigma_M = \lambda_\mu \qquad \rho_{\gamma M}\sigma_M = \lambda_\gamma$$

Der Unternehmenswert $V(t)$ ist dann abhängig von mehreren Zustandsvariablen:

$$V(t) = V[R(t), \mu(t), \gamma(t), X(t), PPE(t), L(t), t]$$

Um das Modell von Schwartz/Moon mithilfe des nummerischen Monte-Carlo-Ansatzes simulieren zu können, müssen die zeitstetigen in zeitdiskrete Prozesse transformiert werden.[111] Ein stochastischer Prozess ist zeitdiskret, wenn der Zeitparameter t in einer Folge von Zeitpunkten erfasst wird.[112] Werden die Zeitabstände sehr klein gewählt, dann stellen zeitdiskrete stochastische Prozesse eine Approximation an den kontinuierlichen Fall dar. Die Darstellung der zeitdiskreten Gleichungen erfolgt im Anhang.[113] Die Monte-Carlo-Simulation stellt einen Zufallszahlengenerator dar, indem mögliche Realisationen der stochastischen Prozesse durch eine Nährungslösung ermittelt werden. Dabei werden viele Szenarien des Modells durch die wiederholende Auswahl von Werten von den vorher definierten Wahrscheinlichkeitsverteilungen für die stochastischen Variablen methodisch erzeugt. Jedes Szenario beschreibt eine Erwartung. Die Erwartungen können als Output des Modells definiert werden.[114] Aus der simulierten Wahrscheinlichkeitsverteilung der Kassenbestände lässt sich der Erwartungswert des Unternehmenswertes bestimmen. Der gesamte Wachstumsprozess wird auf verschiedenen Pfaden modelliert. Das Unternehmen kann dann bspw. in 20% aller Fälle in die Insolvenz geraten und in 80% aller Fälle überstehen.[115]

Der Barwert des Unternehmenswertes V_0 ergibt sich durch Diskontierung des erwarteten Kassenbestandes und Residualwertes zum Zeitpunkt T unter dem risikoneutralen Wahrscheinlichkeitsmaß.[116] Aus dem arithmetischen Mittel aller simulierten Kassenbestände am Ende des Simulationszeitraumes T resultiert ein Schätzwert für den erwarteten Kassenbestand. Der Residualwert errechnet sich über ein EBITDA-

---

[109] Vgl. Keiber/Kronimus/Rudolf (2002), S.741.
[110] Vgl. Brennan/Schwartz (1982), S.519.
[111] Vgl. Kronimus (2003), S.166; Schwartz/Moon (2000), S.64; Meyer (2006), S.98.
[112] Vgl. Mostowfi (2000), S.20; Irmler (2005), S.141.
[113] Siehe Anhang Abbildung 4: Diskretisierung des Modells von Schwartz/Moon.
[114] Vgl. Mun (2006), S.74.
[115] Vgl. Adams/Rudolf (2005), S.197.
[116] Vgl. Keiber/Kronimus/Rudolf (2002), S.740.

Multiple M. Die EBITDA-Werte werden zum Zeitpunkt T arithmetisch gemittelt, um den erwarteten EBITDA-Wert zu erhalten. Das EBITDA-Multiple wird anschließend auf den Mittelwert des EBITDA angewendet.[117] E^Π bezeichnet den Erwartungsoperator in Hinblick auf das äquivalente Martingalmaß Π. Die Summe der Werte wird zur Ermittlung des Unternehmenswertes mit dem risikolosen Zinssatz diskontiert:[118]

$$V_0 = E^\Pi[X(t) + \overbrace{M\{R(t) - C(t)\}}^{Restwert}]e^{-rT}\text{[119]}$$

Durch die Differenz von dem gegenwärtigen Gesamtunternehmenswert V_0 und dem Marktwert des Fremdkapitals wird der Marktwert des Eigenkapitals des verschuldeten Unternehmens berechnet.[120] Zur Bestimmung der über 35 Modellparameter können die erforderlichen Daten aus Quartalsberichten der Unternehmen, aus Analystenschätzungen, aus Branchenvergleichen oder aus Marktinformationen gewonnen werden. Im Folgenden dritten Kapitel werden mögliche Schätzverfahren und Quellen der Parametrisierung anhand der Charakteristika junger Wachstumsunternehmen dargestellt. Die Ergebnisse werden im Abschnitt 3.3.2 in einer Tabelle aufgelistet.

3. Charakteristika von Wachstums- und Startup- Unternehmen

3.1. Definition

3.1.1. Abgrenzung anhand des Lebenszykluskonzeptes

Die Betrachtung des Lebenszyklus eines Unternehmens ist notwendig, um die Besonderheiten und Probleme bei der Bewertung von Wachstumsunternehmen im Vergleich zu etablierten Unternehmen zu verdeutlichen.[121] Ein Unternehmen durchläuft einen Entwicklungsprozess, der in mehrere idealtypische Phasen eingeteilt werden kann. Die Lebenszyklusphasen eines Unternehmens lassen sich typischerweise in die Gründungs- bzw. Anlaufphase, die Wachstumsphase, die Phase der Reife bzw. der Stagnation und abschließend in die Phase des Rückgangs einteilen.[122] Eine Übersicht zur typisch s-förmigen Umsatzentwicklung im Lebenszyklus und zu den Charakteristika der einzelnen Phasen erfolgt im Anhang.[123]

---

[117] Vgl. Keiber/Kronimus/Rudolf (2002), S.742f.
[118] Eine Diskontierung mit dem risikolosen Zinssatz ist möglich, da das Risiko schon gemäß der marktorientierten Sicherheitsäquivalenz-Methode bei der Driftadjustierung der stochastischen Prozesse berücksichtigt wird.
[119] Vgl. Schwartz/Moon (2001), S.12.
[120] Vgl. Irmler (2005), S.82; Schwartz/Moon (2001), S.8.
[121] Vgl. Damodaran (2002a), S.638; Böhmer (2003), S.20.
[122] Vgl. Hanks/Watson/Jansen/Chandler (1993), S.10; Porter (1999), S.217ff.; Damodaran (2002a), S.639; Adams/Rudolf (2005), S.199.
[123] Siehe Anhang Abbildung 5: Typische Umsatzentwicklung im Lebenszyklus und Abbildung 6: Charakteristika der Lebenszyklusphasen eines Unternehmens.

Nach Konzeptentwicklung der Produkt- und Geschäftsidee erfolgt in der Gründungs- bzw. Anlaufphase zunächst die formale Unternehmensgründung. Neben der Produktentwicklung zur Marktreife werden erste Marketingaktivitäten vorgenommen. Anschließend wird das Produkt oder die Dienstleistung am Markt eingeführt.[124] Für den Leistungserstellungsprozess müssen notwendige Ressourcen, wie u.a. Kapital, Mitarbeiter und Lieferanten gewonnen werden.[125] In dieser Phase erzielt das Unternehmen meist nur geringe Umsätze bei hohen Investitionsaufwendungen. Es sind weder umfassende Informationen über die operative Tätigkeit noch vergleichbare Unternehmen am Markt vorhanden. Daher ist nur das zukünftige Potenzial für die Bewertung ausschlaggebend.[126]

In der Wachstumsphase können erfolgreiche Unternehmen den Markt durchdringen. Durch steigende Umsatzerlöse werden die Produktionskapazitäten und das Vertriebssystem ausgebaut.[127] Die Gewinnschwelle kann erreicht oder erste positive Cash Flows können erwirtschaftet werden. Die wachsende Unternehmensgröße macht eine Standardisierung und Professionalisierung aller operativen Systeme und Abläufe notwendig. In dieser Phase weisen Unternehmen eine deutlich höhere Wertentwicklung als in anderen Lebenszyklusphasen auf.[128] Historische Daten über die operativen Tätigkeiten liegen schon begrenzt vor. Es existieren erste Vergleichsunternehmen, die sich auf unterschiedlichen Entwicklungsstufen im Lebenszyklus befinden. Der Wert des Unternehmens wird hauptsächlich durch das zukünftige Wachstum determiniert.[129]

In der Reife- bzw. Stagnationsphase ist das Marktpotenzial des Unternehmens ausgeschöpft. Es werden weniger substanzielle Neu- und Erweiterungsinvestitionen in attraktive Projekte getätigt.[130] Die Wachstumsrate der Umsatzerlöse sinkt auf ein durchschnittliches Branchenniveau. Ein etabliertes Unternehmen verfügt dann über eine eingeführte Produktpalette in einem erfolgreich bearbeiteten Markt. Wachstum erfolgt hauptsächlich über die Erschließung weiterer geografischer Märkte, über die Einführung ähnlicher Produkte und Dienstleistungen oder über einen Technologiesprung, der weitere Kunden akquiriert.[131] In dieser Phase sind ausreichende Vergangenheitsdaten und Vergleichsunternehmen vorhanden. Vermögensgegenstände spielen neben Zukunftsaussichten auch eine Rolle bei der Bewertung. Die Inputparameter der

---

[124] Vgl. Seidenschwarz/Brinkmann/Linnemann/Grandl (2003), S.53f.; Knips (2000), S.10.
[125] Vgl. Wenzel (2006), S.130.
[126] Vgl. Damodaran (2002a), S.639; Böhmer (2003), S.21.
[127] Vgl. Seidenschwarz/Brinkmann/Linnemann/Grandl (2003), S.53f.; Böhmer (2003), S.20f.
[128] Vgl. Wenzel (2006), S.131; Schefczyk/Pankotsch (2003), S.320.
[129] Vgl. Damodaran (2002a), S.639f.; Böhmer (2003), S.21.
[130] Vgl. Wenzel (2006), S.132.
[131] Vgl. Hausberger/Prohazka (2001), S.245.

Charakteristika von Wachstums- und Startup- Unternehmen

Bewertung sind nicht mehr so volatil wie in früheren Phasen.[132]

Anzeichen der Rückgangphase sind sinkende Umsätze und ausbleibende Instandhaltungsinvestitionen. Die Herausforderung in dieser Phase liegt in der Revitalisierung des Unternehmens durch eine strategische Neuausrichtung. Folgen können u.a. die Zerschlagung nach einem Verkauf oder die Liquidation des Unternehmens sein. Die Bewertung basiert in dieser Phase auf der Unternehmenssubstanz.[133]

Beim Vergleich des Lebenszykluskonzeptes durch Black (2003) über ausgewählte Branchen ist zu erkennen, dass verschiedene Branchen einen weit abweichenden Anteil an Wachstumsunternehmen aufweisen.[134] Aufgrund des schnellen Übergangs von der Gründungs- in die Wachstumsphase und der Marktkonsolidierung in der Reifephase ist die Anzahl der Unternehmen in der Wachstumsphase in den meisten Branchen groß.[135] Zu den Wirtschaftsbereichen, in denen Wachstumsunternehmen tätig sind, zählen vorzugsweise Branchen wie Regenerative Energien, Biotechnologie & Pharma, Medizintechnologie & Gesundheit, Telekommunikation, Medien & Unterhaltung, Finanzdienstleistungen, Software, IT Dienstleistungen, Internet, Technologie und Industriedienstleistungen.[136] Dies betrifft insbesondere Branchen, die früher im Segment Neuer Markt[137] und in dessen Index Nemax 50 notiert waren.[138] Als Nachfolger des Nemax 50 wurde der TecDAX durch die Deutsche Börse AG installiert. Eine Darstellung der Branchenverteilung des TecDax erfolgt im Anhang.[139] Die Unternehmensentwicklung kann sich in Abhängigkeit von Produkt- und Brancheneigenschaften unterschiedlich schnell darstellen. Eine trennscharfe Phaseneinteilung ist daher nicht möglich.[140]

Eine Definition von Startup- und Wachstumsunternehmen erfolgt anhand des Lebenszykluskonzepts. Startup-Unternehmen befinden sich demnach in der Gründungs- bzw. Anlaufphase. Unternehmen der Wachstumsphase werden als Wachstumsunternehmen bezeichnet. Unter dem Begriff Wachstumsunternehmen werden heutzutage zusätzlich jene Unternehmen subsumiert, die sich erst in der Gründungs-

---

[132] Vgl. Damodaran (2002a), S.640.
[133] Vgl. Wenzel (2006), S.132; Damodaran (2002a), S.640.
[134] Siehe Anhang Abbildung 7: Unternehmen verschiedener Branchen und Lebenszyklusphasen.
[135] Vgl. Black (2003), S.55; Brettel/Rudolf/Witt (2005), S.8f.
[136] Vgl. Ballwieser (2003), S.160; Hauser (2003), S.102; Müller (2003), S.15.
[137] Im Rahmen einer Neusegmentierung durch die Deutsche Börse AG wechselten 2003 alle Unternehmen aus dem Segment Neuer Markt in die neu eingeführten Börsensegmente Prime Standard oder General Standard. Das Segment Neuer Markt wurde am 5.Juni 2003 geschlossen.
[138] Siehe Anhang Abbildung 8: Branchenverteilung Neuer Markt.
[139] Siehe Anhang Abbildung 9: Branchenverteilung TecDax und Abbildung 10: TecDax- Unternehmen mit Branchenzugehörigkeit.
[140] Vgl. Gruber/Harhoff/Tausend (2003), S.31; Porter (1999), S.216; Adams/Rudolf (2005), S.199.

phase befinden.[141] Außerdem ist ein junges Unternehmen ein Unternehmen, das bereits gegründet wurde, jedoch noch nicht den Zustand eines etablierten Unternehmens erreicht hat. Als etabliert gelten Unternehmen am Ende der Wachstumsphase mit Erreichen eines Reifezustandes.[142]

In der Analyse wird daher der Begriff „junges Wachstumsunternehmen" synonym für die Begriffe „Wachstums- und Startup- Unternehmen" verwendet. Der Untersuchungsgegenstand „junges Wachstumsunternehmen" befindet sich in den ersten beiden Phasen des Lebenszykluskonzeptes und weist erste Vergangenheitsdaten auf. Aufgrund der kurzen Historie sowie der dynamischen Entwicklung ist aber eine Fortschreibung der vergangenen Daten in die Zukunft mit großer Unsicherheit behaftet.[143]

3.1.2. Möglichkeiten der Quantifizierung

Es existiert kein einheitlicher übergreifender Bezugsrahmen, der junge Wachstumsunternehmen von anderen Unternehmen quantitativ abgrenzt. Denn es ist nicht möglich, definitive Schwellenwerte festzulegen, da diese je nach Branche und im Zeitablauf variieren.[144] Eine quantitative Abgrenzung sollte daher in Abhängigkeit von der Zielsetzung der Untersuchung erfolgen.[145] Die folgende Tabelle zeigt daher nur Anhaltspunkte einer möglichen Abgrenzung nach den Merkmalen überproportionale Wachstumsrate, Alter, Klassifizierung und Insolvenzwahrscheinlichkeit:

Tabelle 1: Abgrenzung junger Wachstumsunternehmen

Merkmal	Bedingung	Autoren
Überproportionale Wachstumsrate	Über 15% organisches Wachstum p.a.	Koller/Goedhart/Wessels (2005), S.637
	20% bis 30% Umsatzwachstum p.a.	Harms (2004), S.13
	Min. 25% Umsatzwachstum p.a. über 3 bzw. 5 Jahre	Siegel/Siegel/MacMillan (1993), S.172; Wortmann (2001), S.159
	30% durchschnittliches Umsatzwachstum p.a. in den Anfangsjahren	Moog (2004), S.2
	$\frac{\text{Wachstumsrate p.a.}}{\text{Gesamtwirtschaftliche Wachstumsrate p.a.}} > 1$ (im Durchschnitt über 5 Jahre)	Rudolf/Witt (2002), S.21f.
	$\frac{\text{Wachstumsrate p.a.}}{\text{Branchenwachstumsrate p.a}} > 1$	Hayn (2000), S.21; Müller (2003), S.13
	Unternehmen zählt zu den Top 10% mit dem größten Umsatzwachstum p.a. oder Beschäftigungswachstum p.a.	Delmar/Davidsson/Gartner (2003), S.191

---

[141] Vgl. Schopper (2001), S.283.
[142] Vgl. Chrisman/Bauerschmidt/Hofer (1998), S.6; Fallgatter (2002), S.28. Der genaue Zeitpunkt, ab wann Unternehmen etabliert sind, lässt sich nicht exakt festlegen [Vgl. Claas (2006), S.49].
[143] Vgl. Böhmer (2003), S.22.
[144] Vgl. Hayn (2000), S.20f.; Purle (2004), S.31; Rudolf/Witt (2002), S.20; Bertl (2003), S.90f.
[145] Vgl. Müller (2003), S.9.

Charakteristika von Wachstums- und Startup- Unternehmen

Alter[146]	Vom Business Plan bis zum IPO im Median nach 3 Jahren	Kaplan/Sensoy/Strömberg (2005), S.8
	Junges Unternehmen nicht älter als 5 Jahre	Purle (2004), S.22
	Junges Unternehmen nicht älter als 6 Jahre	Evans (1987), S.569
	Etabliertes Unternehmen nach 8 Jahren	Zahra (1996), S.289ff.
	Etabliertes Unternehmen nach 8 bis 12 Jahren	Fallgatter (2002), S.28f.
	Etabliertes Unternehmen nach 12 Jahren	Chrisman/Bauerschmidt/Hofer (1998), S.6; Claas (2006), S.50
	Wachstumsunternehmen nicht älter als 20 Jahre	Knips (2000), S.10
Klassifizierung[147]	Wachstums- bzw. Technologiebörsen, z.B. ehemaliger Nemax 50,[148] TecDax oder NASDAQ[149]	Knips (2000), S.379ff.; Wenzel (2006), S.214ff.; Keiber/Kronimus/Rudolf (2002), S.735ff.
	Größenklasse der Kleinstunternehmen sowie der kleinen und mittleren Unternehmen (KMU)[150]	Heckemüller (2004), S.11f.
	Industry Classification Benchmark (ICB) System	Schreiner/Spremann (2007), S.9
	Fama & French (FF) Industry Classification	Gebhardt/Lee/Swaminathan (2001), S.135ff.; Fama/ French (1997), S153ff.
	Standard Industrial Classification (SIC)-Codes[151]	Evans (1987), S.569; Alford (1992), S.107; Fan/Lang (2000); S.629ff.; Bhojraj/Lee (2002), S.429
	North American Industry Classification System (NAICS)[152]	Krishnan/Press (2003), S.685ff.; Guenther/Rosman (1994), S.115ff.
	General Industry Classification Standard (GICS)[153]	Bhojraj/Lee/Oler (2003), S.745ff.
	Nomenclature of economic activities (NACE)	Moreno (2008), S.87ff.
Insolvenzwahrscheinlichkeit	33% in den ersten 5 Jahren	Stearns/Carter/Reynolds/Williams (1995), S.23ff.
	34% bis 49% in den ersten 4 bis 6 Jahren	Boden/Nucci (2000), S.347ff.
	38% in den ersten 4 bis 5 Jahren	Bruderl/Preisendorfer/Ziegler (1992), S.227ff.
	45% in den ersten 5 Jahren	Dunne/Roberts/Samuelson (1989), S.671ff.
	46,4% in den ersten 4 Jahren	Timmons/Spinelli (2007), S.87ff.
	53% bis 66,2% in der Gründungsphase und 33,7% in der Wachstumsphase	Ruhnka/Young (1987), S.167ff.
	60% in den ersten 5 Jahren	Phillips/Kirchoff (1989), S65ff.

---

[146] Der Abgrenzungszeitraum ist die wirtschaftliche Existenz, weil die Dauer der rechtlich selbständigen Existenz als Abgrenzungskriterium problematisch sein kann, wenn das Unternehmen vor diesem Zeitraum als rechtlich unselbständiger Betrieb eines Konzerns an Marktaktivitäten teilgenommen hat [Vgl. Hayn (2000), S.15; Irmler (2005), S.17].

[147] Siehe Anhang Tabelle 9: Übersicht über Klassifizierungsstandards.

[148] Siehe Anhang Tabelle 10: Unternehmensmerkmale des ehemaligen Segmentes Neuer Markt.

[149] Der NASDAQ ist die elektronische U.S. Börse für Technologieunternehmen und daher ein bedeutender Markt für Wachstumsunternehmen [Vgl. Brettel/Rudolf/Witt (2005), S.2].

[150] Seit 01.01.2005 gehören zu dieser Klasse Unternehmen, die weniger als 250 Personen beschäftigen und die entweder einen Jahresumsatz von höchstens 50 Mio. € erzielen oder deren Jahresbilanzsumme sich auf höchstens 43 Mio. € beläuft [Vgl. Europäische Kommission (2003), Artikel 2 des Anhangs zur Empfehlung 2003/361].

[151] Die SIC-Codes ordnen jedes Unternehmen entsprechend seiner Tätigkeit einer bestimmten Branche und diese Branche wiederum dem betreffenden Wirtschaftszweig zu. Zur Abgrenzung der „New Economy" von etablierten Unternehmen werden bspw. folgende SIC-Codes verwendet: Biotechnologie (2833-2836, 8731-8734), Computer (3571-3577, 7371-7379), Elektronik (3600-3674), Telekommunikation (4810-4841) [Vgl. Bhojraj/Lee (2002), S.429].

[152] Das NAICS ersetzt das SIC- System. Zurzeit werden aber noch beide Systeme angewendet [Vgl. U.S. Census Bureau (2008)].

[153] Eine Klassifizierung nach dem GICS ist vorteilhafter zur Bestimmung einer Vergleichsgruppe als nach NAICS, SIC oder FF Industry Classification [Vgl. Bhojraj/Lee/Oler (2003), S.745ff.].

3.2. Spezifische Charakteristika junger Wachstumsunternehmen

3.2.1. Mangelnde Datenbasis

Bezeichnend für junge Wachstumsunternehmen ist eine relativ kurze Unternehmensexistenz. Die jungen Wachstumsunternehmen verfügen über keine Vergangenheitsdaten, mit denen Ertrags- und Aufwandsgrößen durch Extrapolation in die Zukunft fortgeschrieben werden können. Denn die kurzen Zeitreihen sind meist nicht ausreichend, um anhand der vergangenen Realisationen zentraler Werttreiber des Unternehmens einen nachhaltigen Trend zu deuten, der im Rahmen einer Cash Flow-Ermittlung als Basis für Finanzprognosen der nächsten Jahre verwendet werden kann.[154] Zusätzlich offenbaren insbesondere kleine und nicht publikationspflichtige Unternehmen für Externe nur ungern Einblicke in vertrauliche Unternehmenskennzahlen.[155]

Junge Wachstumsunternehmen operieren häufig mit neuartigen Geschäftsmodellen in relativ jungen Branchen, so dass weder unternehmenseigene Daten noch vergleichbare Branchendaten vorhanden sind.[156] Wegen der sich schnell ändernden Umweltkonstellationen junger Branchen und der vielen einmaligen Unternehmensaktivitäten, vor allem in der Phase der Gründung und Ingangsetzung des Geschäftsbetriebes, eignen sich die vorhandenen Vergangenheitsdaten nur wenig zur Cash Flow-Prognose.[157]

Die mangelnden Vergangenheitsdaten können lediglich Anhaltspunkte für die Zukunft geben, diese aber nicht vollständig determinieren.[158] Aufgrund der nicht vorhandenen bzw. wenig aussagefähigen Vergangenheitswerte muss die oftmals sehr dynamische Entwicklung der Cash Flows ohne historische Datenbasis und ohne vergleichbare Unternehmen prognostiziert werden.[159] Die zentrale Herausforderung bei der Bewertung junger Wachstumsunternehmen stellt deshalb die Zukunftsprognose der mit Unsicherheit behafteten zukünftigen Unternehmensentwicklung dar.[160] Denn besonders bei jungen Wachstumsunternehmen wird der Wert erst durch zukünftige Rückflüsse generiert.[161]

Die Prognosen können durch Berücksichtigung des Businessplanes, z.B. bei Startups, und durch Werttreibermodelle gekoppelt an Fundamentaldaten des Unternehmens

---

[154] Vgl. Nowak (2000), S.125; Damodaran (2000), S.9f.; Everling (2003), S.332; Wipfli (2001), S.3.
[155] Vgl. Bracker/Pearson (1986), S.505.
[156] Vgl. Loderer/Jörg/Pichler/Roth/Zgraggen (2002), S.797; Hayn (2005), S.496.
[157] Vgl. Nowak (2000), S.125; Irmler (2005), S.19; Hayn (2005), S.497.
[158] Vgl. Hayn (2005), S.497; IDW (2007), S.30; Bertl (2003), S.100; Gompers/Lerner (2001), S.23.
[159] Vgl. Damodaran (2002a), S.638; Hauser (2003), S.79.
[160] Vgl. Böhmer (2003), S.23.
[161] Vgl. Damodaran (2000), S.3ff.

geschätzt werden.[162] Zusätzlich kann auf Konsensvorhersagen von Analysten zurückgegriffen werden. Die Analysten prognostizieren für junge Wachstumsunternehmen aber häufig nur für Zeiträume von bis zu drei Jahren.[163] Durch die Befragung vieler Analysten und der Annahme von Verteilungsfunktionen für die Analystenempfehlungen kann die Prognose durch Simulation stochastischer Prozesse erfolgen.

Dieser Ansatz wird im S/M-Modell angewendet. Schwartz/Moon (2000) und Keiber/Kronimus/Rudolf (2002) wählen einen Simulationszeitraum T von 25 Jahren und nehmen an, dass sich nach dieser Zeitspanne das Unternehmen am Markt etabliert hat. Der Simulationshorizont wird so festgelegt, dass die stochastischen Variablen nahe zu den jeweiligen langfristigen Durchschnittswerten tendieren und ist daher der Halbwertzeit der stochastischen Prozesse anzupassen.[164] Durch das EBITDA-Multiple M wird der Residualwert des Unternehmens mit dem regelmäßig in der Praxis verwendeten Faktor 10 bestimmt.[165] Der Einfluss des EBITDA-Multiples auf den Unternehmenswert ist bei Verwendung eines langen Simulationszeitraumes gering. Für die Umsetzung des S/M-Modells auf Basis der Monte-Carlo-Simulation muss die Länge der Zeitintervalle Δt wegen der Umformulierung in ein zeitdiskretes Modell festgelegt werden. Das Zeitintervall hängt dabei entscheidend von der Datenverfügbarkeit ab. Die Einteilung kann bspw. in Quartalsschritten oder bei geringerer Datendisponibilität nur in Geschäftsjahren erfolgen.[166] Die Anzahl der Simulationsdurchläufe N wird auf 10.000 bis 100.000 Durchläufe festgelegt.[167] Je geringer das Zeitintervall Δt und je größer die Anzahl der Simulationsdurchläufe N gewählt werden, desto kleiner ist der Approximationsfehler aufgrund der Diskretisierung des Modells und desto genauer sind die Simulationsergebnisse.[168]

Im Modell von Schwartz/Moon werden Parameter teilweise auf Basis von Vergangenheitswerten der letzten Quartale geschätzt.[169]

---

[162] Vgl. King (2002), S.146f.; Damodaran (2002a), S.283ff.
[163] Vgl. Damodaran (2002a), S.279ff.; Meyer (2006), S.45.
[164] Vgl. Schwartz/Moon (2000), S.67; Keiber/Kronimus/Rudolf (2002), S.745; Meyer (2006), S.126. Dagegen nehmen Schwartz/Moon (2001), S.21, einen zu kurzen Simulationszeitraum von 10 Jahren an. Hier liegt die erwartete Wachstumsrate $\mu(T)$ deutlich über dem langfristigen Durchschnittsniveau von $\bar{\mu}$.
[165] Vgl. Schwartz/Moon (2001), S.21; Keiber/Kronimus/Rudolf (2002), S.745; Baule/Tallau (2006), S.12. Schwartz/Moon (2000), S.63, verwenden zunächst keinen EBITDA-Multiple, sondern nehmen eine vollständige Ausschüttung der Kassenbestände am Simulationsende an.
[166] Vgl. Schwartz/Moon (2000), S.65; Schwartz/Moon (2001), S.16; Irmler (2005), S.136.
[167] Vgl. Schwartz/Moon (2000), S.67; Schwartz/Moon (2001), S.21.
[168] Vgl. Meyer (2006), S.126.
[169] Um welche Parameter es sich im Detail handelt, wird in den folgenden Abschnitten betrachtet.

3.2.2. Vermögensgegenstände

Im Gegensatz zu etablierten Unternehmen verfügen junge Wachstumsunternehmen über kaum bewertungsrelevante materielle Vermögensgegenstände, wie Grundstücke, Gebäude oder weiteres Anlagevermögen.[170] Dagegen wird der Wert eines jungen Wachstumsunternehmens signifikant durch immaterielle Vermögensgegenstände beeinflusst.[171] Eine Übersicht zur Klassifizierung immaterieller Vermögensgegenstände erfolgt im Anhang.[172]

Aufgrund wettbewerbsintensiver und dynamischer Märkte sind junge technologieorientierte Wachstumsunternehmen charakterisiert durch umfangreiche Investitionen in Kundenakquisition, Forschung und Entwicklung (F&E) sowie Technologien.[173]

Während langfristige Investitionen durch periodische Abschreibungen erfasst werden, müssen diese Ausgaben überwiegend als Aufwendungen in der GuV und nicht als Vermögensgegenstände in der Bilanz verbucht werden. Dadurch werden die Gewinne unterschätzt.[174] Eine Auflistung von Einzelfragen zur Aktivierung nach HGB, IAS/IFRS und US-GAAP erfolgt im Anhang.[175] Unternehmen können Innovationen zum Teil durch Patente schützen.[176] Ein Patentschutz generiert durch die Exklusivität einen Wettbewerbsvorteil gegenüber Konkurrenten.[177] Da keine vergleichbaren Cash Flows existieren, ist die Bewertung von Patenten problematisch. Indikatoren für die Bewertung können F&E-Aufwendungen zur Patentgenerierung, Lizenzeinnahmen aus dem Verkauf eines Patents sowie ein erreichbarer Marktwert des Patents sein.[178]

F&E-Aktivitäten weisen Realoptionscharakter auf.[179] Die F&E-Ausgaben können als Proxy für F&E-Aktivitäten verwendet und als Investitionsauszahlungen interpretiert werden. Die F&E-Ausgaben führen anfänglich zu Verlusten und nachfolgend über mögliche Folgeprodukte zu positiven Zahlungsüberschüssen.[180] Der Verlauf entspricht

---

[170] Vgl. Damodaran (2002a), S.638; Witt (2004), S.615; Kaplan/Sensoy/Strömberg (2005), S.3.
[171] Vgl. Irmler (2005), S.20; Schefczyk/Pankotsch (2003), S.284. Immaterielle Vermögensgegenstände sind definiert als nichtmaterielle und nichtfinanzielle Ressourcen eines Unternehmens, die die Asset-Eigenschaften der Rechnungslegungsstandards erfüllen, z.B. IASC Framework §49 und SFAC 6 §§25f. [Vgl. Guenther (2004), S.553].
[172] Siehe Anhang Abbildung 11: Klassifizierung immaterieller Vermögensgegenstände.
[173] Vgl. Lev (2001), S.18; Witt (2004), S.618; Achleitner/Nathusius (2004), S.5.
[174] Vgl. Aboody/Lev (2000), S.2747f.; Eberhart/Maxwell/Siddique (2004), S.623f.; Lev/Sougiannis (1996), S.107f.; Koller/Goedhart/Wessels (2005), S.638; Schefczyk/Pankotsch (2003), S.213f.
[175] Siehe Anhang Abbildung 12: Einzelfragen zur Aktivierung.
[176] Vgl. Schefczyk/Pankotsch (2003), S.44, S.150f.
[177] In einer Studie über 49 Unternehmen besitzen 29% der untersuchten Unternehmen bereits in frühen Lebenszyklusstadien exklusive Patente [Vgl. Kaplan/Sensoy/Strömberg (2005), S.17].
[178] Vgl. Witt (2004), S.620f.; Achleitner/Nathusius (2004), S.5.
[179] Einen Literaturüberblick zur Bewertung von F&E-Projekten durch die Realoptionstheorie geben Newton/Paxson/Widdicks (2004), S.114ff.
[180] Vgl. Darrough/Ye (2007), S.63f.; Lev/Sougiannis (1996), S.111.

einer Kette von Call-Optionen (Compound Option).[181] Schwartz (2004) stellt einen Simulationsansatz zur Bewertung von F&E-Projekten und Patenten auf Basis der Realoptionstheorie vor.[182] Schreiner/Spremann (2007) ermitteln, dass wissensbasierte Multiples in forschungsintensiven Branchen im Median einen geringeren relativen Prognosefehler für den Unternehmenswert als traditionelle Multiples erreichen. Eine Bereinigung der Gewinnverzerrung erfolgt bspw. durch Addition der F&E-Ausgaben zu der Multiple-Bezugsgröße, z.B. dem EBIT oder dem Jahresüberschuss.[183]

Der Wert immaterieller Vermögensgegenstände lässt sich mithilfe des Market-to-Book Ratios bestimmen, wenn die Buchwerte eines Unternehmens als Schätzer für den Wert materieller Vermögensgegenstände verwendet werden.[184] Die Calculated-Intangible-Value-Methode von Stewart (1999) vertraut auf Return on Assets (ROA) als Bewertungsgrundlage. Die immateriellen Vermögensgegenstände werden durch die Multiplikation des durchschnittlichen 3-jährigen Gewinns vor Steuern (EBT) mit den durchschnittlichen Branchen-ROA und den unternehmensspezifischen materiellen Vermögensgegenständen berechnet.[185] Lev/Sougiannis (1996) leiten einen F&E-Wert über die Amortisationsrate der F&E-Ausgaben aus den laufenden und zukünftigen Gewinnen der Unternehmen ab.[186] Aber aufgrund mangelnder quantitativer und objektiver Messbarkeit immaterieller Vermögensgegenstände entsteht eine Informationslücke bei der Bewertung von Unternehmen.[187] Die Daten des Rechnungswesens junger Wachstumsunternehmen besitzen zudem nur eine eingeschränkte Eignung für die Wertermittlung.[188]

Darrough/Ye (2007) weisen in ihrer Studie nach, dass sehr hohe Investitionen in F&E zu großen Verlusten der Unternehmen in den ersten Lebenszyklusphasen führen können, jedoch positiv den Marktwert der untersuchten Unternehmen beeinflussen.[189] Lev/Sougiannis (1996) ermitteln in ihrer Studie, dass der Wert von F&E einen signifikanten Beitrag zum Unternehmenswert liefert, aber nicht vollständig in den Aktienkursen eingepreist wird.[190] Küting (2001) zeigt, dass ein großer Prozentsatz der

---

[181] Vgl. Schäfer/Schässburger (2001b), S.262ff.; Mostowfi (2000), S.77.
[182] Der Ansatz berücksichtigt die Unsicherheit der Kosten und Cash Flows sowie die Möglichkeit eines Projektabbruchs [Vgl. Schwartz (2004), S.23ff.].
[183] Vgl. Schreiner/Spremann (2007), S.2, S.9, S.32.
[184] Vgl. Sawhney/Gulati/Paoni (2001), S.93.
[185] Vgl. Stewart (1999), S.226ff.
[186] Vgl. Lev/Sougiannis (1996), S.110f.
[187] Vgl. Guenther (2004), S.571.
[188] Das Rechnungs- und Planungswesen ist oft nur mangelhaft entwickelt und junge Wachstumsunternehmen sind in Branchen tätig, in denen sich häufig noch keine anerkannten Bilanzierungsregeln gebildet haben [Vgl. Hayn (2005), S.497; Bertl (2003), S.10; Küting (2001), S.14].
[189] Vgl. Darrough/Ye (2007), S.70, S.91.
[190] Vgl. Lev/Sougiannis (1996), S.134.

Marktkapitalisierung durch nicht bilanzierte bzw. nicht bilanzierungsfähige immaterielle Vermögensgegenstände erklärt wird.[191]

In dem S/M-Modell kann das anfängliche Sachanlagevermögen $PPE\ (0)$ aus der letzten Bilanz abgelesen werden.[192] Die nicht bilanzierten immateriellen Vermögensgegenstände werden nicht separat im Modell abgebildet.[193] Das Sachanlagevermögen $PPE\ (t)$ wird im Modell als eine deterministisch pfadabhängige Variable modelliert, welche durch periodische Investitionen $CE(t)$ ansteigt und durch periodische Abschreibungen $D(t)$ sinkt. Die Investitionen ergeben sich bis zu einem festgelegten Zeitpunkt $\bar{t}$ aus der Detailplanung der Analystenprognose $CAPEX(t)$ und für den Zeitraum danach aus einem konstanten Prozentsatz CR vom Umsatz. Die Periodenabschreibungen $D(t)$ werden als fester Prozentsatz DR vom bestehenden Sachanalagevermögen zu Periodenbeginn $PPE\ (t)$ kalkuliert.[194] Schwartz/Moon (2001) übernehmen die bisherige Investitions- und Abschreibungsrate gemäß der Unternehmenspraxis als konstante Schätzer für die künftigen Raten CR und DR. Dagegen ermitteln Keiber/Kronimus/Rudolf (2002) die Investitions- und Abschreibungsrate aus dem arithmetischen Mittel der letzten acht Quartalsberichte.[195] Besonders in der Gründungs- und Anlaufphase investieren junge Wachstumsunternehmen einen sehr hohen Anteil der realisierten Umsätze, um weitergehendes Wachstum zu ermöglichen. Konstante Schätzer der Investitionsrate CR würden die operativen Cash Flows nicht decken und die Unternehmen werden insolvent. In diesem Fall kann eine sinkende Investitionsrate CR aus den Kapitalintensitäten bestimmt werden, indem zukünftige Kapitalintensitäten mit den Kapitalintensitäten der letzten Quartale übereinstimmen.[196]

Da junge Wachstumsunternehmen die liquiden Mittel für umfangreiche Investitionen nutzen, generieren sie anfangs häufig negative Cash Flows und schmälern dadurch den zunächst hohen Kassenbestand, so dass keine Ausschüttungen an die Eigenkapitalgeber erfolgen.[197] In einer späteren Phase kann sich der Kassenbestand durch stark steigende Umsätze und folgende positive Cash Flows erhöhen. Bei jungen Wachstumsunternehmen entspricht der Verlauf des Kassenbestandes typischerweise einer u-förmigen Funktion.[198]

---

[191] Die Studie basiert auf Market-to-Book Ratios [Vgl. Küting (2001), S.674ff.].
[192] Vgl. Schwartz/Moon (2001), S.21; Keiber/Kronimus/Rudolf (2002), S.743.
[193] Die nicht aktivierten immateriellen Vermögensgegenstände erzielen über die Modellierung des Umsatzwachstums einen impliziten Wertbeitrag zum Unternehmenswert.
[194] Vgl. Schwartz/Moon (2001), S.11; Keiber/Kronimus/Rudolf (2002), S.739f.
[195] Vgl. Schwartz/Moon (2001), S.21; Keiber/Kronimus/Rudolf (2002), S.744.
[196] $Kapitalintensität = \frac{Anlagevermögen}{Umsatz}$ [Vgl. Keiber/Kronimus/Rudolf (2002), S.744].
[197] Vgl. Achleitner/Bassen (2003), S.10.
[198] Vgl. Rudolf (2004), S.451; Keiber/Kronimus/Rudolf (2002), S.736, S.748.

Im Modell von Schwartz/Moon wird der anfängliche Kassenbestand $X(0)$ aus der letzten Bilanz übernommen.[199] Der periodische Kassenbestand $X(t)$ ist eine pfadabhängige deterministische Variable, die von der stochastischen Entwicklung vergangener Cash Flows abhängt.[200] Die Cash Flows werden vollständig in den Kassenbestand zur Wachstumsfinanzierung bis zum Ende des Simulationszeitraumes T thesauriert. Die Verzinsung des Kassenbestandes zu Beginn einer Periode mit dem risikolosen Zinssatz stellt eine Wertäquivalenz zwischen jeder möglichen Ausschüttungspolitik und der Thesaurierung der Cash Flows her.[201] Der Barwert der thesaurierten Cash Flows stimmt dann mit in zukünftigen Perioden ausgeschütteten Cash Flows überein, wenn die Verzinsung des Kassenbestandes keiner Besteuerung unterliegt.[202] Der risikolose Zinssatz zur Verzinsung des Kassenbestandes am Anfang einer Periode und zur Barwertermittlung des Gesamtunternehmenswertes kann bspw. durch eine 10-jährige öffentliche Anleihe bestimmt werden.[203] Die Annahme eines konstanten risikolosen Zinssatzes im Modell ist kritisch. Bei einem langen Simulationshorizont von 25 Jahren ist der risikolose Zinssatz nicht konstant, sondern u.a. abhängig von Leitzinsentscheidungen der Zentralbanken.[204]

3.2.3. Erfolgsgrößen und Cash Flows

Eine zukunftsorientierte Unternehmensbewertung sollte Cash Flow basierend erfolgen.[205] Junge Wachstumsunternehmen sind typischerweise durch niedrige, aber stark steigende Umsätze, hohe Kosten sowie zumeist negative Cash Flows in den ersten Lebenszyklusphasen geprägt.[206] Die anfänglich hohen Kosten resultieren aus umfangreichen Anfangsinvestitionen zur Umsatzsteigerung und aufgrund der zunächst kleinen Produktionsmengen sowie der neuartigen Branche. Da die entstehenden Kosten anfangs nicht durch Umsätze gedeckt sind, generieren die jungen Wachstumsunternehmen Verluste bzw. negative Cash Flows.[207] Empirische Studien belegen, dass die Anzahl der

---

[199] Vgl. Keiber/Kronimus/Rudolf (2002), S.743. Schwartz/Moon (2001), S.21, verwenden für $X(0)$ die Summe aus dem Kassenbestand und der Marketable Securities der letzten Bilanz.
[200] Vgl. Schwartz/Moon (2000), S.64; Schwartz/Moon (2001), S.8.
[201] Vgl. Keiber/Kronimus/Rudolf (2002), S.740.
[202] Vgl. Irmler (2005), S.79f. In diesem Fall ist die Ausschüttungspolitik zur Wertermittlung irrelevant. Erläuterungen des Irrelevanz-Theorem in Modigliani/Miller (1963), S.433ff.
[203] Keiber/Kronimus/Rudolf (2002), S.762, benutzen das arithmetische Mittel des kontinuierlichen Yield-to-Maturity der 20- und 30-jährigen German Government Bond Strips. Schwartz/Moon (2000), S.65, verwenden die 1-jährige US Treasury Bill-Rate.
[204] Die Anwendung eines stochastischen Diskontierungsfaktors beschreibt Meyer (2006), S.152f.
[205] Die periodischen Cash Flows ergeben sich aus der Differenz der Ein- und Auszahlungen der jeweiligen Periode. Größere Umsätze haben i.d.R. einen positiven Einfluss auf Einzahlungen und höhere Kosten steigern i.d.R. Auszahlungen.
[206] Vgl. Rudolf (2004), S.449; Damodaran (2002a), S.638.
[207] Vgl. Darrough/Ye (2007), S.70; Schefczyk/Pankotsch (2003), S.206.

Unternehmen, die Verluste ausweisen, in den letzten 50 Jahren stark angestiegen ist.[208] In einer Studie über 49 Venture Capital finanzierte Unternehmen von Kaplan/Sensoy/-Strömberg (2005) erzielen mehr als die Hälfte der Unternehmen keine Umsätze in der Gründungs- bzw. Anlaufphase.[209]

Die hohen Investitionen der ersten Perioden erzeugen zunächst große Verluste, schaffen aber positive zukünftige Cash Flow-Erwartungen. Daraus folgt eine inverse Relation zwischen den laufenden Gewinnen des Unternehmens und dem Unternehmenswert.[210] Diese negative Beziehung wird in empirischen Studien bestätigt.[211] Timmons/Spinelli (2007) stellen in einer Studie für 157 Wachstumsunternehmen fest, dass die Unternehmen durchschnittlich 30 Monate benötigen, um die operative Gewinnschwelle zu erreichen und es durchschnittlich 75 Monate erfordert, das anfängliche Eigenkapital zu decken.[212]

Die Prognose zukünftiger Cash Flows ist aufgrund der hohen Volatilität der Ein- und Auszahlungen schwierig. Die Unsicherheit der Einzahlungen resultiert hauptsächlich aus volatilen Umsätzen, die vom Nachfrage- und Wettbewerberverhalten in stark wandelnden Märkten abhängen. Fehlende Erfahrungswerte aus der operativen Tätigkeit über die Preisgestaltung, Margen und Akzeptanz der Produkte bzw. Dienstleistungen erhöhen die Bewertungsunsicherheit.[213] Des Weiteren liegt Unsicherheit über die noch notwendigen Investitionsauszahlungen für die Erlangung der Marktreife von Produkten und Dienstleistungen vor.[214] Einsparungen durch Lern- und Skaleneffekte können im weiteren Verlauf der Unternehmensentwicklung zu einer Kostendegression führen.[215] Dagegen können die Folgen eines Markteintritts von Konkurrenten oder der Verlust einer Monopolstellung nach Ablauf eines Patents sinkende Gewinnmargen und steigende variable Kosten im Zeitablauf sein. Da hohe Kostenschwankungen eher in der Anfangsphase eines Unternehmens auftreten, wird die langfristige Volatilität der Kosten geringer als die gegenwärtige Volatilität sein.[216] Die notwendige Berücksichtigung negativer und sehr volatiler Cash Flows in der Bewertung führt zu einer komplexen

---

[208] Vgl. u.a. Studien von Joos/Plesko (2005) und Klein/Marquardt (2006). Darrough/Ye (2007), S.61, ermitteln bspw. einen Anstieg der Unternehmen, die Verluste generieren, von 3% in den 60er Jahren auf über 40% im Jahr 2000.
[209] Vgl. Kaplan/Sensoy/Strömberg (2005), S.10.
[210] Vgl. Darrough/Ye (2007), S.64.
[211] Vgl. u.a. Studien von Burgstahler/Dichev (1997); Bartov/Mohanram/Seethamraju (2002); Kaplan/Sensoy/Strömberg (2005); Collins/Pincus/Xie (1999).
[212] Siehe Anhang Abbildung 13: Typischer Verlustverlauf junger Wachstumsunternehmen.
[213] Vgl. Böhmer (2003), S.23.
[214] Vgl. zur Wettbewerbssituation junger Wachstumsunternehmen Abschnitt 3.2.5. Vgl. Wipfli (2001), S.68; Friedl (2003), S.251; Loderer/Jörg/Pichler/Roth/Zgraggen (2002), S.799.
[215] Vgl. Porter (1999), S.282.
[216] Vgl. Keiber/Kronimus/Rudolf (2002), S.739; Irmler (2005), S.77.

Cash Flow-Schätzung und erfordert einen langen Prognosehorizont, bis stabile Cash Flow zu erwarten sind.[217]

Das Risiko der Cash Flows kann explizit bei der Bewertung berücksichtigt werden. Es können unterschiedliche Cash Flow-Werte für das Eintreffen ausgewählter Situationen abgeleitet werden. Analytische Methoden sind das Entscheidungsbaumverfahren, die Szenarioanalyse oder die Monte-Carlo-Simulation.[218] Mithilfe des Entscheidungsbaumverfahrens[219] werden eine optimale Folge von Investitionen ausgewählt und die Flexibilität bzw. Handlungsspielräume des Unternehmens quantifiziert.[220] Bei einer hohen Anzahl an Zweigen wird die Baumstruktur jedoch sehr unübersichtlich. Probleme treten bei der Bestimmung von Wahrscheinlichkeiten zukünftiger Entwicklungen sowie bei Risikoadjustierung der Diskontierungszinssätze auf. Daher ist eine Bewertung von Handlungsspielräumen durch den Realoptionsansatz vorzuziehen.[221] Die Szenarioanalyse betrachtet einzelne zukünftige Entwicklungen der Cash Flows unter alternativen Umweltzuständen. Die resultierenden Planszenarien werden mit ihren jeweiligen erwarteten Eintrittswahrscheinlichkeiten gewichtet und zu einem Erwartungswert der Cash Flows verdichtet.[222] Sowohl die Auswahl der Szenarien als auch die Bestimmung einzelner Wahrscheinlichkeiten enthalten subjektive Elemente. Daher weisen die Szenarien nur exemplarischen Charakter auf und sind schwer nachprüfbar.[223] Um Wirkungszusammenhänge zwischen Eingangsgrößen, wie bspw. Umsätze oder Kosten, und dem Unternehmenswert zu untersuchen, wird die Szenarioanalyse oftmals durch eine Sensitivitätsanalyse ergänzt. Durch Variation einer oder mehrerer Eingangsgrößen wird die Sensitivität des Unternehmenswertes auf diese Eingangsgrößen analysiert.[224] Wenn sehr viele Szenarien betrachtet werden sollen, bietet die Monte-Carlo-Simulation eine Technik zur methodischen Erzeugung von Szenarien.[225] Aus der Simulation verschiedener Entwicklungspfade der Cash Flows resultiert ein Histogramm, das die Bandbreite möglicher Unternehmenswerte aufzeigt. Der erwartete Unternehmenswert

---

[217] Vgl. Rudolf (2004), S.452. In einer Befragung von 45 Venture Capital Gesellschaften gaben 20% an, aufgrund der Prognoseunsicherheit zukünftiger Cash Flow auf eine Wertermittlung junger Wachstumsunternehmen zu verzichten [Vgl. Peemöller/Geiger/Barchet (2001), S.334ff.].
[218] Vgl. Meyer (2006), S.2; Koller/Goedhart/Wessels (2005), S.618; Smith/Smith (2004), S.302ff.
[219] Ein Entscheidungsbaum besteht aus sequentiellen Entscheidungs- und Zustandsknoten. Im Entscheidungsknoten wird die Wahl zwischen Handlungsalternativen getroffen und im Zustandsknoten werden mögliche Ergebnisse dieser Handlungsalternativen in verschiedenen Umweltzuständen dargestellt. Den Umweltzuständen werden jeweils Eintrittswahrscheinlichkeiten zugeordnet. Die Lösung erfolgt rekursiv mit dem Roll-Back-Verfahren unter Anwendung risikoadjustierter Kapitalkosten [Vgl. Titman/Martin (2008), S.95; Beckmann (2006), S.39ff.].
[220] Vgl. Kruschwitz (2007), S.362ff.; Ross/Westerfield/Jaffe (2005), S.211ff.
[221] Vgl. Beckmann (2006), S.42f.; Trigeorgis (1996), S.67f.; Hommel/Lehmann (2001), S.118.
[222] Vgl. Schopper (2001), S.287; Brigham/Ehrhardt (2005), S.398ff.; Hayn (2005), S.512ff.
[223] Vgl. Titman/Martin (2008), S.76; Böhmer (2003), S.52; Spremann (2002), S.202.
[224] Vgl. Kruschwitz (2007), S.346f.; Schopper (2001), S.287; Schierenbeck/Lister (2001), S.345.
[225] Vgl. Spremann (2002), S.204.

wird aus den wahrscheinlichkeitsgewichteten möglichen Wertrealisationen ermittelt. Für die Werttreiber des Unternehmenswertes können verschiedene Wahrscheinlichkeitsverteilungen angenommen werden.[226] Die Simulationstechnik berücksichtigt Abhängigkeiten zwischen den Eingangsgrößen in den jeweiligen Entwicklungspfaden.[227] Dadurch lassen sich komplexe Probleme methodisch abbilden und analysieren.

Einen DCF-Ansatz mit Anwendung der Simulationstechnik stellen Titman/Martin (2008) dar. Die Autoren charakterisieren die Entwicklung zentraler Werttreiber anhand unterstellter Wahrscheinlichkeitsverteilungen und generieren mit 10.000 Wiederholungen für diese Werttreiber Zufallszahlen.[228] Die FCF werden in jeder Iteration durch die Zufallszahlen der Werttreiber determiniert. Aus der Verteilung der simulierten FCF wird das arithmetische Mittel der FCF bestimmt und mit den gewogenen Kapitalkosten diskontiert, um den erwarteten Unternehmenswert zu ermitteln.[229]

Copeland/Koller/Murrin (2002) beschreiben ein adaptiertes DCF-Modell mit Anpassung an die spezifischen Charakteristika von Wachstumsunternehmen. Der Ausgangspunkt der Cash Flow-Prognose wird 10 bis 15 Jahre in die Zukunft verlagert, ab dem das Unternehmen einen stabilen Zustand mit Wachstumsraten auf einem branchenüblichen Niveau erreicht haben sollte. Ein Zukunftsbild wird anhand einer Kundenwertanalyse über zentrale Determinanten wie nachhaltige Bruttospannen, durchschnittlicher Umsatz pro Kunde, Gesamtmarktpotenzial und Marktanteil ermittelt. Ausgehend von dem Zukunftsbild werden retrograd die Cash Flows der davor liegenden Jahre geschätzt. Zur Berücksichtigung der Unsicherheit werden mehrere Szenarien mit der Bandbreite von der Marktführerschaft bis zur Insolvenz für das Erreichen des stabilen Zustandes entwickelt. Der erwartete Unternehmenswert wird als Summe der mit Eintrittswahrscheinlichkeiten gewichteten DCF-Szenariowerte bestimmt.[230] Dieser Ansatz berücksichtigt, dass ein großer Wertbeitrag junger Wachstumsunternehmen bei den DCF-Verfahren vom Terminal Value stammt.[231]

Wenn junge Wachstumsunternehmen Verluste erwirtschaften, wird als Bezugsgröße der

---

[226] Vgl. Brigham/Ehrhardt (2005), S.402ff.
[227] Vgl. Böhmer (2003), S.29f., S.55. Die Schwierigkeit, Wahrscheinlichkeitsverteilungen für die Werttreiber zu bestimmen, erhöht sich mit der Anzahl der Interdependenzen [Vgl. Hommel/Lehmann (2001), S.117].
[228] Die Autoren nehmen bspw. eine Gleichverteilung oder eine Dreiecksverteilung an [Vgl. Titman/Martin (2008), S.80ff.]
[229] Vgl. Titman/Martin (2008), S.83, S.87.
[230] Vgl. Copeland/Koller/Murrin (2002), S.381ff.; Koller/Goedhart/Wessels (2005), S.644f.
[231] Ist der Barwert der FCF in der Detailplanungsphase negativ, dann beträgt der Anteil des Residualwertes am Unternehmenswert mehr als 100% [Vgl. Copeland/Koller/Murrin (2002), S.324].

Multiple-Bewertung oft der Umsatz, der Web-Traffic [232] oder die Kundenanzahl verwendet.[233] Das Kurs-Umsatz-Verhältnis (KUV) ergibt sich aus dem Verhältnis des Aktienkurses zum Umsatz pro Aktie eines Unternehmens. Hauptvorteil gegenüber dem KGV ist, dass es auch bei jungen Wachstumsunternehmen mit Verlusten anwendbar und weniger durch die Bilanzpolitik des Unternehmens beeinflussbar ist.[234] Es ist aber nur sinnvoll als Multiple einsetzbar, wenn die Unternehmen der Peergroup in Bezug auf Investitionsbedarf, Wachstumserwartungen und Umsatzrenditen weitestgehend übereinstimmen.[235] Beim Einsatz operativer Bezugsgrößen zur Multiple-Bewertung, wie der Web-Traffic oder der Kundenanzahl, muss das jeweilige Multiple mit der entsprechenden operativen Größe des Bewertungsobjektes multipliziert werden, um den potenziellen Marktpreis zu erhalten.[236] Wenn diese Bezugsgrößen nicht in Umsätze transferiert werden können, ist eine Bewertung anhand dieser Kennzahlen bedeutungslos.[237] Zahlreiche empirische Studien ermitteln zwar eine signifikant positive Korrelation zwischen dem Marktwert von Internetfirmen und Web-Traffic-Maßen für die analysierten Unternehmen.[238] Aber diese Studien basieren ausschließlich auf Daten vor dem Börsencrash 2000 und die operativen Bezugsgrößen unterliegen keiner theoretischen Begründung.[239]

Im S/M-Modell wird der anfängliche Umsatz $R(0)$ aus der letzten GuV entnommen. Die anfängliche Volatilität der Umsatzerlöse $\sigma_R(0)$ wird durch die Volatilität der Umsatzveränderungen der letzten Quartale bestimmt, z.B. durch die Standardabweichung der zeitstetigen Umsatzwachstumsraten.[240] Aber aufgrund des mangelnden Zukunftsbezugs sind die eingeschränkt verfügbaren Unternehmensdaten der Volatilität nicht sehr aussagekräftig und sollten durch Analystenprognosen ergänzt werden.[241] Bei starken Saisonschwankungen der Umsätze führt die Ermittlung der anfänglichen Volatilität auf Basis von Umsatzveränderungen vergangener Quartale zu einem überhöhten Wert.[242] Wenn das Unternehmen einen stabilen Zustand erreicht, tendiert die Umsatzvolatilität $\sigma_R(t)$ gegen die langfristige Umsatzvolatilität $\overline{\sigma}_R$, die aus der

---

[232] Als Web-Traffic wird die Gesamtmenge der verschickten oder empfangenen Daten von Besuchern auf einer Homepage verstanden.
[233] Vgl. Wipfli (2001), S.151.
[234] Vgl. Irmler (2005), S.54; Bertl (2003), S.107f.
[235] Vgl. Damodaran (2002a), S.453.
[236] Vgl. Irmler (2005), S.55.
[237] Vgl. Koller/Goedhart/Wessels (2005), S.379.
[238] Vgl. u.a. Studien von Trueman/Wong/Zhang (2000); Rajgopal/Kotha/Venkatachalam (2000); Hand (2001); Demers/Lev (2000).
[239] Vgl. Böhmer (2003), S.24f.
[240] Schwartz/Moon (2001), S.17, ermitteln die $\sigma_R(0)$ aus den letzten zehn Quartalen. Keiber/Kronimus/Rudolf (2002), S.743, wählen die letzten acht Quartale als Schätzbasis.
[241] Vgl. Loderer/Jörg/Pichler/Roth/Zgraggen (2002), S.821.
[242] Vgl. bspw. die vergangene Umsatzentwicklung von Amazon im Abschnitt 5.2.

Umsatzvolatilität eines vergleichbaren in der Branche etablierten Unternehmen geschätzt werden kann.[243] Da zusätzliches Risiko durch einen Risikoabschlag im Marktwert berücksichtigt wird, folgt aus einer höheren anfänglichen Umsatzvolatilität $\sigma_R(0)$ ein geringerer Unternehmenswert.[244] Bei der Simulation stochastischer Umsatzentwicklungen können sehr extreme Werte für den Umsatz entstehen, welche ökonomisch nicht interpretierbar sind. Um Ausreißer zu eliminieren, wäre die Begrenzung auf ein maximales Marktpotenzial oder ein Sättigungsniveau der Nachfrage zur Festlegung eines maximalen Umsatzwertes für den Itô-Prozess sinnvoll.[245] Der Umsatz mit Wachstumsspezifikationen ist eine Schlüsselgröße der Wertermittlung und fließt von Anfang an in die Berechnung mit ein. Hingegen sind bspw. bei einem forschungsintensiven Biotechnologieunternehmen meist über längere Zeit keine Umsätze erreichbar.

Die Kosten im S/M-Modell werden in modellkonstante Fixkosten F und in umsatzabhängige variable Kosten mit dem stochastischen variablen Kostensatz $\gamma(t)$ unterteilt. Durch die Modellierung des variablen Kostensatzes $\gamma(t)$ als stochastischer Prozess wird die Unsicherheit zukünftiger Kostenentwicklungen ausgedrückt.[246] Die Fixkosten F und der anfängliche variable Kostensatz $\gamma(0)$ werden aus einer Regression der Kosten der letzten Quartale auf die entsprechenden Umsätze ermittelt,[247] indem F aus der Konstanten der Regression und $\gamma(0)$ aus dem Steigungskoeffizienten der Regression bestimmt werden.[248] Die Ermittlung der Parameter sollte durch Analystenprognosen ergänzt werden, da eine Regression auf kurze Datenreihen nur gering aussagekräftig ist. Der langfristige Mittelwert des variablen Kostensatzes $\bar{\gamma}$ kann abhängig von der spezifischen Branche und Lebenszyklusphase größer oder kleiner als das aktuelle Niveau $\gamma(t)$ am Bewertungsstichtag sein. Da eine Prognose des $\bar{\gamma}$ aufgrund vieler exogener Einflüsse schwierig ist, wird der anfängliche variable Kostensatz $\gamma(0)$ als

---

[243] Vgl. Meyer (2006), S.122. Der Unternehmenswert reagiert nicht sensitiv auf Variation der $\bar{\sigma}_R$ [Vgl. Schwartz/Moon (2001), S.17]. Der Parameter wird daher ohne ökonomische Begründung festgelegt [Vgl. Schwartz/Moon (2000), S.66; Keiber/Kronimus/Rudolf (2002), S.743].

[244] Vgl. Keiber/Kronimus/Rudolf (2002), S.755.

[245] Vgl. Böhmer (2003), S.80.

[246] Vgl. Meyer (2006), S.89.

[247] Vgl. Schwartz/Moon (2001), S.17; Meyer (2006), S.123. Keiber/Kronimus/Rudolf (2002), S.743f., unterscheiden den anfänglichen variablen Kostensatz $\gamma(0)$ in Herstellkosten und sonstige Kosten. Die Herstellkosten ergeben sich als Durchschnitt der Relationen von den Herstellkosten zum Umsatz der letzten acht Quartale. Die sonstigen Kosten bestimmen sich aus dem in einer Regression auf die Umsätze der letzten acht Quartale geschätzten Steigungsparameter für den zweiten variablen Kostensatzteil und aus einem Fixkostenteil F als Achsenabschnitt der Regression.

[248] Bei einem negativen Achsenabschnitt der Regression wären die Fixkosten negativ. Negative Werte sind ökonomisch nicht interpretierbar, so dass dann für die Fixkosten ein Wert von null angenommen werden sollte [Vgl. Inputdaten aus Keiber/Kronimus/Rudolf (2002), S.757ff.].

Schätzer für den langfristigen variablen Kostensatz $\bar{\gamma}$ verwendet.[249] Eine plausible Gewinnmarge der Unternehmen sollte bei Schätzung des $\bar{\gamma}$ berücksichtigt werden. Höhere Kostenparameter $\gamma(0)$, $\bar{\gamma}$ und F reduzieren die Gewinnmarge. Die Parameter stehen daher in einer negativen Beziehung zum Unternehmenswert.[250] Die anfängliche Volatilität des variablen Kostensatzes $\sigma_\gamma(0)$ kann aus der Volatilität der variablen Kosten der letzten Quartale prognostiziert werden.[251] Aufgrund schwankender Kosten zu Beginn des Lebenszyklus eines Wachstumsunternehmens sollte die langfristige Volatilität des variablen Kostensatzes $\bar{\sigma}_\gamma$ i.d.R. geringer als die derzeitige Volatilität $\sigma_\gamma(t)$ sein und durch Analysten geschätzt werden.[252] Eine höhere Volatilität $\sigma_\gamma(t)$ hat einen negativen Einfluss auf den Unternehmenswert.[253]

Die Unsicherheit wird im S/M-Modell über die Modellierung der unsicheren Entwicklungen zentraler Werttreiber des Unternehmenswertes als stochastische Prozesse und der Modellierung deterministischer pfadabhängiger Variablen mithilfe der Monte-Carlo-Simulation berücksichtigt. Negative Cash Flows zu Beginn des Lebenszyklus können durch die Prozesse modelliert werden.[254] Um mit dem risikofreien Zinssatz diskontieren zu können, erfolgt die Risikobeachtung in den Komponenten der Cash Flows durch die Ermittlung der Sicherheitsäquivalente.[255] Die Anwendung der Sicherheitsäquivalenz-Methode erfordert die Bestimmung der Wahrscheinlichkeitsverteilung zukünftiger Cash Flows.[256] Die Modellierung der Umsätze als stochastischen Prozess, indem sich der Umsatz zufällig um einen im Zeitablauf zufälligen abnehmbaren Wachstumstrend bewegt, beruht zwar weniger auf einer fundierten Umsatzprognose, bildet aber die Umsatzentwicklung junger Wachstumsunternehmen hinreichend ab.[257] Eine theoretische Begründung, warum der variable Kostensatz als derselbe stochastische Prozess wie das erwartete Umsatzwachstum modelliert wird, erfolgt jedoch nicht.[258] Die Korrelationskoeffizienten $\rho_{R,\mu}$, $\rho_{R,\gamma}$ und $\rho_{\mu,\gamma}$ der Korrelationen zwischen den stochastischen Prozessen können aus vergangenen

---

[249] Vgl. Keiber/Kronimus/Rudolf (2002), S.739, S.744.
[250] Vgl. Keiber/Kronimus/Rudolf (2002), S.744, S.754; Schwartz/Moon (2001), S.24. Dabei weist die höchste Sensitivität der langfristige variable Kostensatz $\bar{\gamma}$ auf [Vgl. Meyer (2006), S.234].
[251] Vgl. Keiber/Kronimus/Rudolf (2002), S.744. Schwartz/Moon (2001), S.17, schätzen die $\sigma_\gamma(0)$ ohne ökonomische Begründung.
[252] Vgl. Keiber/Kronimus/Rudolf (2002), S.739. Die $\bar{\sigma}_\gamma$ wird ohne ökonomische Begründung geschätzt [Vgl. Schwartz/Moon (2001), S.17; Keiber/Kronimus/Rudolf (2002), S.744].
[253] Vgl. Keiber/Kronimus/Rudolf (2002), S.755.
[254] Vgl. Adams/Rudolf (2005), S.197.
[255] Vgl. Meyer (2006), S.86.
[256] Vgl. Bertl (2003), S.104.
[257] Vgl. Böhmer (2003), S.44, S.80.
[258] Vgl. Schwartz/Moon (2001), S.2; Böhmer (2003), S.45.

Unternehmens- oder Branchendaten geschätzt werden.[259] Es wird jedoch angenommen, dass die stochastischen Prozesse nicht miteinander korrelieren.[260] Diese Annahme ist unkritisch, da der positive oder negative Einfluss der Korrelationen auf den Unternehmenswert nur gering ist. Der Einfluss hängt aber von der Höhe der jeweiligen Volatilitäten ab.[261]

Da die konkreten Risikonutzenfunktionen einzelner Individuen schwierig zu bestimmen sind, wird das Martingalprinzip als ein marktorientiertes Sicherheitsäquivalent verwendet.[262] Der Risikoabschlag bei Ermittlung der zentralen Werttreiber erfolgt durch eine Driftadjustierung der stochastischen Prozesse. Dazu wird auf einen Spezialfall des ICAPM zurückgegriffen. Grundlage dessen sind u.a. logarithmische Nutzenfunktionen der Individuen sowie ein vollkommener Kapitalmarkt mit homogenen Erwartungen. Diese Prämissen sind in der Realität nicht erfüllt.[263] Die zur Berechnung der Risikoparameter λ_R, λ_μ und λ_γ benötigten Korrelationskoeffizienten ρ_{RM}, $\rho_{\mu M}$ und $\rho_{\gamma M}$ können aus historischen Daten des zu bewertenden Unternehmens oder anhand von Vergleichsunternehmen prognostiziert werden.[264] Die Daten für die Umsätze, das erwartete Umsatzwachstum und den variablen Kostensatz können aus den letzten Quartalen und das Marktportfolio durch einen Index, der den Markt widerspiegelt, approximiert werden. Die Marktvolatilität σ_M wird aus der Volatilität des Indexes hergeleitet, der bei den Korrelationen als Approximation des Marktportfolios gewählt wird.[265] Aber durch die mangelnde Zukunftsfähigkeit der Vergangenheitsdaten in einem stark wandelnden Marktumfeld und durch den oftmals unterschiedlichen Zeitbezug der Renditen, ist diese Herleitung der Parameter kritisch.[266] Aufgrund der Problematik bei der Bestimmung der Marktpreise der Risikofaktoren setzen Schwartz/Moon (2001) die Risikoparameter λ_μ und λ_γ gleich null und leiten λ_R aus dem Betafaktor des Unternehmens her.[267] Die Risikoprämie der Umsatzerlöse λ_R wird im Zeitablauf als konstant angenommen. Je höher die Risikoprämien sind, desto größer ist der Risikoabschlag und desto geringer der Unternehmenswert.[268]

---

[259] Vgl. Schwartz/Moon (2000), S.65.
[260] Vgl. Schwartz/Moon (2000), S.66; Schwartz/Moon (2001), S.19; Keiber/Kronimus/Rudolf (2002), S.744.
[261] Vgl. Meyer (2006), S.138; Schwartz/Moon (2001), S.24; Irmler (2005), S.252.
[262] Vgl. Krag/Kasperzak (2000), S.69; Irmler (2005), S.89f.
[263] Vgl. Irmler (2005), S.105.
[264] Im genutzten Spezialfall des ICAPM gilt: $\rho_{iM}\sigma_M = \lambda_i$ [Vgl. Abschnitt 2.5].
[265] Vgl. Keiber/Kronimus/Rudolf (2002), S.744. Die Autoren verwenden die letzten acht Quartale als Schätzer für die Unternehmensdaten und den DAX als Approximation für das Marktportfolio.
[266] Vgl. Irmler (2005), S.106.
[267] Vgl. Schwartz/Moon (2001), S.8, S.14; Meyer (2006), S.97f.
[268] Vgl. Meyer (2006), S.118.

3.2.4. Unternehmenswachstum

Ein Unternehmen kann organisch oder durch Akquisition bestehender Unternehmen wachsen. Organisches Wachstum bezeichnet die Expansion der laufenden operativen Tätigkeiten des Unternehmens.[269] Nach der Definition von Bernstein (1956) müssen Wachstumsunternehmen über ein internes organisches Wachstum verfügen. Das Wachstum darf nicht durch Bevölkerungs- oder Geldvermögenswachstum sowie durch eine expansive Akquisitionspolitik bedingt sein.[270] Davidsson/Wiklund (2006) ermitteln für Unternehmen, die jünger als zehn Jahre sind, ein organisches Wachstum von 58% bis 96% des gesamten Wachstums.[271] Junge Wachstumsunternehmen sind dadurch charakterisiert, dass sie ein starkes zukünftiges Wachstum in Umsätzen und Marktkapitalisierung aufweisen, die anfänglich mit hoher Volatilität des Umsatzwachstums einhergehen.[272] Basis des Unternehmenswachstums sind häufig hohe Investitionen in ungesättigten Märkten mit hohen Wachstumsdynamiken.[273]

Das Unternehmenswachstum wird definiert durch absolute, relative oder stetige Veränderungen der Unternehmensgröße gemessen durch die Wachstumsrate als Veränderung eines Wachstumsmaßstabes bezogen auf seine Größe im Vergleichszeitpunkt.[274] Häufig verwendete Indikatoren[275] zur Messung des Wachstums sind Veränderungen der Umsätze oder der Beschäftigung.[276] Die absolute Wachstumsrate ergibt sich aus der Differenz der Unternehmensgröße am Periodenende S_{t1} und der Unternehmensgröße am Periodenanfang S_{t0}. Bei der relativen Wachstumsrate wird die absolute Wachstumsrate durch die anfängliche Unternehmensgröße S_{t0} dividiert. Es folgt für die Wachstumsrate g:[277]

$$g = \frac{(S_{t1} - S_{t0})}{S_{t0}}$$

---

[269] Eine organische Expansionsstrategie junger Wachstumsunternehmen ist vornehmlich neue und innovative Produkte zu erzeugen (59% der untersuchten Unternehmen), sowie die Kundenanzahl durch Marktführerschaft oder erhöhte Marktpenetration zu steigern (49%). Geografisches Wachstum planen 20% und externes Wachstum durch Akquisition oder Allianzen 29% der untersuchten Unternehmen [Vgl. Studie von Kaplan/Sensoy/Strömberg (2005), S.18].

[270] Vgl. Bernstein (1956), S.87ff.

[271] Vgl. Davidsson/Wiklund (2006), S.57.

[272] Vgl. Kaplan/Sensoy/Strömberg (2005), S.11. Vgl. zur Quantifizierung des Wachstums junger Wachstumsunternehmen Abschnitt 3.1.2.

[273] Vgl. Irmler (2005), S.21; Copeland/Koller/Murrin (2002), S.380.

[274] Vgl. Purle (2004), S.16, 19f.

[275] Siehe Anhang Tabelle 11: Verwendung von Wachstumsindikatoren.

[276] Vgl. Purle (2004), S.19f.; Davidsson/Wiklund (2006), S.52ff. Das Beschäftigungswachstum ist als ein stabilerer Indikator als das Umsatzwachstum anzusehen, da Unternehmen i.d.R. nur dann neue Mitarbeiter einstellen, wenn eine erhöhte zukünftige Geschäftstätigkeit prognostiziert wird. Außerdem unterliegt Beschäftigungswachstum keinen Inflationsverzerrungen [Vgl. Delmar (2006), S.65ff.].

[277] Vgl. Davidsson/Wiklund (2006), S.54f.; Delmar (2006), S.67ff.; Weinzimmer/Nystrom/Freeman (1998), S.238.

Das Wachstum wird bei dem relativen Ansatz nur als diskreter Sprung zu einem nächsten Zeitpunkt interpretiert. Da sich Wachstum kontinuierlich über einen Zeitraum entwickelt, ist der stetige Ansatz vorzuziehen:[278]
$$g = \ln \frac{S_{t1}}{S_{t0}}$$

Die Modellierungen reagieren sensitiv auf die anfängliche Unternehmensgröße, da bei einem Unternehmen mit kleinerer Anfangsgröße größere relative bzw. stetige Wachstumsraten entstehen werden.[279]

Die Schätzung der Wachstumsrate junger Wachstumsunternehmen wird durch mangelnde Vergangenheitsdaten und durch die hohe Unsicherheit des Marktumfeldes erschwert.[280] Die Schätzungen der Indikatoren zur Messung der Wachstumsrate können aus historischen Daten, Analystenprognosen und aus Fundamentaldaten mithilfe von Unternehmenskennzahlen, wie z.B. Return on Investments (ROI), ermittelt werden.[281]

Zukünftige Umsätze können u.a. über die Nachfrage nach Produkten bzw. Dienstleistungen unter Berücksichtigung der Inflation geschätzt werden.[282] Aufgrund mangelnder Vergangenheitsdaten und volatiler Wachstumsraten ist die Prognose allein aufgrund historischer Wachstumsraten nicht empfehlenswert.[283]

Die DCF-Verfahren berücksichtigen eine konstante Wachstumsrate g in der Terminal Value-Ermittlung. Es wird unterstellt, dass die erwarteten bewertungsrelevanten FCF dauerhaft mit einer konstanten Rate g wachsen:
$$TV = \frac{FCF}{k-g} \quad [284]$$

Der Einfluss der Wachstumsrate g auf den Unternehmenswert ist bei jungen Wachstumsunternehmen besonders groß, wenn der Residualwert aufgrund geringer oder negativer Cash Flows in der Detailplanungsphase einen sehr hohen Anteil des Unternehmenswerts ausmacht.[285] Um die Anwendung der DCF-Verfahren auf junge Wachstumsunternehmen zu verbessern, kann eine Unterteilung in drei Phasen erfolgen. Nach Ende der Detailplanungsphase folgen zunächst eine Phase mit relativ starkem Wachstum und danach eine Phase mit geringerem Wachstum, die separat diskontiert werden.[286]

Bei einer Multiple-Bewertung kann eine Normalisierung von Multiples hilfreich sein, wenn die Wachstumsgeschwindigkeit einzelner Unternehmen in sich schnell

---

[278] Beide Formeln gelten nur für $S_{t0} \neq 0$ [Vgl. Valkanov (2001), S.1].
[279] Der Anfangswert des Nenners sollte in jeder Periode aktualisiert werden. Vgl. z.B. Modellierung von Wiklund (1998) zit. bei Davidsson/Wiklund (2006), S.55f. Einen Ansatz mit mehr als zwei Größenbeobachtungen stellen Weinzimmer/Nystrom/Freeman (1998), S.242f., vor.
[280] Vgl. Rudolf (2004), S.450; Damodaran (2002a), S.301; Achleitner/Bassen/Pietzsch (2001), S.31.
[281] Vgl. Damodaran (2002a), S.268ff.
[282] Vgl. Copeland/Koller/Murrin (2002), S.337.
[283] Vgl. Damodaran (2001), S.153.
[284] Vgl. Schwetzler (2000), S.1. k stellt einen risikoäquivalenten Diskontierungszinssatz dar.
[285] Vgl. Schwetzler (2000), S.1; Damodaran (2000), S.38.
[286] Vgl. Schopper (2001), S.288.

entwickelnden und wachsenden Marktsegmenten sehr unterschiedlich ist, indem z.B. ein EBIT-Multiple durch die zukünftige 3-jährige Wachstumsrate des EBIT dividiert wird.[287] Das Price-Earnings-Growth-Ratio (PEG-Ratio) ist ein Multiple, welches das Wachstum berücksichtigt und den Vergleich zwischen Unternehmen mit unterschiedlichen Wachstumsraten ermöglicht. Es wird definiert als Relation des Aktienkurses zum erwarteten durchschnittlichen Gewinnwachstum pro Jahr und Aktie in einem bestimmten Planungszeitraum. Da das PEG-Ratio auf dem KGV basiert, wird es durch die Kapitalstruktur beeinflusst und kann nicht bei Verlusten angewendet werden.[288] Die durchschnittlich erwartete Wachstumsrate der nächsten fünf Jahre kann als konsistenter Schätzer für die Gewinnentwicklung herangezogen werden.[289] Da diese ungewichtet verwendet wird, unterstellt die Anwendung eine Linearität zwischen Multiple und Wachstum. Die Wachstumsrate ist aber in der Realität abnehmend.[290]

Zukünftige Wachstumschancen können wegen ihres sequentiellen Aufbaus und des unsicheren Marktumfeldes als Wachstumsoptionen interpretiert und durch den Realoptionsansatz bewertet werden.[291]

In dem S/M-Modell wird das erwartete Umsatzwachstum $\mu(t)$ als stochastischer Prozess modelliert. Da Unternehmen im Lebenszyklus verschiedene Entwicklungsstadien durchlaufen, sinkt die Wachstumsrate der Umsätze im Zeitablauf.[292] Durch die Mean-Reversion des Prozesses konvergiert die $\mu(t)$ mit der Anpassungsgeschwindigkeit κ_μ zum langfristigen Umsatzwachstum $\bar{\mu}$.[293] Das anfänglich erwartete Umsatzwachstum $\mu(0)$ kann als durchschnittliches Umsatzwachstum über die letzten Quartale geschätzt und durch Analystenschätzungen ermittelt werden.[294] Als Orientierungshilfe zur Bestimmung des langfristig erwarteten Umsatzwachstums $\bar{\mu}$ können Werte etablierter Vergleichsunternehmen der Branche dienen.[295] Je größer die anfängliche Umsatzwachstumsrate $\mu(0)$ bzw. das langfristig erwartete Umsatzwachstum $\bar{\mu}$ ist, desto höher ist der simulierte Unternehmenswert.[296] Die anfängliche Volatilität des erwarteten

---

[287] Vgl. Schopper (2001), S.290.
[288] Vgl. Löhnert/Böckmann (2005), S.413; Meyer (2006), S.67f.; Bertl (2003), S.107.
[289] Vgl. Meyer (2006), S.67f.
[290] Vgl. Koller/Goedhart/Wessels (2005), S.376ff.; Löhnert/Böckmann (2005), S.413. Die Verwendung von Industrie PEG-Ratios wird systematisch den Wert von Unternehmen mit hohen Wachstumsraten überschätzen.
[291] Vgl. Schäfer/Schässburger (2001b), S.251. Vgl. zu Wachstumsoptionen Abschnitt 3.2.5.
[292] Vgl. Brettel/Rudolf/Witt (2005), S.6.
[293] Vgl. Schwartz/Moon (2000), S.62.
[294] Keiber/Kronimus/Rudolf (2002), S.743, schätzen das µ(0) durch das durchschnittliche Umsatzwachstum der letzten acht Quartale. Schwartz/Moon (2001), S.17, verwenden mehrere Analystenschätzungen. Valkanov (2001), S.1, schlägt vor, das erwartete Umsatzwachstum über den relativen oder den stetigen Ansatz zu bestimmen.
[295] Vgl. Irmler (2005), S.133.
[296] Vgl. Keiber/Kronimus/Rudolf (2002), S.754; Meyer (2006), S.234.

Umsatzwachstums $\sigma_\mu(0)$ stellt einen kritischen Modellparameter dar, der aus der Volatilität der Aktienrendite des Bewertungsobjektes konstruiert werden kann.[297] Die implizite Volatilität von Optionen auf das Unternehmen kann über Optionspreismodelle ermittelt und die Volatilität eines Aktienindexes als Orientierungshilfe genutzt werden. Als Voraussetzungen für dieses Vorgehen müssen die Unternehmen börsennotiert sein und die Renditeschwankungen wesentlich von den Abweichungen der Wachstumserwartungen der Marktteilnehmer ausgelöst werden.[298] Die Volatilität $\sigma_\mu(t)$ tendiert dann langfristig gegen null.[299] Die ökonomische Begründung der Herleitung von der anfänglichen Volatilität des erwarteten Umsatzwachstums $\sigma_\mu(0)$, dass die Schwankungen des Aktienkurses überwiegend durch die Volatilität des erwarteten Umsatzwachstums erzeugt werden, scheint zweifelhaft.

Die Anpassungsgeschwindigkeiten κ der stochastischen Prozesse sollen die Anpassung des Umsatzwachstums an die Analystenprognosen für die nächsten Jahre befolgen, so dass die Variablen der stochastischen Prozesse gegen ihre langfristigen Mittelwerte der Branche laufen, wenn das bewertete Unternehmen einen stabilen Zustand erreicht hat.[300] Die Geschwindigkeiten der Anpassungsprozesse $\kappa_{\sigma_R}, \kappa_\mu, \kappa_\gamma, \kappa_{\sigma_\gamma}$ und κ_{σ_μ} werden aus Annahmen über die Halbwertzeit der zu den jeweiligen langfristigen stabilen Werten $\bar\sigma_R, \bar\mu, \bar\gamma, \bar\sigma_\gamma$ und 0 konvergierenden Prozesse berechnet.[301] Die Halbwertzeit erfasst jenen Zeitraum $t_{1/2}$, der zur Halbierung der im Zeitpunkt t vorhandenen Distanz zwischen dem Erwartungswert der Variablen und deren langfristigen Mittelwert benötigt wird.[302] Die Konvergenzparameter lassen sich bei Vorgabe einer Halbwertzeit $t_{1/2}$ folgendermaßen bestimmen:
$$\kappa = \frac{ln2}{t_{1/2}}$$

Eine Reduzierung der Anpassungsgeschwindigkeiten der Prozesse an die langfristigen Mittelwerte impliziert eine Erhöhung der Halbwertzeiten und führt c.p. zu einem höheren Unternehmenswert.[303]

---

[297] Vgl. Schwartz/Moon (2000), S.66; Schwartz/Moon (2001), S.13f., S.17f., stellen eine Konvergenz zu einem konstanten Wert für $\sigma_\mu(0)$ aus der impliziten Volatilität von Optionen auf eBay und der Verteilung der Umsatzwachstumsrate fest.
[298] Vgl. Irmler (2005), S.132. Erläuterungen zu Optionspreismodellen im Abschnitt 2.4.
[299] Vgl. Meyer (2006), S.122; Schwartz/Moon (2001), S.9.
[300] Vgl. Meyer (2006), S.123; Schwartz/Moon (2001), S.8.
[301] Schwartz/Moon (2000), S.62ff., modellieren zwar verschiedene Parameter für die Anpassungsgeschwindigkeiten, nehmen aber für alle Anpassungsgeschwindigkeiten am Beispiel Amazon eine einheitliche Halbwertzeit an. Keiber/Kronimus/Rudolf (2002), S.744 und Schwartz/Moon (2001), S.19, vereinfachen das Modell, indem sie nur einen einheitlichen Parameter κ für alle Konvergenzgeschwindigkeiten verwenden. Das κ leiten Schwartz/Moon (2001), S.19, aus der Anpassung der Umsatzwachstumsrate als größten Werttreiber des Unternehmens an ihren langfristigen Mittelwert her.
[302] Vgl. Irmler (2005), S.145.
[303] Vgl. Schwartz/Moon (2001), S.24; Meyer (2006), S.138.

3.2.5. Handlungsflexibilität und Positionierung im wettbewerblichen Kontext

Eine adäquate Bewertung junger Wachstumsunternehmen erfordert eine Analyse der Wettbewerbssituation mithilfe der Branchenstruktur und der Positionierung im wettbewerblichen Umfeld.[304]

Porter (1999) unterscheidet in dem Branchenstrukturmodell fünf Wettbewerbskanäle, die das Gewinnpotenzial und die Wettbewerbsintensität einer Branche bestimmen.[305] Danach führen zusätzliche Markteintritte, zunehmende Wettbewerbsintensität, die Konkurrenz durch Substitutionsprodukte und Verhandlungsmacht der Abnehmer und Lieferanten zu Preissenkungen und Rentabilitätseinbußen.[306]

Junge Wachstumsunternehmen produzieren neuartige innovative Produkte, Dienstleistungen und Verfahren in schnell wandelnden Märkten.[307] Die jungen Branchen formieren sich erst.[308] Aufgrund des geringen und jungen Marktvolumens ist das Marktwachstum schwierig zu quantifizieren.[309] Junge Wachstumsunternehmen sind durch die dynamische externe Umwelt und durch ständige Veränderungen der knappen Ressourcenkombinationen hohem Wettbewerbsdruck ausgesetzt.[310] Die Unternehmen müssen sich an die schnell veränderten Rahmenbedingungen anpassen, indem sie eine hohe Adaptionsfähigkeit und Flexibilität vorweisen. Durch eigene Innovationen der Unternehmen wird zusätzlich die Branchendynamik beeinflusst.[311]

Aufgrund der erst kurzen wirtschaftlichen Existenz weisen junge Wachstumsunternehmen nur einen geringen Bekanntheitsgrad sowie ein unausgereiftes Image mit spärlichem Kundenstamm auf.[312] Für die Bewertung ist der Markterfolg innovativer und neuartiger Produkte schwer prognostizierbar.[313] Das operative Unternehmensrisiko[314] wird durch die Unsicherheit bzgl. der technischen Realisierung der Innovationsidee und durch das Risiko der Produktakzeptanz beim Kunden verschärft.[315] Aufgrund der

---

[304] Vgl. Kiener (2001), S.37.
[305] Vgl. Porter (1999), S.33ff.
[306] Vgl. Porter (1999), S.37ff.; Copeland/Koller/Murrin (2002), S.288f.; Wipfli (2001), S.98.
[307] Vgl. Kaplan/Sensoy/Strömberg (2005), S.15; Hendel (2003), S.194; Nowak (2000), S.125.
[308] Vgl. Brancheneinteilung junger Wachstumsunternehmen im Abschnitt 3.1.1.
[309] Vgl. Bertl (2003), S.97ff.; Krolle/Oßwald (2001), S.281.
[310] Vgl. Achleitner/Bassen (2003), S.9.
[311] Vgl. Hayn (2000), S.17; Achleitner/Bassen/Pietzsch (2001), S.30. Innovative Unternehmen sind Unternehmen: „die neue Absatzmärkte erschließen, neue Verfahren etwa in der Beschaffung, Produktion oder beim Absatz verwenden bzw. neue Produkte und/oder Dienstleistungen anbieten und ein überdurchschnittliches Umsatz- und Gewinnwachstum erwarten lassen." [Deutsche Börse AG (2001), Abschnitt 1, Nr.1, Satz 2, S.3].
[312] Vgl. Stinchcombe (1965), S.142ff.; Voigt/Erhardt/Ingerfeld (2003), S.98f.
[313] Vgl. Schefczyk/Pankotsch (2003), S.168f.; Hauser (2003), S.79.
[314] Das operative Risiko beschreibt jene Unsicherheit, die aus der leistungswirtschaftlichen Aktivität des Unternehmens resultiert.
[315] Vgl. Achleitner/Bassen/Pietzsch (2001), S.72; Irmler (2005), S.23f.

fehlenden Größe und Erfahrung sind Skalen- oder Lernkurveneffekte nur sehr bedingt nutzbar.[316] Technologische Unsicherheit und strategische Unsicherheit treten als strukturelle Merkmale der dynamischen Märkte hervor. Denn Standards der Produkttechnologie und der Herstellungsprozesse sowie Wettbewerbsstrategien zur Marktplatzierung, Marketing und Service sind aufgrund der geringen Erfahrungswerte noch nicht eindeutig definiert.[317] Durch den höheren Spezialisierungsgrad im Vergleich zu etablierten Unternehmen haben die jungen Wachstumsunternehmen zwar einen spezifischen Wettbewerbsvorteil, aber aus dem wesentlich geringeren Diversifikationsgrad folgt daraus eine potenziell höhere Krisenanfälligkeit und Branchenabhängigkeit.[318] Bei den Internet- und Telekommunikationsunternehmen hängen die Gewinnmargen positiv von der Größe der Netzwerkeffekte ab.[319] Durch einen First-Mover-Advantage lassen sich kritische Massen erreichen und marktführende Stellungen einnehmen.[320] Weitere Wettbewerbsvorteile können durch effizientere Produktion und besseren Service realisiert werden. Diese Vorteile sind in den zur Bewertung relevanten zukünftigen Cash Flows schwierig zu quantifizieren.[321]

Das Potenzial eines jungen Wachstumsunternehmens ist stark durch das Management bzw. die Gründer gekennzeichnet.[322] Auf der einen Seite erhöht sich das Unternehmensrisiko durch die Abhängigkeit von wenigen Gründern. Mangelnde Managementerfahrungen sowie fehlende fachliche oder unternehmerische Qualifikationen stellen Risikofaktoren dar.[323] Das Humankapital ist als ein wichtiger Wertindikator zu klassifizieren und sollte im Rahmen der Bewertung junger Wachstumsunternehmen gewürdigt werden.[324] Erfahrung und Ausbildung können als Proxies für das Know-how und die Qualitäten des Managements verwendet werden.[325] Die Branchenerfahrung kann bspw. durch die Anzahl an Jahren früherer Berufstätigkeit in der gleichen oder einer verwandten Branche gemessen werden.[326] Auf der anderen Seite haben die Gründer insbesondere in frühen Lebenszyklusphasen eine zentrale Bedeutung für den Erfolg des Unternehmens.[327] Die Unternehmensgründer prägen die Strategie-

---

[316] Vgl. Voigt/Erhardt/Ingerfeld (2003), S.99.
[317] Vgl. Porter (1999), S.281; Schefczyk/Pankotsch (2003), S.168f.; Schopper (2001), S.287.
[318] Vgl. Friedl (2003), S.241; Achleitner/Bassen/Pietzsch (2001), S.31; Kraus (2006), S.14.
[319] Vgl. Adams/Rudolf (2005), S.195.
[320] Ein Beispiel ist die Internetplattform www.studivz.de.
[321] Vgl. Grinblatt/Titman (2002), S.424f.
[322] Vgl. Hommel/Knecht (2002), S.11.
[323] Vgl. MacMahon/Murphy (1999), S.25f.; Schefczyk/Pankotsch (2003), S.14.
[324] Vgl. Kaplan/Sensoy/Strömberg (2005), S.16; Bertl (2003), S.101; Wipfli (2001), S.50.
[325] Vgl. Chandler/Jansen (1992), S.223 ff.; Wipfli (2001), S.51.
[326] Vgl. Kraus (2006), S.101. Diese qualitativen Faktoren unterliegen subjektiven Einflüssen und sind nicht exakt zu quantifizieren [Vgl. Achleitner/Bassen/Pietzsch (2001), S.73].
[327] Vgl. McGrath/MacMillan (2000), S.197ff.; Hayn (2000), S.31; Schwetzler (2005), S.156.

entwicklung und Strategieimplementierung und haben meist langjährige persönliche Beziehungen zu Kooperationspartnern oder Kunden.[328] Ein Vorteil einer starken Gründerzentriertheit ist die Fähigkeit, schnelle und flexible Entscheidungen zu treffen und zeitnah die Unternehmensstrategien auf sich ändernde Markt- und Wettbewerbsbedingungen anzupassen.[329] Junge Wachstumsunternehmen verfügen über eine Reihe von Handlungsmöglichkeiten, z.B. über bestimmte Forschungs- und Entwicklungsvorhaben, mögliche Joint Ventures oder über die Ausrichtung des Unternehmens auf bestimmte Kundengruppen oder über Markteintrittsentscheidungen.[330]

Die Handlungsflexibilität des Managements ist besonders bei jungen Wachstumsunternehmen wertrelevant.[331] Das Management kann seine Entscheidungen in Abhängigkeit zukünftig eintretender Umweltzustände treffen, wobei eine Verpflichtung zur Ausübung der Handlungsspielräume nicht besteht.[332] Die Unsicherheit offenbart durch die Handlungsspielräume auch eine Chance auf zukünftige Erfolge und führt daher zu einer asymmetrischen Risikostruktur.[333] Diese Flexibilität ist durch das Optionskalkül charakterisierbar.[334]

Eine Nutzungswechseloption bietet dem Management die Entscheidungsflexibilität, die Inputfaktoren, das Produktportfolio oder die Verkaufskanäle an die jeweils veränderten Bedingungen auf den Absatz- und Beschaffungsmärkten anzupassen. Die Wiederaufnahme der Produktion bei einem zunächst eingestellten Projekt kann bspw. durch eine Call-Option und die Einstellung der Produktion durch eine Put-Option bewertet werden. Anlauf- bzw. Stilllegungskosten können als Basispreise der Optionen interpretiert werden.[335] Eine Erweiterungs- und Einschränkungsoption bietet die Möglichkeit, ein Investitionsprojekt durch im Investitionsverlauf gewonnene Informationen anzupassen. Diese kurzfristig operativen Handlungsspielräume sind projektbezogen. Bei günstiger Geschäfts- bzw. Marktentwicklung kann dann ein Investitionsprojekt erweitert werden, indem z.B. die Absatzmenge durch eine Kapazitätserweiterung erhöht wird. Die Ausbauflexibilität entspricht einer Call-Option. Dagegen besteht bei der Einschränkungsoption das Recht, Teilbereiche einer Investition aufzugeben und damit Verlustrisiken einzuschränken. Dieser Sonderfall der Abbruch-

---

[328] Vgl. Seidenschwarz/Brinkmann/Linnemann/Grandl (2003), S.56f.
[329] Vgl. Li (2001), S.184; MacMahon/Murphy (1999), S.25f.
[330] Vgl. Irmler (2005), S.58. Mithilfe einer Swot-Analyse können Stärken und Schwächen des Unternehmens sowie Chancen und Risiken in der Unternehmensumwelt analysiert werden [Vgl. Kraus (2006), S.41ff.].
[331] Vgl. Seidenschwarz/Brinkmann/Linnemann/Grandl (2003), S.66; Hayn (2005), S.496.
[332] Vgl. Krag/Kasperzak (2000), S.118; Beckmann (2006), S.80.
[333] Vgl. Witt (2004), S.631; Müller (2003), S.63.
[334] Vgl. Beckmann (2006), S.81.
[335] Vgl. Trigeorgis (1996), S.13, S.171ff.; Copeland/Koller/Murrin (2002), S.473f.

option kann durch eine Put-Option bewertet werden, bei dem der Verzicht auf geplante zukünftige Investitionen dem Ausübungspreis entspricht.[336] Durch eine Abbruchoption entsteht die Möglichkeit, bei negativer Geschäftsentwicklung ein Investitionsobjekt bzw. das Unternehmen durch Veräußerung oder Liquidation vorzeitig aufzugeben. Der Abbruch des Investitionsobjektes ist vorteilhafter als seine Weiterführung, wenn der Barwert der erwarteten Cash Flows aus dem Investitionsprojekt den Veräußerungs- bzw. Liquidationswert unterschreitet. Der Entschluss zum Abbruch des Projektes entspricht einer Put-Option. Der Liquidationswert stellt den Ausübungspreis und der Barwert der künftigen Cash Flows der Investition den Basiswert dar. Eine Abbruchoption ist bei Neueinführungen eines Produktes ein wichtiger Bestandteil des Investitionsprogramms, so dass im Fall des Misserfolges der Marktaustritt wieder möglich wäre.[337] Eine Verzögerungs- bzw. Beschleunigungsoption besteht, wenn eine Investitionsentscheidung nicht nur sofort, sondern auch in Zukunft getroffen werden kann oder eine für einen späteren Zeitpunkt geplante Investition vorzuziehen ist.[338] Durch das Abwarten bis genügend Zusatzinformationen vorliegen oder sich die Umweltbedingungen positiv verändern, kann die Unsicherheit reduziert werden. Die Bewertung erfolgt durch eine Call-Option.[339] Wachstumsoptionen repräsentieren aus einem strategischen Basisinstrument resultierende zukünftige Wachstumschancen.[340] Sie bieten dem Management die Möglichkeit, durch die Schaffung kritischer Ressourcen Folgeinvestitionen und Expansionen durchführen zu können. Das Unternehmen besitzt dann eine Call-Option auf die mit den zusätzlichen Investitionsmöglichkeiten verbundenen Cash Flows.[341] Bei jungen Wachstumsunternehmen wird deren Unternehmenswert maßgeblich durch Wachstumsoptionen beeinflusst.[342] Der relative Anteil der Optionskomponente am Unternehmenswert ist höher, wenn sich das Unternehmen in einem frühen Stadium des Lebenszyklus befindet.[343]

Investitionsmöglichkeiten sind i.d.R. mehreren Wettbewerbern zugänglich. Exklusivität besteht nur bei Patentschutz und keiner Konkurrenz durch Substitutionsprodukte. Durch Investitionen junger Wachstumsunternehmen werden der für andere Wettbewerber relevante Teil des Produktmarktes und somit auch der Wert deren

---

[336] Vgl. Trigeorgis (1996), S.11f.; Copeland/Koller/Murrin (2002), S.473; Krag/Kasperzak (2000), S.119; Nowak (2000), S.130.
[337] Vgl. Damodaran (2002a), S.811ff.; Copeland/Koller/Murrin (2002), S.472; Trigeorgis (1996), S.12, S.208ff.; Nowak (2000), S.131.
[338] Vgl. Trigeorgis (1996), S.10, S.204ff.; Nowak (2000), S.131.
[339] Vgl. Copeland/Koller/Murrin (2001), S.472f.
[340] Vgl. Myers (1977), S.155ff.
[341] Vgl. Myers (1977), S.155; Trigeorgis (1996), S.13f.; Krag/Kasperzak (2000), S.118.
[342] Vgl. Rudolf (2004), S.468; Meyer (2006), S.167.
[343] Vgl. Adams/Rudolf (2005), S.201.

Charakteristika von Wachstums- und Startup- Unternehmen

Investitionsmöglichkeiten beeinflusst.[344] Daher sollte der Einfluss von Wettbewerbern in der Bewertung berücksichtigt werden. Verschiebt bspw. ein Unternehmen die Investition zeitlich nach hinten, bietet sich Wettbewerbern die Möglichkeit frühzeitig zu investieren. Das Unternehmen gewinnt zwar aufgrund der Verschiebung Flexibilität hinzu, aber ein bestimmter Marktanteil bzw. Absatzpreis kann nicht mehr realisiert werden, wenn sich die Konkurrenz am Markt etabliert hat.[345] Zusätzlich können die eingetretenen Unternehmen aufgrund von Lernkurveneffekten Kostenvorteile gegenüber noch nicht eingetretenen Unternehmen erzielen.[346] Die Verschiebung auf einen späteren Investitionszeitpunkt kann auch höhere Markteintrittsbarrieren bedingen, indem die bereits eingetretenen Unternehmen den Marktzutritt für weitere Unternehmen erschweren.[347] Tomaszewski (2000) modelliert anhand eines modifizierten Realoptionsansatzes stochastische Wettbewerbseffekte, indem er die Unsicherheit des Zeitpunkts der Konkurrenzhandlung sowie stochastische Markteintrittsbarrieren und Marktanteilsverluste in der Modellierung berücksichtigt.[348]

Bei der Betrachtung der einzelnen Wettbewerbsformen kann im Monopolfall eine Optimierung ohne Berücksichtigung des Wettbewerbs erfolgen. Es liegt eine exklusive Option vor. Bei vollständiger Konkurrenz haben die Handlungen eines Unternehmens keine Auswirkungen auf die Strategie der Mitbewerber. Es handelt sich um eine kollektive Option unter exogenem Wettbewerb.[349] Dagegen entsteht eine reziproke Abhängigkeit der Unternehmen im oligopolistischen Wettbewerb. Die optimale Strategie eines Unternehmens wird von den Handlungen der Wettbewerber beeinflusst. Um die Verhaltensweisen der Mitbewerber zu bewerten, ist die gegenseitige kollektive Option um endogene Wettbewerbseinflüsse durch Integration spieltheoretischer Elemente zu modifizieren.[350]

In dem S/M-Modell kann der Unternehmenswert junger Wachstumsunternehmen durch die Reduktion der Umsatzvolatilität $\sigma_R(t)$ sowie der Volatilität des variablen Kostensatzes $\sigma_\gamma(t)$ signifikant gesteigert werden.[351] Dies entspricht den Aussagen klassischer Bewertungsverfahren. Der Einfluss des Managements auf diese Parameter offenbart dessen Wertbeitrag auf den Unternehmenswert. Dagegen wird ein steigendes

---

[344] Vgl. Tomaszewski (2000), S.143.
[345] Vgl. Erläuterungen zur Modellierung in Tomaszewski (2000), S.155ff.
[346] Vgl. Tomaszewski (2000), S.144.
[347] Vgl. Erläuterungen zur Modellierung in Tomaszewski (2000), S.158ff.
[348] Vgl. Tomaszewski (2000), S.177ff.
[349] Die Modellierung kann durch Finanzoptionspreismodelle mit Dividendenzahlung als Wettbewerbseinfluss erfolgen [Vgl. Müller (2001), S.317].
[350] Vgl. Schopper (2001), S.288; Tomaszewski (2000), S.172ff.; Müller (2001), S.317ff.
[351] Vgl. Sensitivitätsanalysen in Keiber/Kronimus/Rudolf (2002), S.751ff.

Risiko in den Umsatzerwartungen als Chance für sehr hohe Wachstumsraten interpretiert und zeigt die Abbildung des Optionscharakters junger Wachstumsunternehmen im Modell.[352] Denn je größer die Volatilität des erwarteten Umsatzwachstums $\sigma_\mu(t)$ ist, desto höher ist der Unternehmenswert.[353] Eine Berücksichtigung der Handlungsflexibilität des Managements wird, außer i.w.S. durch die Insolvenzbedingung, nicht im Modell von Schwartz/Moon festgestellt.

3.2.6. Insolvenzrisiko

Bei einer Insolvenz wird zwischen der technischen Insolvenz und der Insolvenz i.S. eines Bankrotts unterschieden. Die technische Insolvenz wird auch als Financial Distress bezeichnet und beschreibt den Zustand eines meist kurzfristigen Liquiditätsengpasses.[354] Ein andauernder bzw. langfristiger Zustand von Liquiditätsengpässen wird als Insolvenz i.S. eines Bankrotts bezeichnet. Durch den Bankrott wird der Zustand einer formalen Insolvenz mit Einleitung entsprechender rechtlicher Verfahren beschrieben.[355]

Das Insolvenzrisiko ist bei jungen Wachstumsunternehmen durch den beschränkten Kapitalmarktzugang und geringen die Refinanzierungsmöglichkeiten besonders hoch.[356] Ursachen für die erhöhte Insolvenzgefahr können außerdem exogene Schocks oder allgemeine Konjunktur- bzw. Branchenentwicklungen sein, da eine Verminderung des Risikos durch Diversifikation aufgrund des meist begrenzten Produktportfolios nicht gegeben ist.[357] Der Zahlungs- und Leistungsausfall wesentlicher Kunden bzw. Lieferanten kann aufgrund eines häufig mangelhaften Finanz- und Liquiditätsmanagements von jungen Wachstumsunternehmen zu Liquiditätsengpässen führen.[358] Dagegen reduzieren die vorherige Branchenerfahrung und Bildung des Managements die Insolvenzwahrscheinlichkeit.[359] Die Insolvenzwahrscheinlichkeit verringert sich üblicherweise auch mit steigender Unternehmensgröße und fortlaufender Unternehmensdauer.[360] Der hohen Ausfallwahrscheinlichkeit steht die Möglichkeit der außerordentlich erfolgreichen Entwicklung des jungen Wachstumsunternehmens gegenüber.

---

[352] Vgl. Ergänzungen zum Optionscharakter des Modells im Abschnitt 3.2.6.
[353] Vgl. Sensitivitätsanalyse von Keiber/Kronimus/Rudolf (2002), S.751ff. und von Schwartz/Moon (2000), S.69. Dagegen stellt Meyer (2006), S.234, fest, dass der Unternehmenswert nicht sensitiv auf eine Veränderung der Volatilität des erwarteten Umsatzwachstums $\sigma_\mu(t)$ reagiert.
[354] Vgl. Ross/Westerfield/Jaffe (2005), S.830; Altman/Chen/Weston (2002), S.507.
[355] Vgl. Altman/Hotchkiss (2006), S.4ff.; Ross/Westerfield/Jaffe (2005), S.831.
[356] Vgl. Damodaran (2002b), S.4f.; Everling (2003), S.333; Brettel/Rudolf/Witt (2005), S.14.
[357] Vgl. Brigham/Ehrhardt (2005), S.813; Friedl (2003), S.241; Weckbach (2004), S.58.
[358] Vgl. Schefczyk/Pankotsch (2003), S.217f.; Gruber/Harhoff/Tausend (2003), S.28.
[359] Vgl. Moog (2004), S.33f.
[360] Vgl. Aldrich/Auster (1986), S.65ff.; Schierenbeck/Lister (2001), S.319ff.
Siehe Anhang Tabelle 12: Überlebensrate in Abhängigkeit von der Unternehmensgröße und Abbildung 14: Insolvenzhäufigkeit im Zeitablauf.

Dabei ist das Gewinnpotenzial nahezu unbegrenzt, während das Verlustpotenzial auf den Einsatz des Investors und auf die einmalige Insolvenz beschränkt ist. Daraus folgt eine asymmetrische Cash Flow-Verteilung.[361] Zahlreiche empirische Studien belegen eine hohe Insolvenzquote aller neugegründeten Unternehmen in den ersten fünf Jahren.[362] Aufgrund der hohen Unsicherheit der Cash Flows junger Wachstumsunternehmen sollten Risiko und Kosten der Insolvenz bei der Bewertung berücksichtigt werden.[363] Die Insolvenzkosten sind aber kaum exakt quantifizierbar. In empirischen Studien werden die indirekten Insolvenzkosten, d.h. ohne die Aufwendungen für das Insolvenzverfahren, auf durchschnittlich 11% bis 17% des jeweiligen Unternehmensmarktwertes geschätzt.[364]

Die Prognose der Ausfallwahrscheinlichkeit ist nicht einfach.[365] Bei der Bewertung kann der Ausfall eines jungen Wachstumsunternehmens als mögliches Szenario in den erwarteten Cash Flows berücksichtigt werden. Bei den DCF-Verfahren können unterschiedliche Entwicklungen der Cash Flows auf Basis von Verteilungsannahmen der relevanten Variablen simuliert und zu einem Unternehmenswert aggregiert werden. Dabei werden Parameter der Insolvenz in die Simulation integriert, wie z.B. Verteilungsannahmen über Betriebsvermögensverkäufe als prozentualer Anteil des Buchwertes des Unternehmens. Problematisch ist die Festlegung der Verteilungsannahmen.[366] Ein weiterer modifizierter DCF-Ansatz basiert auf dem Entscheidungsbaumverfahren. Die erwarteten Cash Flows werden sowohl für den Fall der Insolvenz als auch für die Unternehmensfortführung prognostiziert und mit den geschätzten Eintrittswahrscheinlichkeiten zu einem Erwartungswert der Cash Flows verdichtet, der dann mit periodenadjustierten WACC diskontiert wird.[367] Alternativ kann eine separate Insolvenz-Bewertung erfolgen, indem ein klassischer DCF-Wert unter der Annahme der Unternehmensfortführung sowie ein separater Insolvenzwert berechnet werden. Die Werte werden mit den jeweiligen Eintrittswahrscheinlichkeiten gewichtet und zu einem

---

[361] Vgl. Witt (2004), S.618; Keiber/Kronimus/Rudolf (2002), S.736. Bei traditionellen etablierten Unternehmen sind das Wachstumspotenzial und das Insolvenzrisiko vergleichsweise niedrig, so dass sich traditionelle DCF-Verfahren leicht anwenden lassen.

[362] Vgl. insb. Abschnitt 3.1.2 und Schierenbeck/Lister (2001), S.320; Hofer/Sandberg (1987), S.12; Teitz/Glasmeier/Svensson (1981), S.22; Jungbauer-Gans/Preisendörfer (1991), S.987.
Siehe Anhang Tabelle 13: Ausfallraten junger Unternehmen in verschiedenen Branchen.

[363] Vgl. Damodaran (2002b), S.4f.; Weckbach (2004), S.56f.

[364] Vgl. u.a. empirische Studien von Altman (1984); Warner (1977); Andrade/Kaplan (1998); Betker (1997); Weiss (1990); Tashjian/Lease (1996). Einen Überblick über verschiedene Studien zur Höhe der Insolvenzkosten sowie Ländervergleiche bietet White (1989) und (1993).

[365] Vgl. Everling (2003), S.333.

[366] Vgl. Damodaran (2002b), S.7ff.

[367] Vgl. Damodaran (2002b), S.9ff.

Unternehmenswert aggregiert.[368] Zur Schätzung kumulierter Insolvenzwahrscheinlichkeiten werden u.a. Prognosemodelle oder Klassifikationen von Ratingagenturen eingesetzt. Die Folge eines schlechten Bondratings für eine Unternehmensanleihe von einer Ratingagentur ist eine höhere Ausfallwahrscheinlichkeit des Unternehmens.[369]

Bei einer Multiple-Bewertung können einerseits die Bezugsgrößen zur Berücksichtigung der hohen Insolvenzwahrscheinlichkeit adjustiert werden oder andererseits können bei der Auswahl der Vergleichsgruppe Unternehmen gewählt werden, die eine signifikante Ausfallwahrscheinlichkeit aufweisen.[370] Bei einer Insolvenz i.S. eines Bankrotts stellt die Möglichkeit der Liquidation eine werterhöhende Komponente dar und kann als Abbruchoption modelliert werden.[371] Der Liquidationswert kann durch das Substanzwertverfahren auf Basis von Liquidationswerten zusätzlich ermittelt werden.

In dem Modell von Schwartz/Moon wird explizit eine Insolvenzschwelle X^* formuliert. Unterschreitet der Kassenbestand $X(t)$ diese Insolvenzschwelle X^*, dann ist das Unternehmen insolvent, der resultierende Unternehmenswert ist null und der simulierte Pfad wird abgebrochen.[372] Die resultierenden Ausfallwahrscheinlichkeiten werden aus den Simulationsläufen mithilfe der in den stochastischen Prozessen modellierten Unsicherheit bestimmt. Da eine Untergrenze des Kassenbestandes exogen im Modell vorgegeben ist und keine Handlungsflexibilität besteht, liegt keine Realoption i.S. einer Abbruchoption vor.[373] Eine zukünftige Finanzierung kann durch die Verwendung eines negativen Wertes für die Insolvenzschwelle X^* in das Modell integriert werden.[374] Die Festlegung der Untergrenze sollte gemäß dem negativen Betrag der zukünftigen Finanzierungsmöglichkeiten erfolgen.[375] Sowohl eine Erhöhung des langfristigen variablen Kostensatzes $\bar{\gamma}$ als auch eine steigende Volatilität des erwarteten Umsatzwachstums $\sigma_\mu(t)$ führen zu einer höheren Insolvenzwahrscheinlichkeit.[376] Die Erhöhung der Erwartungsunsicherheit steigert zwar den Unternehmenswert, aber auch das Risiko.[377] Eine Verknüpfung der Insolvenzwahrscheinlichkeit mit einem

---

[368] Vgl. Damodaran (2002b), S.11f.
[369] Vgl. Damodaran (2002b), S.12ff.
Siehe Anhang Tabelle 14: Anleihen-Rating und kumulierte Ausfallwahrscheinlichkeit.
[370] Vgl. Damodaran (2002b), S.26ff.
[371] Vgl. Darrough/Ye (2007), S.62; Mostowfi (2000), S.67. Vgl. zur Abbruchoption Abschnitt 3.2.5.
[372] Vgl. Schwartz/Moon (2000), S.73; Meyer (2006), S.4, S.94.
[373] Vgl. Meyer (2006), S.5.
[374] Vgl. Schwartz/Moon (2001), S.11. Dagegen legen Schwartz/Moon (2000), S.63, die Insolvenzschwelle auf den Wert null fest.
[375] Vgl. Keiber/Kronimus/Rudolf (2002), S.743.
[376] Vgl. Keiber/Kronimus/Rudolf (2002), S.753; Meyer (2006), S.138; Rudolf (2004), S.465.
[377] Siehe Anhang Abbildung 15: Einfluss der anfänglichen Umsatzwachstumsvolatilität auf die Insolvenzhäufigkeit und den Unternehmenswert.

Kreditrating ist im Modell nicht empfehlenswert, da die Insolvenzwahrscheinlichkeit nicht sämtliche Ausfallrisiken abbildet, welche von Rating-Agenturen berücksichtigt werden.[378] Die Annahme der vollständigen Thesaurierung der Cash Flows führt zu einer Unterschätzung der Insolvenzwahrscheinlichkeit, da ausgeschüttete Beträge den Kassenbestand reduzieren.[379] In dem S/M-Modell beeinflusst die Insolvenzbedingung den Unternehmenswert durch den Optionscharakter positiv und durch den vorzeitigen Abbruch der Simulation bei Pfaden, die die Untergrenze erreichen, negativ.[380] Denn bei einer Unternehmensfortführung könnte die Insolvenz ggf. verhindert werden und daraus ein positiver Unternehmenswert resultieren.[381]

3.2.7. Unternehmenssteuern

Im Rahmen der Unternehmensbewertung werden ausschließlich ertragsabhängige Steuern betrachtet. Zu den Ertragssteuern zählen die Einkommen-, Körperschaft- und Gewerbesteuer.[382] Steuersubjekte der Körperschaft- bzw. Gewerbesteuer sind juristische Personen bzw. Gewerbebetriebe. Die Bemessungsgrundlage der Ertragssteuern ist der wirtschaftliche Gewinn der abgelaufenen Periode. Da Steuern die bewertungsrelevanten Zahlungsströme reduzieren, müssen diese bei der Bewertung berücksichtigt werden. Eine Unternehmenssteuerersparnis entsteht durch die Abzugsfähigkeit der Fremdkapitalkosten von der Bemessungsgrundlage der Ertragssteuern.[383]

Junge Wachstumsunternehmen erzielen anfänglich Verluste. Die negativen Cash Flows ermöglichen steuerliche Verlustvorträge.[384] Es können Verluste gegen Gewinne verrechnet werden, indem Verluste in spätere Besteuerungszeiträume vorgetragen werden und dort die Bemessungsgrundlage für die Steuerzahlung mindern.[385] Der steuerliche Verlustvortrag hat in Jahren, in denen das Unternehmen Verluste realisiert, keine steuerlichen Wirkungen, verliert aber durch Inflation an Wert. Ein Verlustvortrag ist sowohl bei der Körperschaft- sowie bei der Gewerbesteuer möglich.[386] Eine zeitliche

---

[378] Vgl. Meyer (2006), S.259.
[379] Vgl. Schwartz/Moon (2000), S.63.
[380] Eine Erweiterung des Modells zur Bestimmung des optimalen Insolvenzzeitpunktes erfolgt in Kronimus (2003), S.65ff.
[381] Vgl. Keiber/Kronimus/Rudolf (2002), S.754; Meyer (2006), S.159.
[382] Vgl. Wenzel (2006), S.57. Gesetzesgrundlage sind das Körperschaftsteuergesetz (KStG), das Gewerbesteuergesetz (GewStG) und das Einkommensteuergesetz (EStG). Da die Steuersubjekte der Einkommensteuer natürliche Personen sind, erfolgt keine Besteuerung auf Unternehmensebene. Die Einkommensteuer wird im Folgenden nicht weiter betrachtet.
[383] Vgl. Irmler (2005), S.42, S.127.
[384] Vgl. Hachmeister (2004), S.576; Schefczyk/Pankotsch (2003), S.213f.
[385] Siehe Anhang Abbildung 16: Beispielrechnung eines steuerlichen Verlustvortrages.
[386] Vgl. Schefczyk/Pankotsch (2003), S.206f. Bei einem Verlustrücktrag können Verluste begrenzt in Vorjahre zurückgetragen werden, um frühere Gewinne zu kompensieren mit der Folge einer nachträglichen Steuererstattung. Dies spielt für junge Wachstumsunternehmen mit anfänglich negativen Cash Flows keine große Rolle.

oder betragsmäßige Begrenzung des Verlustvortrages wird in Abhängigkeit vom jeweiligen nationalen Steuerrecht vorgeschrieben. In Deutschland ist ein Verlustvortrag zur Minderung des körperschaftlichen Einkommens in den Jahren unmittelbar nach den Verlustjahren möglich.[387] Der Einfluss der Steuern auf den Unternehmenswert ist für junge Wachstumsunternehmen mit anfänglichen Verlusten nur marginal.[388]

Auf Unternehmensebene wird das körperschaftlich zu versteuernde Einkommen für juristische Personen nach § 23 Abs.1 KStG mit dem Körperschaftsteuersatz in Höhe von $s_K = 0{,}15$ belegt.[389] Zur Bemessungsgrundlage werden verdeckte Gewinnausschüttungen an die Anteilseigner, Spenden, Straf- und Bußgelder, Aufsichtsratsvergütungen sowie nach der Unternehmenssteuerreform 2008 auch die Gewerbesteuer hinzugerechnet.[390] Bemessungsgrundlage der Gewerbesteuer ist der Gewerbeertrag. Dieser wird auf der Grundlage des Steuerbilanzgewinns gemäß EStG bzw. KStG und weiteren Bereinigungen sowie Abzug eines Verlustvortrages und eines möglichen Freibetrages ermittelt.[391] Seit der Unternehmenssteuerreform 2008 können nur noch 25% sämtlicher Fremdkapitalzinsen und Finanzierungsanteile von Mieten, Pachten, Leasingraten und Lizenzgebühren unter Berücksichtigung eines Freibetrages hinzuaddiert werden. Die Gewerbesteuer stellt seit der Unternehmenssteuerreform 2008 keine Betriebsausgabe dar und ist deshalb nicht mehr von der Bemessungsgrundlage abzugsfähig.[392] Die Gewerbesteuerschuld wird in zwei Schritten errechnet. Zunächst wird der Steuermessbetrag durch Multiplikation des Gewerbeertrages mit der einheitlichen Steuermesszahl von 3,5% ermittelt. Der Steuermessbetrag wird dann zur Bestimmung der Gewerbesteuerschuld mit dem kommunal unterschiedlichen Hebesatz multipliziert.[393] Der Hebesatz wird von den Gemeinden individuell festgelegt und ist damit vom Sitz des Unternehmens abhängig.[394]

Da im Rahmen der Unternehmensbewertung meist nur ein über alle Perioden konstanter Steuersatz verwendet wird, sollte aus Gründen der Vereinfachung ein kombinierter

---

[387] Dieser ist bis zu einer Höhe von einer Million € unbeschränkt und danach bis zu 60 % des übersteigenden körperschaftlichen Einkommens nutzbar. Für Deutschland sind die Vorgaben des Verlustvortrages bzw. -rücktrages im § 8 Abs.1 KStG i.V.m. § 10d EStG geregelt [Vgl. Bundesministerium der Justiz (2008a); Bundesministerium der Justiz (2008c)].

[388] In den ersten fünf Jahren nach der Gründung zahlen 45% der untersuchten Unternehmen noch keine Steuern [Vgl. Wipfli (2001), S.252, S.322].

[389] Der Körperschaftsteuersatz gilt nach der Unternehmenssteuerreform 2008. Der Bundestag hat die Unternehmenssteuerreform am 25.Mai 2007 verabschiedet. Sie trat am 01.Januar 2008 in Kraft [Vgl. REGIERUNGonline (2007); Bundesministerium der Justiz (2008c)].

[390] § 10 Abs.2, 3, 4 KStG und § 8 Abs.3 KStG [Vgl. Bundesministerium der Justiz (2008c)].

[391] Hinzurechnungen nach § 8 GewStG und Kürzungen nach § 9 GewStG [Vgl. Bundesministerium der Justiz (2008b)].

[392] Vgl. Ballwieser (2007), S.187; § 8 Abs.1 GewStG [Vgl. Bundesministerium der Justiz (2008b)].

[393] § 11 Abs. 2 GewStG [Vgl. Bundesministerium der Justiz (2008b)].

[394] Vgl. Schefczyk/Pankotsch (2003), S.205. Die Hebesätze liegen zwischen 200% und 650%. Im Jahr 2005 lag der Durchschnitt bei 433% in Deutschland.

Steuersatz s die Gewerbe- und Körperschaftsteuer umfassen. Für Unternehmen mit Sitz in Deutschland kann der Körperschaftsteuersatz s_K aus § 23 Abs.1 KStG verwendet und der Gewerbesteuersatz s_G aus der Multiplikation der einheitlichen Steuermesszahl mit dem jeweiligen kommunalen Hebesatz approximiert werden. Zusätzlich sollte der Solidaritätszuschlag mit dem Satz s_S integriert werden:[395] $\quad s = s_K(1 + s_S) + s_G$
Dieser kombinierte Steuersatz ist nur anwendbar, wenn von steuerspezifischen Bereinigungen der Bemessungsgrundlagen abstrahiert wird.

Im Rahmen der DCF-Verfahren werden zur Cash Flow-Ermittlung die Gewinne vor Steuern um die Steuerzahlungen des Unternehmens bereinigt. Die steuerlichen Vorteile aufgrund der Abzugsfähigkeit der Fremdkapitalzinsen bleiben bei der Berechnung der FCF unbeachtet und werden beim WACC-Verfahren in den gewogenen Kapitalkosten erfasst. Dagegen werden die steuerlichen Wertbeiträge der Fremdfinanzierung beim FTE-Verfahren direkt bei der Ermittlung des FTE und beim APV-Verfahren in einem separaten Term berücksichtigt.[396] Zudem können steuerliche Verlustvorträge in die Bestimmung der Cash Flows einbezogen werden.[397] Der Steuersatz wird angepasst, so dass keine Steuern bei Verlusten gezahlt werden.[398] Im Fall einer Multiple-Bewertung ist die Berücksichtigung der Unternehmenssteuern von der Auswahl der Bezugsgröße abhängig, z.B. ist der Jahresüberschuss eine Gewinngröße nach Steuern.

Im S/M-Modell wird eine pfadabhängige deterministische Funktion für die Unternehmenssteuern und Verlustvorträge integriert.[399] Durch die Abhängigkeit vom jeweiligen Pfad werden die Steuern besser als bei traditionellen DCF-Verfahren abgebildet, in denen die Steuern nur auf die Erwartungswerte unsicherer Verteilungen angewendet werden.[400] Die Modellierung der Steuerfunktion $T(t)$ und des Verlustvortrages $L(t)$ durch Keiber/Kronimus/Rudolf (2002) sind der ursprünglichen Modellierung von Schwartz/Moon (2000) vorzuziehen.[401] Denn bei der Modellierung von Schwartz/Moon (2000) ergeben sich nur Steuerzahlungen, wenn der Verlustvortrag null ist, jedoch nicht in Perioden, in denen der Vorsteuergewinn größer als der Verlustvortrag ist. In diesem Fall würde dann auch ein negativer Verlustvortrag berücksichtigt werden.[402] Ein negativer Verlustvortrag findet in der Realität aber nicht

---

[395] Vgl. Irmler (2005), S.127f. Nach § 4 Solidaritätszuschlaggesetz (SolZG) liegt der Satz je nach Bemessungsgrundlage bei 3,75 % oder 7,5% [Vgl. Bundesministerium der Justiz (2008d)].
[396] Vgl. Mandl/Rabel (2005), S.65; Krag/Kasperzak (2000), S.85.
[397] Vgl. die Modellierung steuerlicher Verlustvorträge in Drukarczyk/Schüler (2007), S.399f.
[398] Vgl. Damodaran (2001), S.127.
[399] Vgl. Keiber/Kronimus/Rudolf (2002), S.739f.
[400] Vgl. Meyer (2006), S.257.
[401] Vgl. Keiber/Kronimus/Rudolf (2002), S.739f.
[402] Vgl. Schwartz/Moon (2000), S.63.

statt. Eine noch detailliertere Abbildung der Steuerfunktion beeinflusst den Unternehmenswert nicht wesentlich.[403] Der anfängliche Verlustvortrag $L(0)$ kann aus der letzten Bilanz entnommen werden.[404] Für den Unternehmenssteuersatz s wird im S/M-Modell ein über alle Perioden konstanter Steuersatz von $s = 0{,}35$ angenommen, mit dem die wesentlichen Ertragssteuern erfasst werden.[405] Der Steuersatz kann aus dem jeweiligen nationalen Steuerrecht abgeleitet werden.[406] Eine Steuerzahlung erfolgt dabei nur, wenn der Gewinn vor Steuern (EBT) den Verlustvortrag übersteigt. Die Einkommensteuer bleibt im Modell unberücksichtigt. Schwartz/Moon gehen davon aus, dass durch Fremdkapital ausgelöste Werteffekte, wie Tax Shields, Insolvenzszenarien oder auch Einkommensteuereffekte, sich gegenseitig kompensieren.[407]

3.2.8. Kapitalstruktur und Finanzierung

Aufgrund des großen Investitionsbedarfs zur Realisierung der Wachstumschancen und wegen negativer Cash Flows haben junge Wachstumsunternehmen besonders in den ersten Lebenszyklusphasen einen hohen Kapitalbedarf und unterliegen finanzieller Ressourcenknappheit.[408] Die Herkunft des Kapitals für die Finanzierung sowie die Höhe des Kapitalbedarfs sind abhängig von der Lebenszyklusphase und ändern sich im Zeitablauf.[409] Die geringen verwertbaren Vermögensgegenstände führen zu fehlenden Sicherheiten, so dass die Fremdkapitalaufnahme als günstige Finanzierungsquelle wegen relativ niedriger Finanzierungskosten und der Abzugsfähigkeit bei der steuerlichen Gewinnermittlung zunächst verschlossen ist.[410] Die Einbehaltung von Gewinnen als Instrument der Innenfinanzierung kann aufgrund negativer oder sehr geringer Cash Flows vorerst nur selten verwendet werden. Es muss vorrangig auf die Möglichkeit der Außenfinanzierung durch Zuführung externen Eigenkapitals zurückgegriffen werden.[411] Durch das hohe Insolvenzrisiko bei unbeschränkter Haftung des eingesetzten Kapitalbetrages und durch die hohe Unsicherheit über die zukünftige Entwicklung junger Wachstumsunternehmen bei asymmetrischer Informationsverteilung aufgrund geringer Kontrollmöglichkeiten und unterschiedlicher Interessen zwischen Eigenkapitalgeber und Eigenkapitalnehmer verlangen die Kapitalgeber neben Mitbestimmungsrechten

---

[403] Vgl. Meyer (2006), S.257.
[404] Vgl. Schwartz/Moon (2000), S.65; Keiber/Kronimus/Rudolf (2002), S.743.
[405] Vgl. Schwartz/Moon (2001), S.21; Baule/Tallau (2006), S.12.
[406] Vgl. Schwartz/Moon (2000), S.65.
[407] Vgl. Irmler (2005), S.125.
[408] Vgl. Gruber/Harhoff/Tausend (2003), S.28; Hayn (2005), S.496f.; Hachmeister (2004), S.575; Achleitner/Bassen (2003), S.9f.; Voigt/Erhardt/Ingerfeld (2003), S.97.
[409] Vgl. Brettel/Rudolf/Witt (2005), S.9; Hachmeister (2004), S.575.
Siehe Anhang Tabelle 15: Wachstumsfinanzierungsmodell im Lebenszyklus.
[410] Vgl. Stringfellow (2001), S.117; Hendel (2003), S.27; Ballwieser (2003), S.162.
[411] Vgl. Elkemann-Reusch/Zickenrott (2001), S.108; Grabherr (2001), S.29; Pleschak (1996), S.104.

hohe Renditen in Form von langfristigen Kapitalgewinnen.[412] Es liegen meist keine festen Rückzahlungs- und Verzinsungsansprüche vor. Die Entlohnung ist abhängig vom Unternehmenserfolg.[413] Häufig erfolgt der größte Teil der Entlohnung erst beim Exit.[414] Zunächst stellt die Finanzierung durch Gründer, Familie und Freunde die einzige Finanzierungsquelle dar.[415] Im Verlauf des Lebenszyklus erfolgt die weitere Zufuhr von Eigenkapital bspw. durch Business Angels, Inkubatoren, Venture Capital-Gesellschaften, Private Equity Fonds, strategische Investoren oder durch den IPO.[416] Wenn für junge Wachstumsunternehmen nicht mehr allein Eigenkapital zur Wachstumsfinanzierung ausreicht, wird oft auf Mezzanine Kapital als hybride Finanzierungsform zwischen Eigen- und Fremdkapital zurückgegriffen.[417]

Die Kapitalstruktur beschreibt die Aufteilung der zur Finanzierung eines Unternehmens benötigten Mittel.[418] Das Modigliani-Miller-Theorem, hergeleitet aus einer Gleichgewichtsanalyse von Kapitalmärkten unter restriktiven Annahmen, besagt, dass die Kapitalstruktur eines Unternehmens für seinen Marktwert und für die WACC irrelevant ist.[419] Bei Berücksichtigung einer einfachen Unternehmenssteuer und der Abzugsfähigkeit von Fremdkapitalzinsen ist der Marktwert eines Unternehmens nicht mehr unabhängig von der Kapitalstruktur. Bei einem konstanten Verschuldungsniveau übersteigt der Wert eines verschuldeten Unternehmens den Wert eines unverschuldeten Unternehmens um die Tax Shields.[420] Solange die Gesamtkapitalrendite größer als die Fremdkapitalrendite nach Steuern ist, steigt die Eigenkapitalrendite und fallen die WACC mit zunehmender Verschuldung des Unternehmens.[421] Die Ergebnisse implizieren, dass bei vollständiger Fremdfinanzierung ein maximaler Unternehmenswert mit minimalen WACC erreicht wird. Unter teilweiser Auflösung der restriktiven Annahmen von Modigliani/Miller steigen die Fremdkapitalkosten bei steigendem

---

[412] Vgl. Knips (2000), S.14f.; Böhmer (2003), S.14; Grabherr (2001), S.31; Friedl (2003), S.254. Siehe Anhang Tabelle 16: Jährliche Renditeerwartungen und Haltedauer von Risikoinvestoren.
[413] Vgl. Brettel/Rudolf/Witt (2005), S.23f.; Knips (2000), S.16.
[414] Der Exit ist der Ausstieg eines Investors aus einer Beteiligung durch Veräußerung seiner Anteile im Wege eines IPOs, eines Anteilsverkaufes an einen strategischen Investor bzw. an einen Finanzinvestor, einer Anteilsübernahme durch das bestehende oder ein externes Management (MBO/MBI) oder eines Anteilkaufs durch ein für diesen Zweck gegründetes Unternehmen mit erheblicher Fremdkapitalfinanzierung (LBO) [Vgl. Stadler (2001), S.333, S.341; Hendel (2003), S.33f.; Brettel/Rudolf/Witt (2005), S.201f.; Schefczyk/Pankotsch (2003), S.57].
[415] Vgl. Brettel/Rudolf/Witt (2005), S.37.
[416] Siehe Anhang Tabelle 17: Erläuterung und Aufgaben verschiedener Eigenkapitalquellen.
[417] Vgl. Stringfellow (2001), S.117. Siehe Anhang Tabelle 18: Übersicht über Mezzanine Finanzierungsinstrumente.
[418] Vgl. Brettel/Rudolf/Witt (2005), S.23f.
[419] Vgl. Modigliani/Miller (1958), S.268ff.; Drukarczyk/Schüler (2007), S.128.
[420] Vgl. Modigliani/Miller (1963), S.434f.; Drukarczyk/Schüler (2007), S.131.
[421] Dieser Zusammenhang wird als Leverage Effekt bezeichnet [Vgl. Ross/Westerfield/Jaffe (2005), S.423f.; Drukarczyk/Schüler (2007), S.133f.].

Verschuldungsgrad aufgrund des erhöhten Ausfallrisikos und bestehenden Informationsasymmetrien zwischen Kapitalgebern und Kapitalnehmern.[422] Die optimale Kapitalstruktur gemäß der Trade-Off-Theorie ergibt sich aus der Abwägung von Steuervorteilen der Fremdfinanzierung und Insolvenzkosten.[423] Die Trade-Off-Theorie ist nur von eingeschränkt praktikablem Nutzen, da allenfalls Steuereffekte, aber kaum Insolvenzkosten exakt quantifizierbar sind.[424] Der unzureichende Kapitalmarktzugang, die hohe Insolvenzgefahr und die geringen Fremdkapitalfinanzierungsmöglichkeiten führen zu einer hohen Eigenkapitalquote und zu einer suboptimalen Kapitalstruktur junger Wachstumsunternehmen.[425] Zahlreiche empirische Studien weisen einen signifikant negativen Einfluss der Rentabilität und des Wachstums sowie eine signifikant positive Wirkung des Sicherungswertes des Vermögens und der Unternehmensgröße auf den Verschuldungsgrad nach.[426]

Der Marktwert des börsennotierten Fremdkapitals entspricht der Marktkapitalisierung gehandelter Anleihen. Bei nicht börsennotiertem Fremdkapital ist der Marktwert ableitbar von vergleichbaren börsennotierten Anleihen hinsichtlich Laufzeit, Zins und Bonität. Existieren keine vergleichbaren Anleihen an der Börse kann die Bestimmung des Fremdkapitals über die Diskontierung der erwarteten Cash Flows an die Fremdkapitalgeber mit dem risikolosen Zinssatz unter dem Martingalmaß oder über den Buchwert des Fremdkapitals als Proxy für den Marktwert erfolgen.[427]

Im S/M-Modell wird durch die Thesaurierung der gesamten positiven Cash Flows eine Innenfinanzierung modelliert. Weiterhin unterstellt das S/M-Modell, dass sich alle vom Fremdkapital ausgelösten Werteffekte gegenseitig kompensieren. Der Unternehmensgesamtwert ist demnach unabhängig von der Kapitalstruktur. Die Simulation des Unternehmenswertes erfolgt daher unter Abstraktion von Kapitalstrukturänderungen sowie Zins- und Tilgungszahlungen des Fremdkapitals.[428] Der Marktwert des Eigenkapitals resultiert aus der Differenz zwischen dem Marktwert des Gesamtkapitals

---

[422] Vgl. Brettel/Rudolf/Witt (2005), S.24f.; Drukarczyk/Schüler (2007), S.132.
[423] Vgl. Ross/Westerfield/Jaffe (2005), S.433; Koller/Goedhart/Wessels (2005), S.476f.
[424] Vgl. Baxter (1967), S.395ff.; Kim (1978), S.45ff. Nach der Kapitalstrukturtheorie der Pecking-Order existiert eine Hackordnung der Finanzierungsquellen, indem zunächst interne Mittel, anschließend Fremdkapital und dann Eigenkapital verwendet werden. Diese spielt aber aufgrund der Finanzierungsmöglichkeiten keine Rolle bei jungen Wachstumsunternehmen [Vgl. Myers (1984), S.575; Myers/Majluf (1984), S.187ff.; Shyam-Sunder/Myers (1999) S.219ff.].
[425] Vgl. Ross/Westerfield/Jaffe (2005), S.455; Nitzsch/Rouette/Stotz (2005), S.425f.; Studie von Wipfli (2001) über 74 Jungunternehmen, S.322.
[426] Siehe Anhang Tabelle 19: Empirische Studien über Einflüsse auf den Verschuldungsgrad.
[427] Vgl. Mandl/Rabel (1997), S.327f.; Nowak (2000), S.93; Keiber/Kronimus/Rudolf (2002), S.762.
[428] Vgl. Irmler (2005), S.81f., S.125.

und dem Marktwert des Fremdkapitals.[429] In der ersten Modellierung wird keine zukünftige Fremdkapitalaufnahme sondern nur der Marktwert am Bewertungsstichtag berücksichtigt.[430] In der Modellerweiterung kann dann ein optimaler zukünftiger Finanzierungsbetrag integriert werden, der den Unternehmenswert maximiert.[431]

3.3. Konklusionen für die Bewertung

3.3.1. Zusammenfassung und Anforderungen

Ein Bewertungsverfahren sollte die spezifischen Charakteristika junger Wachstumsunternehmen in der Wertermittlung berücksichtigen. Es sollte bei der Bestimmung der Inputparameter praktikabel und durch eine transparente Modellstruktur kommunizierbar sein. In der folgenden Tabelle werden die Anforderungen an Bewertungsverfahren aufgrund ausgewählter Besonderheiten zusammengefasst:

Tabelle 2: Bewertungsanforderungen aufgrund spezifischer Charakteristika[432]

Spezifische Charakteristika junger Wachstumsunternehmen	Anforderungen
- Mangelnde Vergangenheitsdaten und unausgereiftes Rechnungswesen - Hoher Wert immaterieller Vermögensgegenstände - Betrachtung eines langen Zeitraums, bis zum Erreichen einer Phase mit stabilen Wachstumsraten	Zukunftsorientierung mit langem Prognosehorizont
- Fehlbewertungen, wie z.B. bei Multiples durch falsche Bewertung ganzer Marktsegmente bzw. Branchen oder bei Gewinnen durch Verzerrungen aufgrund verschiedener Bilanzierungsstandards und -politiken - Langfristig positive Cash Flows zum Überleben notwendig	Orientierung an Cash Flows
- Umsatzentwicklung entscheidender Werttreiber des Unternehmenswertes - Wenige Vergangenheitsdaten und Vergleichsunternehmen - Komplexe Zukunftsprognose aufgrund wandelnder, unausgereifter Märkte	Theoretisch fundierte Umsatzprognose
- Große Wachstumschancen, hohes Insolvenzrisiko (asymmetrisches Risikoprofil) - Negative und volatile Cash Flows bei hohem Wettbewerbsdruck - Zukunftsprognose schwieriger als bei etablierten Unternehmen	Berücksichtigung von Unsicherheit und Chancen
- Handlungsflexibilität des Managements in wandelnden Märkten - Abhängigkeit von Qualität und Erfahrung des Managements	Einbeziehung von Flexibilität
- Unausgereifte Märkte und großer Wettbewerbsdruck - Hohe operative und finanzielle Risiken - Ressourcenknappheit, Liquiditätsengpässe und Kapitalstruktureinflüsse	Abbildung von Ausfallrisiken

---

[429] Neben dem Fremdkapital werden auch die Umwandlung von Wandelanleihen und die Ausübung von Aktienoptionen bei der Ermittlung des Eigenkapitals berücksichtigt [Vgl. Schwartz/Moon (2000), S.70ff.; Schwartz/Moon (2001), S.12f.; Meyer (2006), S.99ff.].
[430] Vgl. Irmler (2005), S.127; Meyer (2006), S.102; Schwartz/Moon (2000), S.63.
[431] Vgl. Schwartz/Moon (2001), S.11; Longstaff/Schwartz (2001), S.113ff.
[432] Eigene Darstellung in Anlehnung an Böhmer (2003), S.36ff. Vgl. Hommel/Lehmann (2001), S.119; Wipfli (2001), S.332; Copeland/Koller/Murrin (2002), S.287ff.

3.3.2. Übersicht über die Modellparameter von Schwartz/Moon

In der folgenden Tabelle werden die Schätzverfahren und Quellen für die in den einzelnen Abschnitten unter Kapitel 3.2 behandelten Parameter zusammengefasst:

Tabelle 3: Schätzverfahren und Quellen zur Parameterbestimmung[433]

Abs.	Parameter	Notation	Mögliches Schätzverfahren/ Quellen
3.2.1	Simulationszeitraum	T	Erwarteter Zeitpunkt der Unternehmensetablierung am Markt (Analystenschätzung)
	EBITDA-Multiple	M	Aus Erfahrungswerten der Branche
	Zeitintervall für diskrete Variablen	Δt	Abhängig von der Datenverfügbarkeit (ein Quartal oder ein Geschäftsjahr)
	Simulationsdurchläufe	N	Abhängig von gewünschter Ergebnisgenauigkeit
3.2.2	Sachanlagevermögen in t=0	$PPE(0)$	Aus letzter Bilanz
	Investitionen aus Planphase	$CAPEX(t)$	Aus Detailplanung der Analysten bis $\bar{t}$
	Ende der Planphase	$\bar{t}$	Ende der Detailplanung
	Abschreibungsrate als konstanter Anteil des Sachanlagevermögens	DR	Schätzung aus den letzten Quartalen oder Übernahme bisheriger Rate als Konstante
	Investitionsrate als konstanter Anteil der Umsatzerlöse	CR	Schätzung aus den letzten Quartalen, Übernahme bisheriger Rate als Konstante, Analystenvorhersagen oder Entwicklung der Rate gemäß vergangener Kapitalintensitäten
	Kassenbestand in t=0	$X(0)$	Aus letzter Bilanz (z.T. auch als Summe des Kassenbestandes und der Marketable Securities)
	Risikoloser Zinssatz	r	10-jährige öffentliche Anleihe oder 1-jährige US Treasury Bill-Rate
3.2.3	Umsatz in t=0	$R(0)$	Aus letzter GuV
	Volatilität der Umsatzerlöse	$\sigma_R(0)$	Volatilität der Umsatzveränderungen über die letzten Quartale und Analystenschätzungen
	Langfristige Umsatzvolatilität	$\bar{\sigma}_R$	Umsatzvolatilität eines vergleichbaren, in der Branche etablierten Unternehmens
	Variabler Kostensatz in t=0	$\gamma(0)$	Steigungsparameter aus der Regression der Kosten der letzten Quartale auf die entsprechenden Umsätze und Analystenschätzungen
	Langfristiger variabler Kostensatz	$\bar{\gamma}$	Verwendung des gegenwärtigen variablen Kostensatzes $\gamma(0)$

---

[433] Eigene Darstellung in Anlehnung an Schwartz/Moon (2000), S.65; Meyer (2006), S.128; Keiber/Kronimus/Rudolf (2002), S.743ff.; Loderer/Jörg/Pichler/Roth/Zgraggen (2002), S.816f.

3.2.3	Fixkosten	F	Konstante aus der Regression der Kosten der letzten Quartale auf die entsprechenden Umsätze und Analystenschätzungen
	Volatilität des variablen Kostensatzes in t=0	$\sigma_\gamma(0)$	Volatilität der variablen Kosten über die letzten Quartale
	Langfristige Volatilität des variablen Kostensatzes	$\bar{\sigma}_\gamma$	Analystenschätzung
	Korrelationen zwischen tatsächlicher Umsatzentwicklung, erwartetem Umsatzwachstum und variablem Kostensatz	$\rho_{R;\mu}$; $\rho_{R;\gamma}$; $\rho_{\mu;\gamma}$	Ableitung aus vergangenen Unternehmens- oder Branchendaten
	Korrelationen zwischen tatsächlicher Umsatzentwicklung/ erwartetem Umsatzwachstum/ variablem Kostensatz und Rendite des Marktportfolios	$\rho_{R;M}$; $\rho_{\mu;M}$; $\rho_{\gamma;M}$	Historische Daten des zu bewertenden Unternehmens oder anhand von Vergleichsunternehmen; Approximation der Daten für Umsätze, erwartetes Umsatzwachstum und variablen Kostensatz aus den letzten Quartalen und für das Marktportfolio durch einen Index, der den Markt widerspiegelt
	Marktvolatilität	σ_M	Volatilität des Indexes, der bei Korrelationen gewählt wird
3.2.4	Erwartetes Umsatzwachstum in t=0	$\mu(0)$	Durchschnittliches Umsatzwachstum über die letzten Quartale und Analystenschätzungen
	Langfristiges Umsatzwachstum	$\bar{\mu}$	Umsatzwachstum eines vergleichbaren, in der Branche etablierten Unternehmens
	Volatilität des erwarteten Umsatzwachstum in t=0	$\sigma_\mu(0)$	Ableitung aus der Volatilität der Aktienrendite bzw. aus der impliziten Volatilität von Optionen auf das zu bewertende Unternehmen; Volatilität eines Aktienindexes als Orientierungshilfe
	Konvergenzgeschwindigkeiten der Umsatzvolatilität, des erwarteten Umsatzwachstums, des variablen Kostensatzes, der Volatilität des variablen Kostensatzes und der Volatilität des erwarteten Umsatzwachstums	κ_{σ_R}; κ_μ; κ_γ; κ_{σ_γ}; κ_{σ_μ}	Berechnung aus den Annahmen über die Halbwertzeit der zu den jeweiligen langfristigen stabilen Werten $\bar{\sigma}_R, \bar{\mu}, \bar{\gamma}, \bar{\sigma}_\gamma$ und 0 konvergierenden Prozesse $$\left(\kappa = \frac{\ln(2)}{Halbwertzeit}\right)$$
3.2.6	Insolvenzschwelle	X^*	Entspricht dem negativen Betrag der optimalen Finanzierungsmöglichkeiten
3.2.7	Verlustvortrag in t=0	$L(0)$	Aus letzter Bilanz
	Steuersatz	s	Entnahme aus dem Steuerrecht

4. Würdigung der Bewertung von Wachstums- und Startup- Unternehmen

4.1. Anwendbarkeit der klassischen Bewertungsverfahren

4.1.1. Substanzwertverfahren

Die Substanzwertverfahren berücksichtigen zwar das Stichtagsprinzip, denn die benötigten Daten sind bereits in der Bilanz vorhanden, so dass die ermittelten Werte leicht nachprüfbar und kommunizierbar sind. Aber eine unmittelbare Orientierung an der vorhandenen Substanz ist für eine zukunftsorientierte Bewertung irreführend, da der Substanzwert einen vorwiegend gegenwartsbezogenen und keinen zukünftigen Wert darstellt.[434] Der Substanzwert dient daher nicht als Entscheidungswert. Er hat nur insofern Bedeutung, das die zum Bewertungsstichtag aufgebaute Substanz den Ausgangspunkt für die zukünftige Entwicklung oder das der Liquidationswert eine absolute Wertuntergrenze des Unternehmens darstellt.[435]

Die Ermittlung des Substanzwertes auf Basis von Reproduktionswerten führt wegen der Berücksichtigung immaterieller Vermögensgegenstände zu erheblichen Anwendungsschwierigkeiten. Gerade bei jungen Wachstumsunternehmen basiert der Geschäftserfolg weniger auf der materiellen Vermögenssubstanz, sondern wird vielmehr durch einzigartige immaterielle Vermögensgegenstände determiniert.[436] Bei der Einzelbewertung werden außerdem Verbundeffekte vernachlässigt. In der Realität sind aber Synergieeffekte für die Wertermittlung relevant.[437] Die Substanzwertverfahren eignen sich daher nicht zur Bewertung junger Wachstumsunternehmen.[438]

4.1.2. Discounted Cash Flow-Verfahren

Aufbauend auf der Portfoliotheorie sind die DCF-Verfahren theoretisch fundiert und eignen sich durch die Zukunftsbezogenheit und die Risikoberücksichtigung gut als Entscheidungswert.[439] Die Prognose zukünftiger Ertrags- und Wachstumsentwicklungen zwingt Analysten zu einer fundamentalen Analyse und zur Entwicklung von Annahmen sowie langfristigen Szenarien.[440]

Aber wegen kurzer Vergangenheitsdaten junger Wachstumsunternehmen und der dynamischen Märkte ist die Prognose zukünftiger Cash Flows problematisch.[441] Für innovative Produkte, immaterielle Vermögensgegenstände sowie zumeist flexible und

---

[434] Vgl. Krag/Kasperzak (2000), S.32; Sieben/Maltry (2005), S.383f., S.400.
[435] Vgl. Hayn (2005), S.498f.; Rudolf/Witt (2002), S.56.
[436] Vgl. Mandl/Rabel (2005), S.81; Vgl. Hayn (2005), S.498f.; Wipfli (2001), S.114.
[437] Vgl. Ballwieser (2007), S.190.
[438] Vgl. Kiener (2001), S.39; Rudolf/Witt (2002), S.56; Studie von Wipfli (2001), S.322, über 74 Jungunternehmen.
[439] Vgl. Wipfli (2001), S.131f., S.158; Achleitner/Bassen/Pietzsch (2001), S.74.
[440] Vgl. Schopper (2001), S.295.
[441] Vgl. Damodaran (2001), S.12; Meyer (2006), S.45; Copeland/Koller/Murrin (2002), S.381.

neuartige Geschäftsmodelle ist die Quantifizierung der Determinanten zur Wertermittlung besonders schwierig.[442] Bei negativen Cash Flows in der Detailplanungsphase ist der Wertbeitrag zum Unternehmenswert negativ und der Unternehmenswert wird vollständig aus dem schwierig zu berechnenden Terminal Value bestimmt. Die hohe Wachstumsvolatilität der Cash Flows erschwert die Schätzung der Wachstumsrate, die wiederum einen großen Einfluss auf den Terminal Value hat.[443] Das CAPM ist zur Risikoerfassung eher ungeeignet, weil einerseits vergleichbare junge Wachstumsunternehmen häufig zeitlich sehr instabile Betawerte bei gleichzeitig relativ geringem Bestimmtheitsmaß aufzeigen und andererseits liegen insbesondere bei neu entstehenden Branchen keine historischen Betas vor.[444]

Die traditionellen DCF-Verfahren gehen von einer symmetrischen Verteilung der Cash Flows aus und abstrahieren von unternehmerischer Flexibilität, so dass sie keine Reaktionen auf unerwartete Marktentwicklungen erlauben.[445] Ein derartiges Risikoprofil genügt wegen der signifikanten Insolvenzwahrscheinlichkeit und den Wertbeiträgen aus strategischen Handlungsmöglichkeiten nicht zur Abbildung der Situation junger Wachstumsunternehmen.[446] Aus dem größeren Unternehmensrisiko folgt bei den DCF-Verfahren ein höherer Diskontierungszinssatz. Durch die nur negative Sichtweise des Risikos werden zukünftige Chancen auf Wertsteigerungen vernachlässigt.[447]

Aber durch die Anwendung der Monte-Carlo-Simulation zur Bestimmung der erwarteten Cash Flows kann Unsicherheit modelliert und Flexibilität einbezogen werden.[448] Beim modifizierten DCF-Verfahren von Copeland/Koller/Murrin (2002) können mit Hilfe einer Rückwärtsrechnung von wahrscheinlichkeitsgewichteten Szenarien aus der Zukunft in die Gegenwart die Unsicherheit erfasst und mit klassischen Analysemethoden die ökonomischen Zusammenhänge des Unternehmens erkannt werden, um die zukünftige Leistung zu prognostizieren.[449]

Kaplan/Ruback (1995) untersuchen für 51 Transaktionen am US-Markt den Erklärungsgehalt der DCF-Methode. Dabei übersteigt der DCF-Wert den tatsächlich erzielten Transaktionspreis um 6%.[450] Copeland/Weston/Shastri (2005) ermitteln bei der Bewertung mit DCF-Verfahren für 30 von 35 Unternehmen 1988 und für 17 von 30

---

[442] Vgl. Hauser (2003), S.79; Achleitner/Nathusius (2004), S.61.
[443] Vgl. Nowak (2000), S.126; Achleitner/Bassen/Pietzsch (2001), S.73; Rudolf (2004), S.449ff.
[444] Vgl. Schäfer/Schässburger (2001b), S.251; Damodaran (2000), S.28.
[445] Vgl. Achleitner/Bassen/Pietzsch (2001), S.74; Schäfer/Schässburger (2001a), S.92.
[446] Vgl. Trigeorgis (1996), S.121ff.; Nowak (2000), S.127; Irmler (2005), S.68.
[447] Vgl. Achleitner/Nathusius (2004), S.61.
[448] Vgl. Trigeorgis (1996), S.66; Titman/Martin (2008), S.79ff., 95ff. Es können auch anfänglich negative Cash Flows durch Simulationstechniken berücksichtigt werden.
[449] Vgl. Copeland/Koller/Murrin (2002), S.381, S.390.
[450] Vgl. Kaplan/Ruback (1995), S.1070f.

Unternehmen 1999 einen Fehler von unter 15%.[451] Empirische Studien für den deutschen Markt bestätigen, dass der Erklärungsgehalt des CAPM sehr gering ist.[452] Obwohl die Prognosen der Cash Flows und die Kapitalkostenermittlung nicht unproblematisch sind, haben sich die DCF-Verfahren als Standardverfahren durchgesetzt, weil die Determinanten der Unternehmensbewertung auf einer ausführlichen zukunftsorientierten Markt- und Unternehmensanalyse basieren. Die DCF-Verfahren eignen sich in Kombination mit einer mikroökonomischen Analyse und wahrscheinlichkeitsgewichteten Szenarien oder Simulationstechniken zur Bewertung junger Wachstumsunternehmen.[453]

4.1.3. Vergleichsverfahren

Die Vergleichsverfahren ermöglichen durch die einfache praktische Bewertung mit nur geringem Datenaufwand bzw. wenigen Eingabeparametern eine gute Kommunizierbarkeit und leichte Verständlichkeit der Ergebnisse.[454] Die Multiple-Verfahren basieren auf aktuellen Marktbewertungen. Die Marktpreise reflektieren die Zukunftserwartungen der Märkte und damit das wahrgenommene Risiko.[455]

Die Anwendung der Vergleichsverfahren setzt aber ein hohes Vertrauen in die Mechanismen der Märkte voraus.[456] Denn Multiples können nur einen relativen Wert des Unternehmens zu den vergleichbaren Unternehmen ermitteln und liefern keine Informationen darüber, ob ein Markt insgesamt über- oder unterbewertet ist.[457] Das Hauptproblem bei der Anwendung der Similar-Public-Company-Methode ist die Identifikation börsennotierter Vergleichsunternehmen mit ähnlicher Risikostruktur, ähnlichen Eigenkapitalkosten sowie etwa gleich hohen Wachstumsraten.[458] Besonders in den Segmenten junger Wachstumsunternehmen existieren aufgrund dynamischer, innovativer und stark differenzierender Geschäftsmodelle selten wirklich vergleichbare Unternehmen, so dass Anpassungen hinsichtlich nicht relevanter Geschäfts- und Unternehmensbereiche schwierig umzusetzen sind. Problematisch sind die mangelnde individuelle Anpassung an die Stärken und Schwächen eines Unternehmens bei nicht

---

[451] Vgl. Copeland/Weston/Shastri (2005), S.539. Die vorgestellten Studien beziehen sich nicht explizit auf junge Wachstumsunternehmen.
[452] Vgl. u.a. Studien von Steiner/Wallmeier (1998); Kosfeld (1996); Winkelmann (1984).
[453] Vgl. Copeland/Koller/Murrin (2002), S.379.
[454] Vgl. Ballwieser (2007), S.205; Hendel (2003), S.91; Achleitner/Bassen/Pietzsch (2001), S.81.
[455] Vgl. Achleitner/Bassen/Pietzsch (2001), S.81; Achleitner/Nathusius (2004), S.139.
[456] Vgl. Mandl/Rabel (2005), S.75.
[457] Die Höhe des Multiples ist bei der Similar-Public-Company-Methode vom aktuellen Börsenkurs abhängig. Bei großen Kursschwankungen, z.B. verursacht durch Spekulationen an den Kapitalmärkten, strategischen Erwägungen oder durch Anpassungen an allgemeine Trends, ist die Anwendung von Vergleichsverfahren problematisch [Vgl. Wipfli (2001), S.151f.; Achleitner/Nathusius (2004), S.139; Hendel (2003) S.89; Hayn (2005), S.504].
[458] Vgl. Meyer (2006), S.71; Achleitner/Bassen/Pietzsch (2001), S.81.

effizienten Märkten sowie die Nichtberücksichtigung von Flexibilität.[459] Durch die Auswahlmöglichkeiten bei der Vergleichsgruppe sowie der Bezugsgröße entsteht ein subjektiver Bewertungsspielraum, der den Unternehmenswert manipulierbar macht.[460] Bei der Anwendung der Recent-Acquisitions-Methode können die Preise vergangener Transaktionen aufgrund finanzieller Einflussfaktoren durch Fusions- und Übernahme-Spekulationen und aufgrund veränderter Ertragsaussichten bzw. Marktbedingungen zum Zeitpunkt der vorangegangenen Transaktionen verzerrt sein.[461] Grundsätzlich entsteht das Problem, dass der Umfang und die Qualität der zum Vergleich herangezogenen Datenbanken vorangegangener Transaktionen unzureichend sind. Denn das öffentliche Daten- und Informationsmaterial junger Wachstumsunternehmen ist zumeist nur limitiert verfügbar und häufig werden die Transaktionen mit Aktien bezahlt, so dass der exakte Kaufpreis nicht festzustellen ist.[462]

Um die Gewinnentwicklung zu berücksichtigen, wird oft das PEG-Ratio anstelle des KGV herangezogen.[463] Da junge Wachstumsunternehmen anfänglich zumeist Verluste erzielen, ist die Anwendung von Multiples auf Gewinngrößen nicht möglich.[464] Daher sind eher Umsatzmultiples, wie das KUV, zur Bewertung vorzuziehen, die auch bei negativen Gewinnen anwendbar und weniger durch die Bilanzpolitik des Unternehmens beeinflussbar sind.[465] Diese ermöglichen zwar eine einfache Vergleichbarkeit von Unternehmen in unterschiedlichen Märkten mit verschiedenen Rechnungslegungsstandards,[466] liefern aber keine Aussagen über die Ertragskraft und die Wachstumschancen des Unternehmens.[467] Operative Multiples nehmen zwar Bezug auf branchenspezifische Aspekte, sind aber schwierig mit monetären Größen zu bewerten und unterliegen keiner theoretischen Begründung.[468]

Schreiner/Spremann (2007) kommen anhand von Unternehmen des Dow Jones Stoxx 600 zu dem Ergebnis, dass EV-Multiples genauer als EntV-Multiples den Unternehmenswert ermitteln. Bei Verwendung des KGV als Multiple ergibt sich im Median ein relativer Prognosefehler[469] von 29,25%, beim EntV/EBITDA-Multiple von 35,22%

---

[459] Vgl. Achleitner/Bassen/Pietzsch (2001), S.81; Wipfli (2001), S.152ff., S.160.
[460] Vgl. Meyer (2006), S.71; Hendel (2003), S.86; Achleitner/Bassen/Pietzsch (2001), S.79, S.81.
[461] Vgl. Ballwieser (2007), S.199; Schopper (2001), S.293.
[462] Vgl. Wipfli (2001), S.153; Löhnert/Böckmann (2005), S.415; Schopper (2001), S.293.
[463] Vgl. Koller/Goedhart/Wessels (2005), S.376f.; Irmler (2005), S.54f.; Hayn (2005), S.501.
[464] Vgl. Damodaran (2000), S.44; Hauser (2003), S.80f.; Wipfli (2001), S.6f.; Müller (2003), S.18.
[465] Vgl. Sawhney/Gulati/Paoni (2001), S.57; Irmler (2005), S.54; Rudolf/Witt (2002), S.110.
[466] Vgl. Damodaran (2002a), S.543.
[467] Vgl. Rudolf/Witt (2002), S.110.
[468] Vgl. Böhmer (2003), S.24f.; Rudolf/Witt (2002), S.179ff.
[469] Der relative Prognosefehler $\left|\frac{\varepsilon}{P}\right|$ wird definiert als der Betrag der Differenz vom tatsächlichen Preis P und prognostiziertem Preis $\hat{P}$, bezogen auf den tatsächlichen Preis P: $\left|\frac{\varepsilon}{P}\right| = \left|\frac{P-\hat{P}}{P}\right|$.

und beim KUV von 43,74%.[470] Liu/Nissim/Thomas (2002) und (2007) überprüfen am Beispiel des US-Marktes, wie gut Multiples den Börsenkurs und die Marktkapitalisierung erklären. Danach verringern Rechnungslegungsgrößen den relativen Prognosefehler gegenüber Cash Flows. Multiples auf der Basis von Umsätzen hingegen erklären die Preise nicht. Zukünftig prognostizierte Gewinne erklären die Marktkapitalisierung am besten.[471] Kaplan/Ruback (1995) untersuchen für den US-Markt anhand von 51 Transaktionen die Anwendung der Similar-Public-Company-Methode und der Recent-Acquisitions-Methode. Die Transaktionspreise werden bei Verwendung der zuerst genannten um 18,1% unterschätzt und bei Verwendung der zweiten Methode um 5,9% überschätzt.[472] Wipfli (2001) ermittelt für junge Wachstumsunternehmen des Segmentes Neuer Markt, dass die Werte bei Anwendung der Similar-Public-Company-Methode sowie der Recent-Acquisitions-Methode systematisch zu einer Überschätzung des Unternehmenswertes um 78% bzw. 53% führen.[473]

Aufgrund der aufgezeigten Probleme sollten Vergleichsverfahren lediglich ergänzend zu anderen Bewertungsmethoden benutzt werden.[474] Sie haben daher nur eine Testfunktion i.S. einer Plausibilitätsprüfung, eine Indikationsfunktion, weil erste Wertweisungen erfolgen, und eine Unterstützungsfunktion, z.B. bei der Ermittlung des Residualwertes.[475]

4.1.4. Realoptionen

Die theoretisch fundierten Realoptionsansätze eignen sich als qualitatives, zukunftsorientiertes Konzept zur Bewertung von Investitionsentscheidungen mit erheblicher Handlungsflexibilität.[476] Bei jungen Wachstumsunternehmen besteht insbesondere in der Anlauf- und Wachstumsphase ein großer Teil der wertrelevanten Unternehmenscharakteristika aus Realoptionen, wie z.B. Wachstumsoptionen.[477] Im Gegensatz zu den traditionellen DCF-Verfahren können mithilfe von Realoptionen nicht lineare Zukunftsperspektiven mit asymmetrischen Auszahlungsstrukturen und sich ändernden Kapitalkosten sowie der Wert der Flexibilität eines Unternehmens explizit berücksichtigt werden.[478]

---

[470] Vgl. Schreiner/Spremann (2007), S.2, S.15, S.30f.
[471] Vgl. Liu/Nissim/Thomas (2002), S.137f.; Liu/Nissim/Thomas (2007), S.56.
[472] Vgl. Kaplan/Ruback (1995), S.1073f.
[473] Vgl. Wipfli (2001), S.249f., S.322.
[474] Vgl. Achleitner/Nathusius (2003), S.13.
[475] Vgl. Koller/Goedhart/Wessels (2005), S.361; Löhnert/Böckmann (2005), S.408ff.
[476] Vgl. Copeland/Koller/Murrin (2002), S.466; Witt (2004), S.630.
[477] Vgl. Achleitner/Bassen/Pietzsch (2001), S.82; Hauser (2003), S.82.
[478] Vgl. Hommel/Lehmann (2001), S.120; Spremann (2002), S.177.

Aber aufgrund der Komplexität der Berechnung, dem hohen Datenaufwand und der mangelnden Kommunizierbarkeit sowie Transparenz findet der Realoptionsansatz wenig Anwendung in der Praxis.[479] Um Handlungsflexibilität bewerten zu können, bedarf es eines hohen Informationsgehaltes, wie z.B. die Kenntnis über Ein- bzw. Auszahlungen, über die Entscheidungsstruktur eines Projektes und über die damit verbundenen Risiken. Zusätzlich verschärft sich die Bewertungskomplexität bei Kombinationen von Realoptionen und wenn mehrere Wettbewerber über die gleichen Optionsmöglichkeiten verfügen.[480] Außerdem treten Probleme bei der Bestimmung der Inputparameter auf. Die Laufzeit einer Realoption ist im Gegensatz zur Finanzoption eine unsichere, schwer bestimmbare, nicht vertraglich geregelte Größe und der Basispreis bzw. der Ausübungspreis kann im Zeitablauf stochastisch sein.[481] Häufig existiert auch kein gehandelter Basiswert mit beobachtbarem Marktpreis.[482] Daher ist eine vollständige Übertragbarkeit der Realoptionen auf die Finanzoption nicht möglich.[483] Zusätzlich erschwert oft die fehlende Vergleichbarkeit junger Wachstumsunternehmen, die Determinierung der Inputvariablen für die Optionsbewertung.[484] Die Bewertungsannahmen sind dadurch äußerst subjektiv und manipulierbar.[485]

Die Empirie zeigt, dass Unternehmen bei Vorliegen von Handlungsflexibilität des Managements bereit sind einen Aufschlag auf den Unternehmenswert zu zahlen.[486] Wipfli (2001) ermittelt, dass der Unternehmenswert junger Wachstumsunternehmen bei Anwendung des Realoptionsansatzes systematisch zu hoch ausfällt (+45%).[487]

Die Eignung des Realoptionsansatzes als gängiges Bewertungsinstrument ist daher fraglich. Der Wertbeitrag der Realoptionen liegt im Gegensatz zu den traditionellen Verfahren darin, die Unsicherheit auch als Chance und nicht nur als Risiko für zukünftige Entwicklungen zu interpretieren. Damit zielt der Realoptionsansatz vor allem auf die Wertermittlung der unternehmerischen Handlungsmöglichkeiten als ein Teilaspekt der Unternehmensbewertung ab.[488]

---

[479] Vgl. Achleitner/Bassen/Pietzsch (2001), S.82f.; Beckmann (2006), S.200.
[480] Vgl. Witt (2004), S.630; Friedl (2003), S.248; Nowak (2000), S.138f.; Spremann (2002), S.179.
[481] Vgl. Irmler (2005), S.63; Meyer (2006), S.164; Nowak (2000), S.139.
[482] Vgl. Witt (2004), S.630; Friedl (2003), S.248; Krolle/Oßwald (2001), S.284f.; Rudolf (2004), S.450, S.468ff. Einen approximativen Ansatz als Optionspreismodell für nicht gehandelte Anteile stellen Cochrane/Saá-Requejo (2000), S.79ff., vor.
[483] Siehe Anhang Abbildung 17: Besonderheiten bei der Bewertung von Realoptionen.
[484] Vgl. Sawhney/Gulati/Paoni (2001), S.74f.
[485] Es besteht z.B. die Gefahr, dass das Argument des strategischen Wertes von Handlungsoptionen zur Rechtfertigung von wenig ertragsreichen Investitionen missbraucht wird [Vgl. Wipfli (2001), S.147; Krolle/Oßwald (2001), S.286].
[486] Vgl. u.a. Studien von Paddock/Siegel/Smith (1988); Quigg (1993); Howell/Jagle (1997).
[487] Vgl. Studie von Wipfli (2001) über 74 Jungunternehmen, S.250, S.322.
[488] Vgl. Spremann (2002), S.179; Rudolf/Witt (2002), S.226f.; Hauser (2003), S.82.

4.2. Anwendbarkeit des Modells von Schwartz/Moon

Das Modell von Schwartz/Moon erklärt zumindest teilweise ökonomisch die volatilen Entwicklungen der Unternehmenswerte junger Wachstumsunternehmen.[489] Die zentralen Werttreiber des Unternehmens als zeitstetige stochastische Prozesse zu modellieren und aufbauend einen Unternehmenswert zu simulieren, ermöglicht die Berücksichtigung von Flexibilität und Unsicherheit im Zeitablauf. Durch diese spezifische Modellierung der Prozesse werden die wesentlichen Charakteristika junger Wachstumsunternehmen erfasst.[490] Die verschärfte Prognoseproblematik wird durch die Simulation eines breiten Spektrums vieler verschiedener zukünftiger Entwicklungspfade beachtet. Dagegen lässt sich bei den traditionellen Verfahren nicht eine gesamte Wertverteilung ableiten, sondern die Wertermittlung erfolgt meist durch eine Punktschätzung.[491] Kennzeichnend für junge Wachstumsunternehmen sind anfänglich hohe Wachstumsraten und hohe Volatilitäten der Umsätze und Kosten, die sich jedoch im Zeitablauf verringern und sich an einen langfristigen Branchendurchschnitt annähern. Dabei herrscht Unsicherheit, in welchem Zeitraum und in welchen Schritten sich der Anpassungsprozess vollstreckt.[492] Die Modellierung der Variablen durch die geometrische Brownsche Bewegung und durch Ornstein-Uhlenbeck-Prozesse eignet sich gut zur Abbildung der Charakteristika und ist eine Möglichkeit, die Bewertungsunsicherheit zu reduzieren und in einen bewertbaren quantifizierbaren Rahmen zu pressen.[493] Die stochastische Abbildung bestimmter Umsatz- und Kostenentwicklungen unter Risikoberücksichtigung ermöglicht die Einbeziehung negativer und sehr volatiler Cash Flows bei der Bewertung.[494] Da wachsende Umsatzerlöse als zentrale Eingangsgröße in die Bewertung einfließen, ist die Anwendung des Modells auf forschungsintensive Unternehmen mit hohen F&E-Aufwendungen und vorerst keinen Umsätzen nicht möglich.[495]

Das Modell von Schwartz/Moon ist in der Lage, Insolvenzwahrscheinlichkeiten und asymmetrische Risikoprofile junger Wachstumsunternehmen abzubilden. Wird die vorgegebene Insolvenzschwelle durch einen simulierten Pfad erreicht, bricht die Simulation dieses Pfades ab und das Unternehmen ist insolvent. Dadurch ist das

---

[489] Vgl. Irmler (2005), S.66f.; Schwartz/Moon (2000), S.74.
[490] Vgl. Müller (2003), S.84f.; Irmler (2005), S.67f.
[491] Vgl. Rudolf/Witt (2002), S.290; Irmler (2005), S.251f.; Meyer (2006), S.83.
[492] Vgl. Bertl (2003), S.118; Meyer (2006), S.157.
[493] Aufgrund geringer Zeitreihen wird aber nicht nachgewiesen, dass die Variablen diesen Prozessen in der Vergangenheit gefolgt sind [Vgl. Meyer (2006), S.158]. Die Umsatzprognose sollte daher durch Diffusionsmodelle des Marketings ergänzt werden [Vgl. Böhmer (2003), S.8, S.44f.].
[494] Vgl. Rudolf/Witt (2002), S.259f.
[495] Vgl. Loderer/Jörg/Pichler/Roth/Zgraggen (2002), S.821.

Verlustrisiko auf die einmalige Insolvenz beschränkt. Die Volatilität der erwarteten Umsatzwachstumsrate wirkt dagegen nicht nur als Risikoquelle, sondern auch als Chance für überdurchschnittlich gute Entwicklungen auf den Unternehmenswert.[496] Diese asymmetrische Cash Flow-Verteilung verdeutlicht den optionsähnlichen Charakter, da der Unternehmenswert durch eine zunehmende Erwartungsunsicherheit gesteigert werden kann.[497] Eine größere Volatilität der Umsatzerlöse bzw. der variablen Kosten erhöht das Risiko und führt zu einem sinkenden Unternehmenswert.[498] Die Monte-Carlo-Simulation berücksichtigt Interdependenzen zwischen den Risikoparametern, indem Korrelationen der Zufallsvariablen integriert werden. Dann können die Volatilitäten der stochastischen Prozesse den Unternehmenswert sowohl positiv als auch negativ prägen.[499]

Die Diskontierung mit dem risikolosen Zinssatz setzt eine vollständige Auflösung der Unsicherheiten im Zeitverlauf voraus.[500] Die Risikoberücksichtigung erfolgt in den stochastischen Prozessen durch einen Risikoabschlag mithilfe der Verwendung einer marktorientierten Sicherheitsäquivalenz-Methode. Diese ist zwar der Risikozuschlagsmethode aufgrund der problematischen Ermittlung risikoadjustierter Diskontierungszinssätze vorzuziehen, benötigt aber eine Annahme zur Bestimmung der stochastischen Prozesse für die Wahrscheinlichkeitsverteilungen der zentralen Werttreiber.[501] Die asymmetrische Cash Flow-Verteilung widerspricht zwar der Annahme des ICAPM von normalverteilten Wertpapierrenditen, aber durch die marktorientierte Sicherheitsäquivalenz-Methode werden Risikoabschläge mit dem ICAPM für die jeweiligen Risikofaktoren, die die Normalverteilungsannahme erfüllen, einzeln ermittelt.[502] Die Prämissen des ICAPM weichen von der Realität an Kapitalmärkten ab.[503]

Der kritischste Aspekt des Modells ist die Parameterbestimmung, denn der Unternehmenswert reagiert höchst empfindlich auf Variation der Inputparameter.[504] Die vielen Parameter erschweren die Spezifizierung korrekter Daten.[505] Aufgrund der

---

[496] Vgl. Rudolf/Witt (2002), S.263; Irmler (2005), S.68; Bertl (2003), S.118f.
[497] Vgl. Kronimus (2003), S.192, S.197; Rudolf (2004), S.464; Irmler (2005), S.251f.
[498] Vgl. Keiber/Kronimus/Rudolf (2002), S.755.
[499] Vgl. Irmler (2005), S.252; Hommel/Lehmann (2001), S.117. Die Bestimmung der Korrelationsparameter gestaltet sich ohne Zeitreihenanalyse schwierig [Vgl. Meyer (2006), S.157f.].
[500] Vgl. Hommel/Lehmann (2001), S.117.
[501] Vgl. Bertl (2003), S.104; Meyer (2006), S.255.
[502] Vgl. Irmler (2005), S.251f.
[503] Prämissen sind u.a. homogene Erwartungen bei gleichen Informationen und unendlich schnellen Marktreaktionen sowie logarithmische Nutzenfunktionen der Marktteilnehmer, keine Steuern und Transaktionskosten, zeitkontinuierlicher Wertpapierhandel, einheitlicher Zinssatz [Vgl. Irmler (2005), S.105].
[504] Vgl. Schwartz/Moon (2000), S.65, S.74; Loderer/Jörg/Pichler/Roth/Zgraggen (2002), S.821; Sensitivitätsanalyse bei Rudolf/Witt (2002), S.282ff.
[505] Vgl. Rudolf (2004), S.459.

Kombination von kurzen, wenig aussagekräftigen historischen Zeitreihen mit Analystenprognosen über eine sehr volatile unsichere Zukunft ist es zweifelhaft, valide Inputwerte zu definieren.[506] Besonders problematisch sind die Festlegung der Marktpreise der Risikofaktoren sowie die Bestimmung der Anfangsvolatilität des erwarteten Umsatzwachstums.[507] Die Verwendung eines EBITDA-Multiples zur Ermittlung des Residualwertes ist bei einem langen Simulationszeitraum unproblematisch, da das Multiple dann nur einen geringen Einfluss auf den Unternehmenswert ausübt.[508] Die Auseinandersetzung mit der Bestimmung der vielen Parameter ermöglicht zumindest eine detaillierte Analyse der Einflussfaktoren auf den Unternehmenswert.

Durch die notwendige Zeitdiskretisierung des Modells unterliegt der Schätzwert für den Unternehmenswert einem Approximationsfehler, der umso höher ist, je größer das Zeitintervall gewählt wird.[509] Die intransparente Modellstruktur, die hohe Komplexität des Modells und der große Rechenaufwand führen dazu, dass die Verwendung in der Praxis bisher gering ist. Die hohe Komplexität ermöglicht eine realitätsnahe Abbildung der spezifischen Charakteristika,[510] aber die Simulation liefert nur annähernde Ergebnisse und es existiert bisher keine geschlossene Modelllösung.[511]

5. Empirische Analyse des Modells von Schwartz/Moon

5.1. Empirische Befunde und Ermittlung relativer Schätzfehler

Schwartz/Moon (2000) und (2001) simulieren die Aktienkurse von Amazon und eBay und Meyer (2006) überprüft den Aktienkurs von Google.[512] Auf Basis ihres Grundmodells stellen Schwartz/Moon (2000) eine Diskrepanz zwischen dem tatsächlichen beobachteten Aktienkurs von $ 76,125 und dem durch das Modell simulierten Aktienkurs von $ 12,42 für Amazon mit einer Insolvenzwahrscheinlichkeit von 27,9% zum 31.12.1999 fest.[513] Durch die Anwendung des erweiterten Modells auf eBay ermitteln die Autoren einen Aktienkurs von $ 22,41 mit einer Ausfallwahrscheinlichkeit von weniger als 0,1% gegenüber dem tatsächlich beobachteten Aktienkurs von $ 39,17 zum 11.04.2001.[514] Danach sind die betrachteten Unternehmen am Markt überbewertet, da die beobachteten Aktienkurse über den modellierten Aktienkursen

---

[506] Vgl. Müller (2003), S.84f.
[507] Vgl. Schwartz/Moon (2001), S.17, S.21; Meyer (2006), S.118.
[508] Vgl. Keiber/Kronimus/Rudolf (2002), S.745.
[509] Ein kleineres Zeitintervall impliziert die Generierung mehrerer zusätzlicher Zufallszahlen und erhöht dadurch den Rechenaufwand [Vgl. Meyer (2006), S.110, S.256].
[510] Vgl. Adams/Rudolf (2005), S.211; Loderer/Jörg/Pichler/Roth/Zgraggen (2002), S.821.
[511] Vgl. Irmler (2005), S.169ff., S.252; Böhmer (2003), S.60.
[512] Siehe Anhang Tabelle 20: Inputparameter der Beispiele Amazon, eBay und Google.
[513] Vgl. Schwartz/Moon (2000), S.67, S.72.
[514] Vgl. Schwartz/Moon (2001), S.22f.

liegen. Meyer (2006) bewertet mit dem erweiterten S/M-Modell Google zum 01.02.2005 und ermittelt einen Aktienkurs von $ 174,16 im Vergleich zu einem beobachteten Schlusskurs von $ 191,90.[515] Die Insolvenzwahrscheinlichkeit von Google beträgt 0%.[516] Die relativen Schätzfehler[517] zwischen simulierten und beobachteten Aktienkursen betragen für Amazon 83,68% für eBay 42,79% und für Google 9,24%.[518] Keiber/Kronimus/Rudolf (2002) simulieren für 46 der im ehemaligen Nemax 50[519] erfassten Unternehmen mithilfe des erweiterten S/M-Modells Unternehmenswerte zum 31.12.2000.[520] Nach Spezifizierung der Inputdaten führen die Autoren für jedes der 46 Unternehmen 100.000 Simulationsläufe mit einem Simulationszeitraum von 25 Jahren durch.[521] Obwohl der Nemax 50 im Dezember 2000 schon um 70% bezogen auf den Höchststand im März 2000 korrigiert wird, liegen die simulierten Werte für 27 der 46 Unternehmen unterhalb der beobachteten Werte.[522] Das Marktsegment Nemax 50 ist am 31.12.2000 demnach noch immer um etwa 16% im Verhältnis zu den simulierten Werten überbewertet.[523] Andererseits übertreffen die simulierten Werte für 19 der 46 Unternehmen des Nemax 50 die Marktbewertungen. Bei diesen Unternehmen liegen i.d.R. solide Inputwerte für den anfänglichen Umsatz und die anfänglich erwartete Umsatzwachstumsrate vor. Nach Aussage der Autoren rechtfertigen das begrenzte Verlustrisiko und die großen Wachstumschancen noch höhere Bewertungen einzelner Wachstumsunternehmen.[524] Die Wahrscheinlichkeitsverteilung des Unternehmenswertes junger Wachstumsunternehmen ist rechtsschief, weil sehr große positive Entwicklungspfade mit geringen Eintrittswahrscheinlichkeiten durchaus realistisch sein können.[525] Die Autoren stellen fest, dass sich der Unternehmenswert sowie die Insolvenzhäufigkeit eines jüngeren Wachstumsunternehmens bei Veränderung der Inputparameter stark ändern. Dagegen reagieren der Unternehmenswert und die Insolvenzhäufigkeit eines etwas reiferen Unternehmens kaum auf Variation der

---

[515] Siehe Anhang Abbildung 18: Histogramm zur Unternehmenswertverteilung von Google.
[516] Vgl. Meyer (2006), S.231.
[517] Der relative Schätzfehler wird definiert als der Betrag aus der Differenz zwischen beobachtetem Wert S und simuliertem Wert $\hat{S}$, bezogen auf den beobachteten Wert S: $\left|\frac{\varepsilon}{S}\right| = \left|\frac{S-\hat{S}}{S}\right|$.
[518] Siehe Anhang Tabelle 21: Aktienkurse von Amazon, eBay und Google und relative Schätzfehler.
[519] Vgl. Erläuterungen zum Nemax 50 im Abschnitt 3.1.1.
[520] Bei der Untersuchung werden Enterprise-Value-Werte verglichen. Es werden daher keine Fremdkapitalbestände von den simulierten Unternehmenswerten subtrahiert. Die beobachteten Unternehmenswerte bestehen aus dem Marktwert des Eigenkapitals zuzüglich dem Buchwert des Fremdkapitals [Vgl. Keiber/Kronimus/Rudolf (2002), S.762].
[521] Siehe Anhang Tabelle 22: Inputparameter der untersuchten Unternehmen auf Quartalsbasis.
[522] Vgl. Irmler (2005), S.160. Der modelltheoretische Wert der ADVA AG weicht bspw. um 88,32% vom beobachteten Marktwert ab. Ursachen sind die geringen anfänglichen Umsätze und die geringe anfänglich erwartete Umsatzwachstumsrate.
[523] Vgl. Keiber/Kronimus/Rudolf (2002), S.745, S.755.
[524] Vgl. Keiber/Kronimus/Rudolf (2002), S.756.
[525] Siehe Anhang Abbildung 19: Beispielhafte simulierte Unternehmenswertverteilungen.

Inputparameter.[526] Im Anhang erfolgt eine Gegenüberstellung der simulierten Unternehmenswerte mit den am Markt beobachteten Unternehmenswerten der untersuchten Unternehmen sowie eine Berechnung relativer Schätzfehler zwischen diesen Unternehmenswerten.[527]

Um die Güte der Bewertungsergebnisse des S/M-Modells zu bestimmen, werden Unternehmenswerte mithilfe eines EntV/Umsatz-Multiples errechnet. Als Peergroup dienen die 46 Unternehmen des ehemaligen Nemax 50. Die Referenzgröße des EntV der Unternehmen sind die beobachteten Gesamtunternehmenswerte zum 31.12.2000.[528] Als Bezugsgröße werden die Umsätze der Peergroup aus dem letzten Quartal des Jahres 2000 verwendet. Die EntV/Umsatz-Verhältnisse ermitteln sich aus dem Verhältnis des jeweiligen beobachteten Unternehmenswertes zu dem jeweiligen Quartalsumsatz der Unternehmen. Nach Berechnung der einzelnen EntV/Umsatz-Verhältnisse für jedes der 46 Unternehmen bestimmt sich das Multiple aus dem arithmetischen Mittel der Verhältnisse, wobei die drei kleinsten und drei größten Werte als Ausreißer deklariert und aus der Multiple-Berechnung eliminiert werden. Die Wiedergabe der Ergebnisse erfolgt im Anhang.[529]

Die Spannweite der relativen Schätzfehler beim S/M-Modell wird durch den minimalen Bewertungsfehler von 1,51% (EM.TV & Merchandising AG) und den maximalen Bewertungsfehler von 119,21% (SAP Systems Integration AG) begrenzt und beträgt 117,71%. Bei der Multiple-Bewertung dagegen ist die Spannweite 38.726,24% der relativen Schätzfehler aufgrund des maximalen Bewertungsfehlers von 38.730,54% (Pfeiffer Vacuum Technology AG) sehr viel größer als bei der Bewertung mithilfe des S/M-Modells. Der minimale Bewertungsfehler der Multiple-Bewertung beträgt 4,31% (IM International Media AG). Aufgrund der großen Spannweite ist das arithmetische Mittel der relativen Schätzfehler wenig aussagekräftig. Deshalb wird zur Bestimmung eines Mittelwertes auf den Median zurückgegriffen.[530] Der Median der relativen Schätzfehler beträgt bei der Bewertung mit dem S/M-Modell 32,31% mit einer

---

[526] Als Beispiele werden Intershop Communications AG als relativ junges Unternehmen und Qiagen N.V. als relativ reifes Unternehmen untersucht [Vgl. Keiber/Kronimus/Rudolf (2002), S.751ff.].
[527] Siehe Anhang Tabelle 23: S/M-Bewertung und relative Schätzfehler.
[528] Es wird von nicht betriebsnotwendigen Vermögen in den Gesamtunternehmenswerten abstrahiert. Aufgrund der geringen Gewichtung einzelner Unternehmenswerte bei der Multiple-Bestimmung ist es unproblematisch, dass die beobachteten Gesamtunternehmenswerte als Referenzgröße dienen, obwohl diese selbst Ziel der Wertermittlung sind. Das eigene Multiple ist meist der beste Proxy für das laufende Multiple [Vgl. Bhojraj/Lee (2002), S.410].
[529] Siehe Anhang Tabelle 24: Multiple-Bewertung und relative Schätzfehler.
[530] Der Median ist die Zahl, die in der Mitte einer Datenreihe liegt. Daher beeinflussen Extremwerte den Median nicht [Vgl. Bomsdorf (2002), S.46].

mittleren absoluten Abweichung[531] von 26,83% im Gegensatz zu dem höheren Median von 91,70% mit einer mittleren absoluten Abweichung von 996,78% bei der Bewertung durch das EntV/Umsatz-Multiple. Aufgrund des geringeren mittleren relativen Schätzfehlers bei der Bewertung mit dem Modell von Schwartz/Moon ist diese der Multiple-Bewertung vorzuziehen.[532]

5.2. Fallstudie

Die ursprüngliche Version[533] des Modells von Schwartz/Moon wird anhand von Unternehmenswertermittlungen für Amazon, eBay und Google im Zeitablauf überprüft. Die Kosten werden demnach nicht als stochastischer Prozess, sondern als deterministische pfadabhängige Gleichung modelliert.[534] Es wird die ursprüngliche Funktion für den Verlustvortrag verwendet. Die Entwicklung des Sachanlagevermögens sowie Investitionen und Abschreibungen werden nicht berücksichtigt. Der Gewinn vor Steuern folgt der Entwicklung aus der Differenz der stochastischen Umsatzerlöse und der deterministischen pfadabhängigen Kosten zuzüglich der Verzinsung des Kassenbestandes der Vorperiode. Der Kassenbestand entwickelt sich aus der Addition des Gewinns nach Abzug der Steuerzahlungen und des Kassenbestandes der jeweils letzten Periode. Im Gegensatz zur Basisversion wird das dort vorgeschlagene EBITDA-Multiple zur Bestimmung des Residualwertes implementiert und daher von einer Liquidation am Ende des Simulationszeitraumes abstrahiert.[535]

Die simulierten Gesamtunternehmenswerte werden zu den Bewertungsstichtagen jeweils am 31.12. in den Jahren 2003 bis 2007 mit den beobachteten Gesamtunternehmenswerten der Unternehmen verglichen.[536] Die Summe aus der Marktkapitalisierung und dem Buchwert des Fremdkapitals der untersuchten Unternehmen bildet den Proxy für die beobachteten Gesamtunternehmenswerte.[537]

Die anfänglichen Werte für die Umsätze $R(0)$ werden aus der jeweiligen letzten GuV entnommen. Aus der jeweiligen letzten Bilanz stammen die anfänglichen Kassenbestände $X(0)$ und Verlustvorträge $L(0)$. Die anfänglich erwartete Wachstumsrate der Umsätze $\mu(0)$ wird als arithmetisches Mittel der zeitstetigen Wachstumsraten der

---

[531] Die mittlere absolute Abweichung vom Median bestimmt sich gemäß folgender Formel: $MAD = \frac{1}{n}\sum_{i=1}^{n}|x_i - \tilde{x}_{0,5}|$, wobei x_i die einzelnen relativen Schätzfehler und $\tilde{x}_{0,5}$ den Median darstellen [Vgl. Bomsdorf (2002), S.54f.].
[532] Siehe Anhang Tabelle 25: Auswertung der Schätzfehler bei der S/M- und Multiple-Bewertung.
[533] Vgl. Schwartz/Moon (2000), S.63ff.
[534] Vgl. zur Modellierung Abschnitt 2.5.
[535] Vgl. Schwartz/Moon (2000), S.63f.
[536] Vgl. ein analoges Vorgehen in Loderer/Jörg/Pichler/Roth/Zgraggen (2002), S.820; Keiber/Kronimus/Rudolf (2002), S.762.
[537] Siehe Anhang Tabelle 26: Beobachtete Gesamtunternehmenswerte.

Umsatzerlöse aus den letzten acht Quartalen geschätzt und die anfängliche Volatilität der Umsätze $\sigma_R(0)$ wird als Standardabweichung dieser letzten sieben Wachstumsraten ermittelt.[538] Der Einfluss von Saisonschwankungen der Umsätze bei Amazon auf die anfängliche Volatilität der Umsätze wird nicht geglättet. Die anfängliche Volatilität der erwarteten Umsatzwachstumsrate $\sigma_\mu(0)$ wird ohne ökonomische Herleitung auf 3% pro Quartal gesetzt.[539] Die langfristige Wachstumsrate der Umsätze $\bar{\mu}$ beträgt annahmegemäß 1,5% pro Quartal und die langfristige Volatilität der Umsätze $\bar{\sigma}_R$ 5% pro Quartal.[540] Die Anpassungsgeschwindigkeiten κ der stochastischen Prozesse werden einheitlich aus einer Halbwertzeit von einem Jahr bestimmt.[541] Diese kurze Halbwertzeit wird verwendet, da die untersuchten Unternehmen schon einige Jahre existieren und teilweise am Markt etabliert sind.[542] Die erwartete Umsatzwachstumsrate am Ende des Simulationszeitraumes $\mu(T)$ entspricht dann der langfristigen Umsatzwachstumsrate $\bar{\mu}$, weil die Unternehmen annahmegemäß endgültig einen stabilen Zustand erreicht haben. Die Kosten werden durch eine Regression der Kosten auf die Umsätze über alle vorhandenen Quartalsdaten geschätzt.[543] Der OLS-Schätzer des Steigungsparameters stellt die variablen Kosten dar und unterteilt sich in variable Herstellkosten α und in sonstige umsatzabhängige variable Kosten β. Die umsatzabhängigen variablen Herstellkosten α werden aus dem arithmetischen Mittel des Anteils der Herstellkosten an den Umsatzerlösen im Zeitraum von 2003 bis 2007 ermittelt. Diese werden vom OLS-Schätzer des Steigungsparameters abgezogen, um den Anteil der sonstigen variablen Kosten β zu schätzen. Zur Bestimmung der Fixkosten F wird der OLS-Schätzer des Achsenabschnitts der Regression genutzt. Für alle Bewertungsstichtage werden dieselben Kostenparameter verwendet. Die tatsächliche Umsatzentwicklung und das erwartete Umsatzwachstum korrelieren annahmegemäß nicht miteinander. Die Korrelationen zwischen der Umsatzentwicklung und der Kursentwicklung des Marktportfolios der letzten acht Quartale sowie die Korrelationen zwischen dem logarithmischen Umsatzwachstum und den logarithmischen Kursänderungen des Marktportfolios der letzten acht Quartale werden jeweils mit der Volatilität des Marktportfolios der letzten acht Quartale multipliziert, um die

---

[538] Siehe Anhang Tabelle 27: Bestimmung anfänglicher Wachstumsraten und Wachstumsvolatilitäten.
[539] Ein analoges Vorgehen zeigen Keiber/Kronimus/Rudolf (2002), S.743; Böhmer (2003), S.73f.
[540] Vgl. Schwartz/Moon (2000), S.66.
[541] Die gleiche Halbwertzeit verwendet Meyer (2006), S.226.
[542] Nach 8 bis 12 Jahren wirtschaftlicher Existenz ist ein Unternehmen etabliert [Vgl. Abschnitt 3.1.2].
[543] Die Regression basiert auf der Methode der kleinsten Quadrate.
Siehe Anhang Abbildung 20: Bestimmung der Kostenparameter.

Marktpreise des Risikos λ_R und λ_μ zur Adjustierung der Driftraten der stochastischen Prozesse zu erhalten.[544] Das Volatilitätsmaß des Marktportfolios ist die Standardabweichung der logarithmierten Differenzen von den Kursänderungen des Marktportfolios. Als Approximation für das Marktportfolio werden für Amazon und Google der NASDAQ 100 und für eBay der NASDAQ Composite verwendet. Bei negativen Korrelationen beträgt der Wert für die Risikoprämien null.[545] Die Insolvenzschwelle X^* wird auf null determiniert. Der Unternehmenssteuersatz s beträgt 35% und der risikolose Zinssatz r wird gemäß der konstanten 1-jährigen US Treasury Bill-Rate festgelegt.[546] Das EBITDA-Multiple M von 10 zur Ermittlung des Residualwertes entspricht einem durchschnittlichen Wert für ein branchenübliches Multiple stabiler Unternehmen.[547] In jeweils 10.000 Durchläufen werden 100 Quartale bzw. 25 Jahre unter dem diskreten Zeitintervall von einem Quartal simuliert. Im Anhang sind eine Zusammenfassung zur Festlegung der Parameter sowie eine Auflistung der zur Simulation verwendeten Inputparameter dargestellt.[548] In der folgenden Tabelle werden die Ergebnisse der Bewertung dargestellt:

Tabelle 4: Gesamtunternehmenswerte und relative Schätzfehler

		31.12.2003	31.12.2004	31.12.2005	31.12.2006	31.12.2007	⌀
Amazon	Beobachteter EntV	23.034	19.922	21.061	17.537	39.823	
	Simulierter EntV	22.483	29.364	21.455	28.543	54.087	
	Rel. Schätzfehler	2,39%	47,39%	1,87%	62,75%	35,82%	30,05%
eBay	Beobachteter EntV	41.864	77.247	60.239	41.921	45.124	
	Simulierter EntV	43.302	45.157	45.517	46.244	59.571	
	Rel. Schätzfehler	3,43%	41,54%	24,44%	10,31%	32,02%	22,35%
Google	Beobachteter EntV	k.A.	11.156	82.766	102.865	162.839	
	Simulierter EntV	150.983	108.414	119.455	141.841	197.519	
	Rel. Schätzfehler	k.A.	(871,78%)	44,33%	37,89%	21,30%	34,51%

Enterprise Values in Mio. $

Der relative Schätzfehler liegt im arithmetischen Mittel bei den Bewertungen mit dem Modell von Schwartz/Moon bei 28,11% mit einer Standardabweichung von 19,41%.[549] Der Median der relativen Schätzfehler beträgt 32,02% mit einer mittleren absoluten

---

[544] Siehe Anhang Tabelle 28: Bestimmung der Risikoparameter.
[545] Vgl. ein analoges Vorgehen in Keiber/Kronimus/Rudolf (2002), S.744ff.
[546] Siehe Anhang Abbildung 21: Verlauf der 1-jährigen US Treasury-Bill Rate.
[547] Vgl. Schwartz/Moon (2000), S.67; Keiber/Kronimus/Rudolf (2002), S.745.
[548] Siehe Anhang Tabelle 29: Zusammenfassung der Parameterbestimmung und Tabelle 30: Inputwerte für Amazon, eBay und Google.
[549] Der simulierte Unternehmenswert für Google am 31.12.2004 wird aufgrund der großen Abweichung vom beobachteten Unternehmenswert im Jahr des Börsenganges als Ausreißer deklariert und in der statistischen Analyse nicht weiter berücksichtigt. Die Abweichung zu dem von Meyer (2006), S.231, ermittelten Wert resultiert u.a. aus der unterschiedlichen Bestimmung des Risikoparameters λ_R. Meyer (2006), S.228, leitet den Marktpreis des Risikos der Umsatzerlöse λ_R aus dem Aktienbeta von Google mittels Regression her.

Abweichung von 15,84%. Die Spannweite liegt bei 60,89% mit einem minimalen Bewertungsfehler von 1,87% und einem maximalen Bewertungsfehler von 62,75%. Damit entspricht der Median der relativen Abweichungen zwischen den simulierten und beobachteten Werten den Ergebnissen der Studie von Keiber/Kronimus/Rudolf (2002), die dort zu einem geringeren arithmetischen relativen Schätzfehler als die Multiple-Bewertung führen.

Abbildung 1: Unternehmenswerte im zeitlichen Verlauf

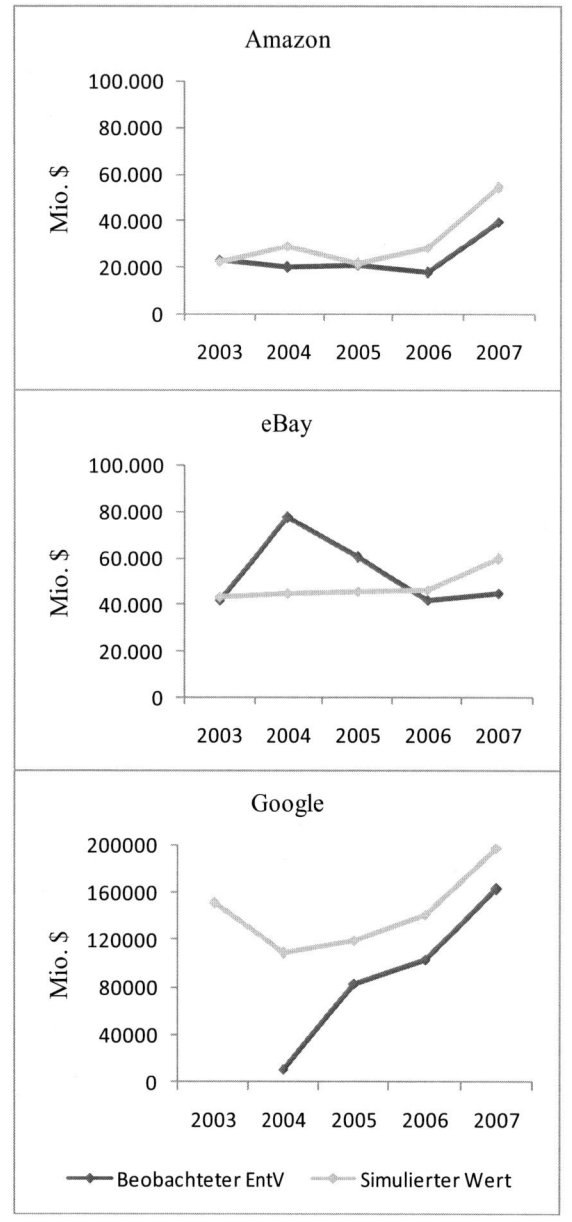

Abb.1 zeigt den zeitlichen Verlauf der beobachteten und simulierten Unternehmenswerte. Bis auf den Wert im Jahr 2003 werden die Unternehmenswerte von Amazon durch das S/M-Modell überschätzt mit einem arithmetischen relativen Schätzfehler von 30,05% und einer Standardabweichung von 27,22%. Den geringsten arithmetischen relativen Schätzfehler der S/M-Bewertung weist eBay mit 22,35% und einer Standardabweichung von 15,56% auf. In den Jahren 2004 und 2005 werden die Unternehmenswerte von eBay unterschätzt und in den Jahren 2003, 2006 und 2007 überschätzt. Ab 2005 werden für Google die Unternehmenswerte mit einem arithmetischen relativen Schätzfehler von 34,51% und einer Standardabweichung von 11,88% bei fast vollständig positiver linearer Korrelation zwischen beobachteten und simulierten Unternehmenswerten überschätzt.[550] Für Google werden die höchsten Unternehmenswerte simuliert. Diese resultieren u.a. aus dem geringeren variablen Kostenanteil an den Umsatzerlösen im Gegensatz zu Amazon und eBay.

---

[550] Siehe Anhang Tabelle 31: Auswertung der Schätzfehler und Korrelationskoeffizienten.

Während eBay und Google keine Insolvenzwahrscheinlichkeiten im untersuchten Zeitraum aufweisen, reduziert sich die Insolvenzwahrscheinlichkeit von Amazon im Jahr 2003 von 2,08% auf den Wert null im Jahr 2007.[551]

Um die werttreibenden Inputparameter zu identifizieren, erfolgt eine Sensitivitätsanalyse zu den simulierten Unternehmenswerten der untersuchten Unternehmen zum 31.12.2007. Bei 1.000 Simulationsdurchläufen wird die Sensitivität der Unternehmenswerte von Amazon, eBay und Google auf die Veränderung einzelner Modellparameter durch die Erhöhung eines Wertes um 10% ermittelt, wobei die übrigen Inputwerte konstant bleiben.[552]

Insbesondere die variablen umsatzabhängigen Kostenparameter α und β, das langfristige Umsatzwachstum $\bar{\mu}$ und der risikolose Zinssatz r haben nach der Sensitivitätsanalyse einen großen Einfluss auf die Unternehmenswerte. Eine Erhöhung von β führt zu einem Absinken der simulierten Unternehmenswerte von Amazon um 26,6%, von eBay um 19,9% und von Google um 9,4%. Durch eine Steigerung des α um 10% reduziert sich der Wert von Google um 13,8% und bei Amazon wird die Profitmarge negativ, da die Summe der variablen Kosten höher ist als die der Umsatzerlöse. In diesem Szenario führt jeder simulierte Pfad zur Insolvenz von Amazon und zu einem Unternehmenswert von null. Die negative Wirkung steigender Kosten auf die Unternehmenswerte folgt aus einer geringeren Profitmarge. Die Steigerung des risikolosen Diskontfaktors r um 10% führt zu einer Reduzierung der Unternehmenswerte um 10,3% bei Amazon und um 8,8% bei Google. Neben den umsatzabhängigen Kostenparametern und dem risikofreien Diskontfaktor wirken sich Erhöhungen der anfänglichen Umsatzvolatilität $\sigma_R(0)$, des Steuersatzes s, der Anpassungsgeschwindigkeiten κ und der Risikofaktoren λ_R und λ_μ negativ auf die Unternehmenswerte aus.

Allerdings steigert ein um 10% erhöhter Ausgangswert der langfristigen Umsatzwachstumsrate $\bar{\mu}$ die Unternehmenswerte von eBay um 10,5% und von Google um 12,2%. Ein eindeutig positiver Zusammenhang mit den Unternehmenswerten wird nur für langfristige Umsatzwachstumsrate $\bar{\mu}$ und für die anfängliche Umsatzwachstumsrate $\mu(0)$ festgestellt. Dagegen wirkt sich eine Steigerung der anfänglichen Volatilität des Umsatzwachstums $\sigma_\mu(0)$ nur gering und nicht nur positiv auf die Unternehmenswerte aus.[553] Die Einführung einer positiven Korrelation zwischen den stochastischen

---

[551] Siehe Anhang Tabelle 32: Insolvenzwahrscheinlichkeit im Zeitverlauf.
[552] Siehe Anhang Tabelle 33: Sensitivität der Modellparameter.
[553] Dieses Ergebnis widerspricht den Aussagen von Schwartz/Moon (2000), S.72 und Keiber/Kronimus/Rudolf (2002), S.752, steht aber im Einklang mit dem Ergebnis von Meyer (2006), S.138.

Prozessen verändert die Unternehmenswerte nur wenig und nicht eindeutig. Eine negative Korrelation beeinflusst die Unternehmenswerte negativ. Aufgrund der hohen saisonalen Schwankungen der Umsätze von Amazon senkt eine negative Korrelation von (-0,5) den Unternehmenswert von Amazon um 10,6%. Die hohe Sensitivität der Modellparameter auf die simulierten Unternehmenswerte bietet durch die Festlegung der Inputparameter einen subjektiven Bewertungsspielraum.

6. Resümee
6.1. Zusammenfassung

Insbesondere bei jungen Wachstumsunternehmen wird der Unternehmenswert stark von zukünftigen Unsicherheiten und Chancen geprägt. Die Modellierung von Risikofaktoren ist daher essenziell bei einer Wertermittlung. [554] Die Berücksichtigung ferner Zukunftsaussichten und Erfolgspotenziale sollte bei der Bewertung Cash Flow basierend mit fundierter Umsatzprognose erfolgen. Dabei sollte sowohl die Entscheidungsflexibilität des Managements als auch das hohe Ausfallrisiko berücksichtigt werden. Die folgende Tabelle zeigt einen Überblick, inwiefern die Verfahren der Unternehmensbewertung die Anforderungen einer Bewertung junger Wachstumsunternehmen erfüllen:

Tabelle 5: Verfahrenseignung zur Bewertung junger Wachstumsunternehmen

Bewertungsanforderungen	Substanz-wert	Vergleichs-Verfahren	Real-optionen	DCF-Verfahren	Schwartz/Moon
Zukunftsorientierung	Nein	Teilweise	Ja	Ja	Ja
Langer Prognosehorizont	Nein	Nein	Teilweise	Ja	Ja
Cash Flow- Orientierung	Nein	Nein	Ja	Ja	Ja
Fundierte Umsatzprognose	Nein	Nein	Nein	Teilweise	Teilweise
Unsicherheit und Chance	Nein	Nein	Ja	Teilweise	Ja
Flexibilität	Nein	Nein	Ja	Teilweise	Teilweise
Ausfallrisiko	Nein	Teilweise	Ja	Teilweise	Ja
Praktikabilität	Ja	Ja	Nein	Teilweise	Nein

Während sich die Substanzwertverfahren nicht zur Wertermittlung von jungen Wachstumsunternehmen eignen, sollten die Vergleichsverfahren lediglich als

---

[554] Vgl. Kronimus (2003), S.197.

Plausibilitätskontrolle oder ergänzend eingesetzt werden, wie z.B. bei der Residualwertermittlung im DCF-Verfahren oder im Modell von Schwartz/Moon.[555] Mit dem Realoptionsansatz lassen sich zwar sehr gut zukünftige Handlungsmöglichkeiten und asymmetrische Risikoprofile junger Wachstumsunternehmen abbilden. Aber aufgrund der intransparenten und komplexen Modellstruktur sowie der problematischen subjektiven Parameterbestimmung eignet sich der Realoptionsansatz nur gering zur umfassenden Bewertung junger Wachstumsunternehmen, so dass der Wertbeitrag der Realoptionstheorie eher in Teilaspekten der Bewertung oder ergänzend gesehen wird, z.B. in Kombination mit den DCF-Verfahren oder dem Modell von Schwartz/Moon.[556] Die traditionelle DCF-Methode ermittelt die erwarteten Cash Flows auf Basis von Punktschätzungen für deren Werttreiber. In diesem Fall wird die stochastische Ausprägung der Werttreiber aufgrund der Unsicherheit vernachlässigt und die DCF-Bewertung erzeugt unbefriedigende Ergebnisse. Durch die Verknüpfung der DCF-Verfahren mit Simulationstechniken und Szenario-Analysen können Unsicherheit, Chancen sowie das Ausfallrisiko durch die ausführliche stochastische Fortschreibung der Werttreiber in der DCF-Bewertung entsprechend der Charakteristika junger Wachstumsunternehmen berücksichtigt werden.[557] Eine fundierte Umsatzprognose kann wie beim erweiterten DCF-Ansatz von Copeland/Koller/Murrin (2002) integriert werden.[558]

Das stochastische Unternehmensbewertungsmodell von Schwartz/Moon ordnet den zentralen volatilen Werttreibern der zukünftigen Cash Flows Wahrscheinlichkeitsverteilungen zu und ermöglicht stochastische Abhängigkeiten zwischen diesen unsicheren Risikoparametern. Weitere Parameter werden als pfadabhängige deterministische Variablen implementiert. Durch die Unternehmenswertermittlung mithilfe der Monte-Carlo-Simulation werden eine Bandbreite möglicher zukünftiger Entwicklungspfade und die Insolvenzwahrscheinlichkeit aufgezeigt, so dass sich dadurch das Risikoprofil des Unternehmens sowie die gesamte Verteilung des Unternehmenswertes abbilden lassen. Das Modell reflektiert die spezifischen Charakteristika junger Wachstumsunternehmen exakter als traditionelle Bewertungsmethoden. Die Risikoadjustierung erfolgt unter Bestimmung des Sicherheitsäquivalents mit Hilfe des ICAPM. Dieser Ansatz der Risikoberücksichtigung ist der Diskontierung

---

[555] Vgl. Multiple zur Residualwertbestimmung in Titman/Martin (2008), S.285, S.300 und Schwartz/Moon (2000), S.63f.
[556] Vgl. Kombinationen der Ansätze in Beckmann (2006), S.202ff. und Meyer (2006), S.161ff.
[557] Vgl. DCF-Bewertung mit Simulationstechnik in Titman/Martin (2008), S80ff. und DCF-Verfahren mit Beachtung des Ausfallrisikos in Damodaran (2002b), S.7ff.
[558] Vgl. Copeland/Koller/Murrin (2002), S.381ff.; Koller/Goedhart/Wessels (2005), S.640ff.

des Erwartungswertes der Cash Flows mit dem risikoadjustierten Zinssatz vorzuziehen, der überwiegend bei den DCF-Verfahren Anwendung findet. Problematisch ist im Modell von Schwartz/Moon die teilweise subjektive Bestimmung stochastischer Prozesse zur Annahme der Wahrscheinlichkeitsverteilungen und die komplexe subjektive Festlegung der über 30 Parameter. Die empirischen Ergebnisse begründen die Vorteilhaftigkeit des Modells von Schwartz/Moon gegenüber traditionellen Methoden der Unternehmensbewertung im Rahmen der Bewertung junger Wachstumsunternehmen.[559] Jedoch zeigen die empirischen Ergebnisse, dass aufgrund der hohen relativen Schätzfehler entweder die Marktkurse nicht vollständig durch das Modell erklärt werden können, oder dass die Kurse am Markt falsch bewertet sind. Eine Über- oder Unterbewertung am Markt kann ein Beweis für fehlende Informationseffizienz sein. Das Modell kann zudem keine starken Aktieneinbrüche vorhersagen.[560] Aufgrund der sehr hohen Komplexität und geringen Praktikabilität des Modells von Schwartz/Moon ist eine Abwägung zwischen der Anwendung des Modells und einem einfacheren aber realitätsferneren Ansatz in Abhängigkeit vom Nutzen und Zweck der Bewertung erforderlich.

6.2. Ausblick

Die Simulation von Werttreibern ist wohl zukünftig das wichtigste Instrument der Unternehmensbewertung zur Berücksichtigung von Unsicherheit.[561] In der Praxis wird das Modell von Schwartz/Moon, wie der Realoptionsansatz, aufgrund der hohen Komplexität Schwierigkeiten haben, sich zu etablieren. Die Kombination der allgemein anerkannten DCF-Verfahren mit Simulationstechniken und mit der Festlegung von Wahrscheinlichkeitsverteilungen zentraler Einflussgrößen könnte daher die wichtigste Rolle bei der Bewertung von jungen Wachstumsunternehmen einnehmen.

Da die Umsatzentwicklung als wichtigster Werttreiber auf den Unternehmenswert junger Wachstumsunternehmen identifiziert wurde, könnte die Umsatzprognose im Modell von Schwartz/Moon durch die Berücksichtigung von Kundenwertmodellen oder Diffusionsmodellen fundiert werden. Auf Grundlage der Kundenwertmodelle wird die Umsatzprognose in Abhängigkeit von der Anzahl und Qualität der Kundenbeziehungen durch die Nachfrageentwicklung im Markt und durch die Marktanteilsentwicklung des Unternehmens geschätzt, indem aus der Entwicklungsstruktur der Kundenwerte eine Wahrscheinlichkeitsverteilung für die möglichen zukünftigen Umsätze abgeleitet

---

[559] Vgl. Schwartz/Moon (2001), S.23; Keiber/Kronimus/Rudolf (2002), S.755.
[560] Vgl. Müller (2003), S.90.
[561] Vgl. z.B. auch Titman/Martin (2008), S.496.

wird.⁵⁶² Mithilfe von Diffusionsmodellen kann die Umsatzentwicklung anhand des Lebenszyklus neuer Produkte bzw. Produktkategorien, Technologien oder Konzepten unter Berücksichtigung von Marktsättigung sowie von Innovations- und Imitationseffekten prognostiziert werden.⁵⁶³

Die Implementierung von Sprungprozessen in den stochastischen Prozess der Umsatzerlöse ermöglicht den Eintritt weiterer Ereignisse in die Bewertung zu integrieren, wie z.B. Produktinnovationen oder zusätzliche Markteintritte.⁵⁶⁴ Die kapitalmarktorientierten Unternehmensbewertungsverfahren basieren auf rationalem Verhalten der Marktteilnehmer und informationseffizienten Märkten. Da diese Annahmen in der Realität nur bedingt Gültigkeit besitzen, sind die ermittelten Unternehmenswerte verzerrt und können die Marktkurse nur gering erklären. Die Bewertungsverfahren sollten daher zur Berücksichtigung von Kurs- und Verhaltensanomalien durch die Theorie der Behavioral Finance⁵⁶⁵ ergänzt werden.⁵⁶⁶

---

[562] Die Kundenwertmodelle werden umfassend beschrieben in Krafft (2007), S.67ff. Beispiele für die Anwendung der Kundenwertmodelle zur Bewertung junger Wachstumsunternehmen u.a. in Treynor (1994), S.12ff.; Rudolf/Witt (2002), S.231f.; Krafft/Rudolf/Rudolf-Sipötz (2005), S.103ff.; Häcker (2000), S.531f.

[563] Das grundlegende Diffusionsmodell zur Absatzprognose liefert Bass (1969), S.215ff. Erweiterungen des Grundmodells stellen u.a. Easingwood/Mahajan/Muller (1983), S.273ff.; Mahajan/Muller (1996), S.109ff.; Bass/Jain/Krishnan (2000), S.99ff., vor.

[564] Vgl. die Integration von Sprungprozessen in Ehrhardt/Merlaud (2004), S.782ff. und Behm (2003), S.40ff.

[565] Die Theorie der Behavioral Finance versucht das Entscheidungsverhalten und die Informationsverarbeitung von Marktteilnehmern unter Beachtung psychologischer Faktoren zu erklären [Vgl. Müller (2003), S.2].

[566] Vgl. Müller (2003), S.281. Vgl. u.a. Studien von Kahneman/Tversky (1979), S.263ff.; Kahneman/Tversky (1992), S.297ff.; Simon (1955), S.99ff.; Ellsberg (1961), S.643ff.; Camerer/Loewenstein/Prelec (2005), S.9ff.; Knetsch/Sinden (1984), S.507ff.

Anhang

Tabelle 6: Vereinfachtes und indirektes Ermittlungsschema des Cash Flows[567]

Gewinn vor Zinsen und Steuern (EBIT)
+ Abschreibungen/ - Zuschreibungen
- fiktive Steuern bei unterstellter Eigenfinanzierung von 100%
- Bruttoinvestitionen
- Erhöhungen des Working Capitals[568]
= **Free Cash Flow (FCF)** → **Brutto-Cash Flow**
+ Steuerersparnis wegen abzugsfähiger Fremdkapitalzinsen (Tax Shields)
- Tilgungs- und Zinszahlungen
= **Flow to Equity (FTE)** → **Netto-Cash Flow**

Tabelle 7: Überblick über gebräuchliche Multiples[569]

Enterprise-Value-Multiplikatoren

Bezugsgröße	Berechnung
1) Umsatz	• Umsatz laut Gewinn- und Verlustrechnung
2) EBITDA	• „Earnings before Interest, Taxes, Depreciation, Amortisation" = (Bereinigter) Gewinn vor Zinsen, Abschreibungen und Ertragsteuern
3) EBIT	• „Earnings before Interest and Taxes" = Bereinigter Gewinn vor Zinsen und Ertragssteuern
4) OpFCF	• „Operating Free Cashflow" = Bereinigter Gewinn vor Zinsen, Abschreibungen und Ertragsteuern nach Investitionen ins Anlage- und Nettoumlaufvermögen und vor Rückstellungsbildung
5) Operative Größen	• Unterschiedlich je nach Bezugsgröße (z.B. Anzahl Passagiere bei Flughäfen, Anzahl Netzteilnehmer bei Telekommunikationsunternehmen etc.)

Equity-Value-Multiplikatoren

Bezugsgröße	Berechnung
6) Jahresüberschuss (=> Kurs-Gewinn-Verhältnis)	• Bereinigter Jahresüberschuss (nach DVFA-Schema)
7) Earnings Growth	• Findet in der PEG-Ratio („Price/Earnings/Growth-Ratio") Anwendung, bei der der Aktienkurs durch das erwartete durchschnittliche Gewinnwachstum pro Jahr in einem bestimmten Planungszeitraum dividiert wird

---

[567] Eigene Darstellung in Anlehnung an Ballwieser (2007), S.117; Brigham/Ehrhardt (2005), S.381; Baetge/Niemeyer/Kümmel (2005), S.282ff.

[568] Das Working Capital ist definiert als operatives Umlaufvermögen inkl. betriebsnotwendiger liquider Mittel abzüglich Verbindlichkeiten aus Lieferungen und Leistungen, erhaltener Anzahlungen und sonstigen zinslosen Verbindlichkeiten [Vgl. Copeland/Koller/Murrin (2002), S.311].

[569] Vgl. Löhnert/Böckmann (2005), S.412f.

Tabelle 8: Determinanten und deren Wirkung auf den Optionswert[570]

Finanzoption	Realoption	Wertänderung bei Faktoranstieg	
Aktienkurs (S)	Barwert der erwarteten Einzahlungen (S)	+ (Call)	- (Put)
Basispreis (X)	De- bzw. Investitionsauszahlung (X)	- (Call)	+ (Put)
Laufzeit (T)	Zeitraum bis De- bzw. Investitionsflexibilität verfällt (T)	+ (Call/Put)	
Volatilität (σ)	Schwankungen der Einzahlungen (σ)	+ (Call/Put)	
Risikofreier Zins (r)	Risikofreier Zins (r)	+ (Call)	- (Put)

Abbildung 2: Erläuterung des Binomialmodells und der Black & Scholes Formel

Im Binomialmodell von Cox/Ross/Rubenstein (1979) nimmt der Aktienkurs des Basiswertes nach einer Periode nur zwei Zustände an. Der Aktienkurs S kann in diskreten Zeitintervallen Δt entweder mit der Wahrscheinlichkeit p auf Su steigen oder mit der Wahrscheinlichkeit $(1-p)$ auf Sd fallen. Die Kursänderungen werden unter Verwendung der Kursänderungsfaktoren u bzw. d modelliert.[571] Im Binomialbaum kann durch Rekursion der Wert eines jeden Knotens bzw. einer jeden Option mit Hilfe risikoneutraler Wahrscheinlichkeiten q berechnet werden.[572]

Wert einer Call-Option in einem Knoten: $C = (qCu + (1-q)Cd)e^{-r\Delta t}$ mit $Cu = \max(Su - X; 0)$ und $Cd = \max(Sd - X; 0)$.

Die Ermittlung des Optionswertes erfolgt immer in Abhängigkeit der Entwicklung des Basiswertes S über die risikoneutralen Wahrscheinlichkeiten q. Dadurch sind Präferenzen über die Entwicklung des Basiswertes nicht relevant.[573] In einem rekombinierenden Binomialbaum lassen sich die Parameter der Kursänderungen durch $u = e^{\sigma\sqrt{\Delta t}}$ bzw. $d = e^{-\sigma\sqrt{\Delta t}} = \frac{1}{u}$ und die risikoneutrale Eintrittswahrscheinlichkeit mit $q = \frac{e^{r\Delta t} - d}{u - d}$ approximieren.[574]

Amerikanische Optionen können rekursiv im Binomialbaum durch den Vergleich in jedem Zeitpunkt und Zustand der Zahlung bei Ausübung mit der Zahlung bei Weiterhalten bewertet werden.

---

[570] Eigene Darstellung in Anlehnung an Tomaszewski (2000), S.92; Nowak (2000), S.135; Müller (2003), S.64f.; Copeland/Koller/Murrin (2001), S.471; Freihube (2001), S.94.
[571] Vgl. Cox/Ross/Rubenstein (1979), S.232; Trigeorgis (1996), S.73.
[572] Vgl. Hull (2006), S.241ff. Der Optionswert kann alternativ über ein Hedge- oder Duplikationsportfolio bestimmt werden [Vgl. Tomaszewski (2000), S.99ff.].
[573] Vgl. Cox/Ross/Rubinstein (1979), S.235f.
[574] Vgl. Cox/Ross/Rubinstein (1979), S.246; Hull (2006), S.393ff.; Trigeorgis (1996), S.86.

Das Modell von Black/Scholes (1973) ersetzt die Annahme einer diskreten durch eine kontinuierliche Zustandsverteilung.[575] Bei sehr kleiner Schrittfolge konvergiert die Binomialverteilung des Binomialmodells gegen die Normalverteilung des Black & Scholes-Modells.

$$\text{Wert eines Calls} = SN(d_1) - Xe^{-rt}N(d_2)$$

$$d_1 = \frac{\left[\ln\left(\frac{S}{X}\right) + \left(r + \frac{\sigma^2}{2}\right)T\right]}{\sigma\sqrt{T}}$$

$$d_2 = d_1 - \sigma\sqrt{T}$$

$N(d)$ entspricht der Verteilungsfunktion der Standardnormalverteilung, d.h. die Zufallsvariable ist $\leq d$.

Abbildung 3: Anpassungsprozess der Umsatzvolatilität

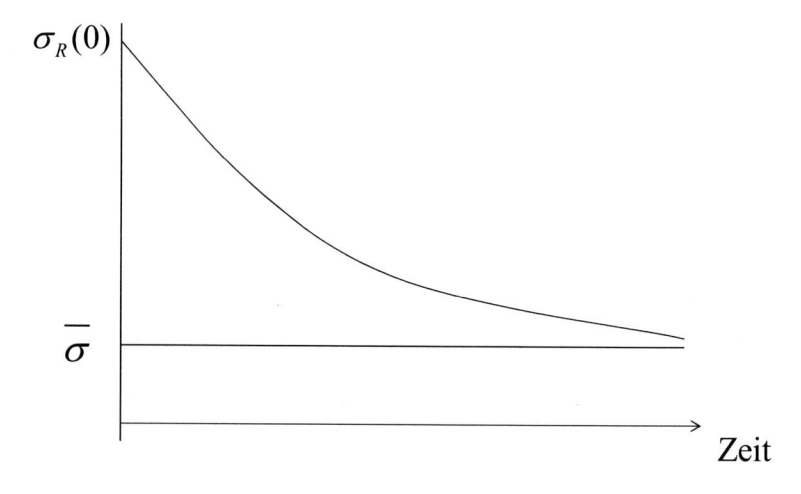

Abbildung 4: Diskretisierung des Modells von Schwartz/Moon[576]

Zur Diskretisierung sind die risikoadjustierten Differentialgleichungen mit den Grenzen t und Δt zu integrieren. Um die Integralrechnung bei stochastischen Komponenten anzuwenden, wird das Lemma von Itô benutzt:

$$R(t + \Delta t) = R(t)e^{\left[\left[\mu(t) - \lambda_R\sigma_R(t) - \frac{\sigma_R(t)^2}{2}\right]\Delta t + \sigma_R(t)\varepsilon_R^\Pi(t)\sqrt{\Delta t}\right]}$$

$$\mu(t + \Delta t) = \mu(t)e^{[-\kappa_\mu \Delta t]} + \left[1 - e^{[-\kappa_\mu \Delta t]}\right]\left[\bar{\mu} - \frac{\lambda_\mu\sigma_\mu(t)}{\kappa_\mu}\right] + \sigma_\mu(t)\sqrt{\frac{1 - e^{[-2\kappa_\mu\Delta t]}}{2\kappa_\mu}}\varepsilon_\mu^\Pi(t)$$

---

[575] Vgl. Black/Scholes (1973), S.643ff.; Merton (1973b), S.142ff.
[576] Vgl. Schwartz/Moon (2000), S.64; Schwartz/Moon (2001), S.15; Keiber/Kronimus/Rudolf (2002), S.742.

$$\gamma(t+\Delta t) = \gamma(t)e^{[-\kappa_\gamma \Delta t]} + \left[1 - e^{[-\kappa_\gamma \Delta t]}\right]\left[\bar{\gamma} - \frac{\lambda_\gamma \sigma_\gamma(t)}{\kappa_\gamma}\right] + \sigma_\gamma(t)\sqrt{\frac{1 - e^{[-2\kappa_\gamma \Delta t]}}{2\kappa_\gamma}}\varepsilon_\gamma^\Pi(t)$$

Die Variablen $\varepsilon_R^\Pi(t)$, $\varepsilon_\mu^\Pi(t)$ und $\varepsilon_\gamma^\Pi(t)$ stellen standardnormalverteilte Zufallsvariablen unter dem risikoneutralen Wahrscheinlichkeitsmaß Π dar.

Die für die Volatilitäten angenommenen Anpassungsprozesse sind nicht stochastisch und können folgendermaßen umgewandelt werden:

$$\sigma_R(t) = \sigma_R(0)e^{[-\kappa_{\sigma_R} t]} + \bar{\sigma}_R\left[1 - e^{[-\kappa_{\sigma_R} t]}\right]$$

$$\sigma_\mu(t) = \sigma_\mu(0)e^{[-\kappa_{\sigma_\mu} t]}$$

$$\sigma_\gamma(t) = \sigma_\gamma(0)e^{[-\kappa_{\sigma_\gamma} t]} + \bar{\sigma}_\gamma[1 - e^{[-\kappa_{\sigma_\gamma} t]}]$$

Meyer (2006) ermittelt einen hohen Approximationsfehler bei der Diskretisierung des Modells durch Schwartz/Moon. Je feiner die Periodeneinteilung ist, desto geringer ist dieser Approximationsfehler.[577]

Abbildung 5: Typische Umsatzentwicklung im Lebenszyklus[578]

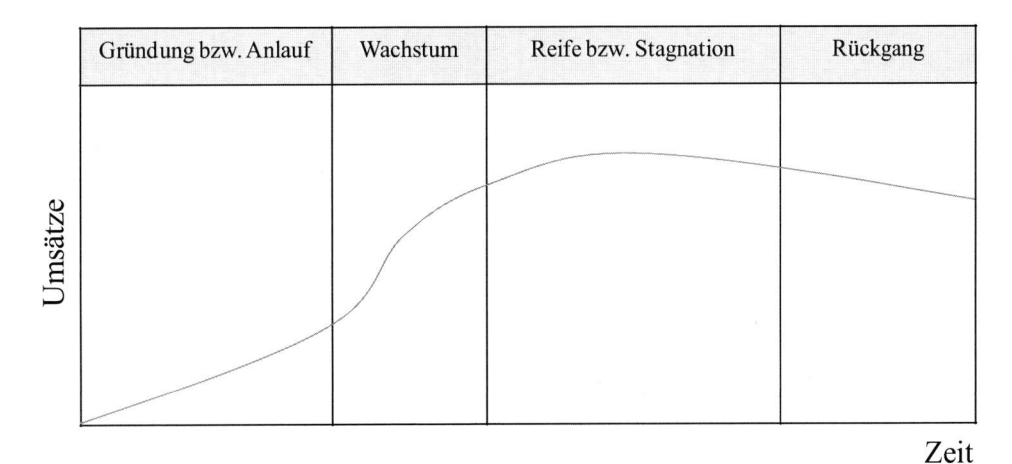

[577] Vgl. Meyer (2006), S.98, S.143ff.
[578] Eigene Darstellung in Anlehnung an Porter (1999), S.220; Damodaran (2002a), S.639.

Anhang

Abbildung 6: Charakteristika der Lebenszyklusphasen eines Unternehmens[579]

		Gründung	Wachstum	Reife/Stagnation	Untergang
Kontextbezogene Faktoren	Alter				Nicht spezifiziert
	Größe				Abnehmend
	Wachstum	Unregelmäßig	Hoch	Gering	Abnehmend
	Herausforderungen	Produktentwicklung, Marktpositionierung, Ressourcengewinnung, Definition Aufgabenverteilung, Produktionsstart	Produktionssteigerung/Kapazitätsausweitung, Ausbau Vertriebsnetz, Professionalisierung operativer Abläufe	Kostenkontrolle/Gewinnmaximierung, Erschließung neuer Wachstumspotentiale	Restrukturierung, Neubestimmung der Strategie
Strukturelle Faktoren	Organisationsstruktur	Undifferenziert	Funktional	Funktional oder divisional	Meist funktional
	Grad der Formalisierung	Informell, kaum Regeln, hohe Bedeutung persönlicher Beziehungen	Entstehung formaler Systeme, Beginn der Durchsetzung von Regeln	Formal, strenge Regeln, extensive Planungs- und Kontrollsyteme	Exzessive Formalisierung und Bürokratie
	Entscheidungszentralisierung	Starke Zentralisierung beim Gründer	Beginnende Delegation	Moderate Zentralisierung bzw. Dezentralisierung	Moderate Zentralisierung

Abbildung 7: Unternehmen verschiedener Branchen und Lebenszyklusphasen[580]

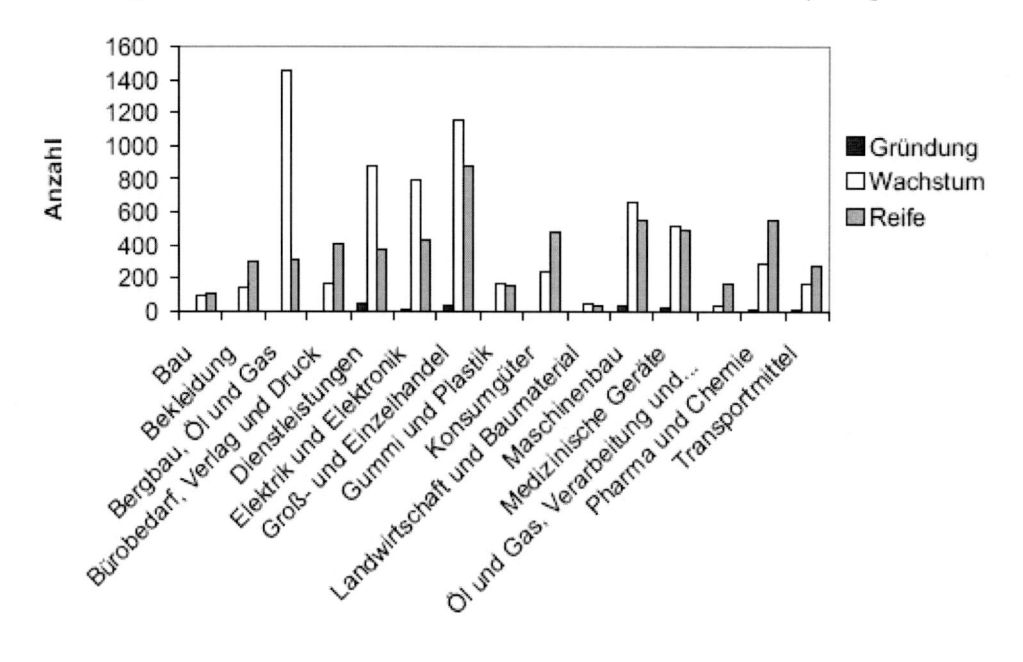

---

[579] Vgl. Wenzel (2003), S.131 in Anlehnung an Hanks/Watson/Jansen/Chandler (1993), S.5ff.
[580] Vgl. Brettel/Rudolf/Witt (2005), S.8 in Anlehnung an Black (2003), S.55.

Anhang

Abbildung 8: Branchenverteilung Neuer Markt[581]

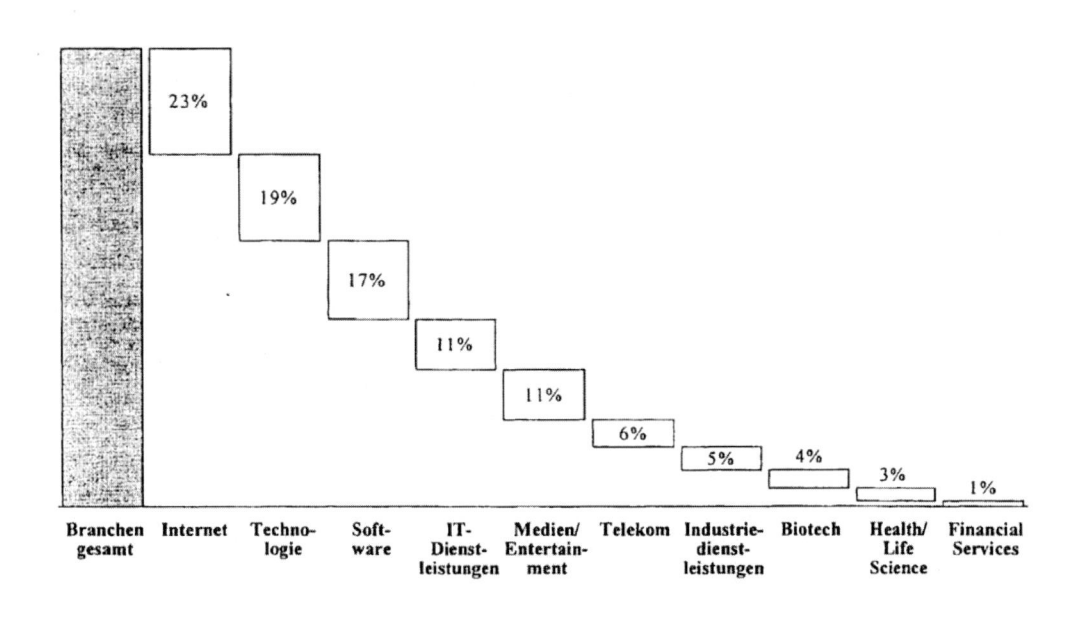

Branchen gesamt	
Internet	23%
Technologie	19%
Software	17%
IT-Dienstleistungen	11%
Medien/Entertainment	11%
Telekom	6%
Industriedienstleistungen	5%
Biotech	4%
Health/Life Science	3%
Financial Services	1%

Abbildung 9: Branchenverteilung TecDax

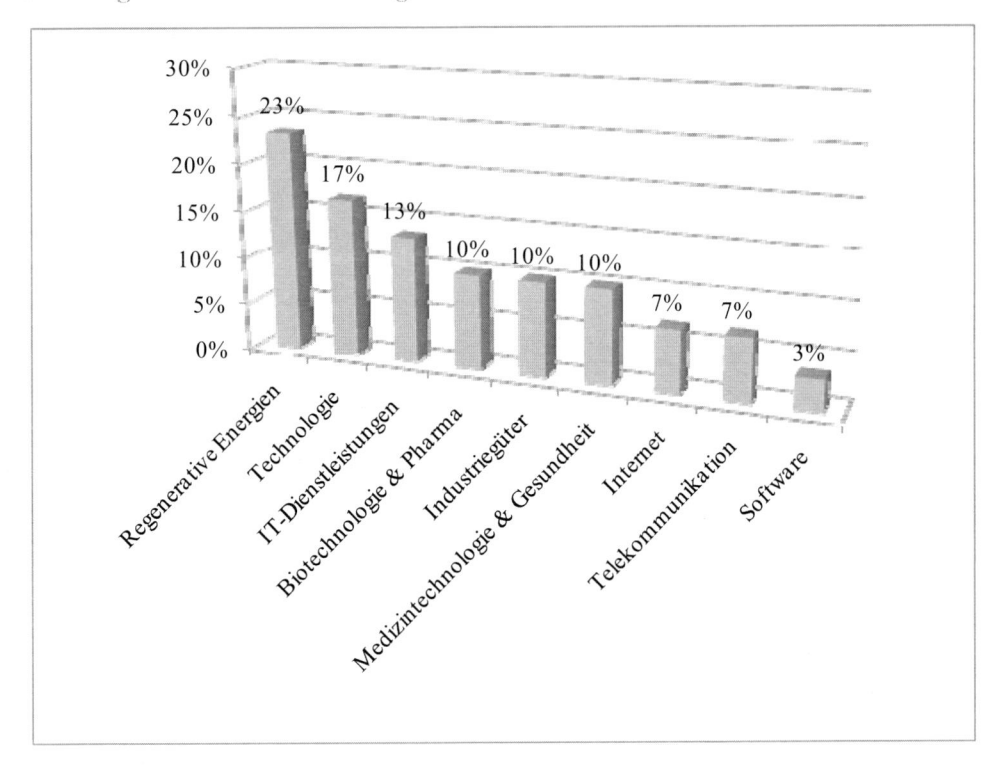

Regenerative Energien	23%
Technologie	17%
IT-Dienstleistungen	13%
Biotechnologie & Pharma	10%
Industriegüter	10%
Medizintechnologie & Gesundheit	10%
Internet	7%
Telekommunikation	7%
Software	3%

---

[581] Vgl. Achleitner/Bassen/Pietzsch (2001a), S.168.

Abbildung 10: TecDax-Unternehmen mit Branchenzugehörigkeit[582]

Nr.	Unternehmen	Branche
1	ADVA Optical	Technologie
2	Aixtron	Technologie
3	AT&S	Technologie
4	BB Biotech	Biotechnologie & Pharma
5	BB Meditech	Medizintechnologie & Gesundheit
6	Bechtle	IT-Dienstleistungen
7	Carl Zeiss Meditec	Medizintechnologie & Gesundheit
8	centrotherm photovoltaics	Regenerative Energien
9	Conergy	Regenerative Energien
10	Drägerwerk	Medizintechnologie & Gesundheit
11	Epcos	Technologie
12	Ersol Solar Energy	Regenerative Energien
13	freenet	Internet
14	IDS Scheer	IT-Dienstleistungen
15	Kontron	Technologie
16	MorphoSys	Biotechnologie & Pharma
17	Nordex	Regenerative Energien
18	Pfeiffer Vacuum	Industriegüter
19	Q-Cells	Regenerative Energien
20	Qiagen	Biotechnologie & Pharma
21	QSC	Telekommunikation
22	Rofin-Sinar Technologies	Industriegüter
23	Singulus Technologies	Industriegüter
24	Software	Software
25	Solarworld	Regenerative Energien
26	Solon	Regenerative Energien
27	Tele Atlas	IT-Dienstleistungen
28	United	Internet
29	Versatel	Telekommunikation
30	Wirecard	IT-Dienstleistungen

---

[582] Eigene Darstellung. Vgl. Deutsche Börse AG (2008).

Tabelle 9: Übersicht über Klassifizierungsstandards[583]

	SIC	NAICS	FF	GICS	ICB	NACE
Name	Standard Industrial Classification	North American Industry Classification System	Fama-French Industry Classification Codes	Global Industry Classification Standard	Industry Classification Benchmark	Nomenclature of economic activities
Herausgeber	U.S. Census Bureau	U.S. Census Bureau mit Mexiko und Kanada	Fama und French	Standard & Poor's, Morgan Stanley Capital Investment	Dow Jones und FTSE	Europäische Kommission
Basis der Kategorien	Orientierung an Produktion und Technologie	Orientierung an Produktion und Technologie	Nicht spezifiziert	Grundlegende Tätigkeit des Unternehmens, finanzorientiert	Investorenfokus	Orientierung an International Standard Industrial Classification (ISIC)
Struktur	Sektor, Subsektor, Industriegruppe, Industrie	Sektor, Subsektor, Industriegruppe, Industrie, Nationaler Code	Algorithmus zur Reklassifizierung von SIC-Codes in neue Industriegruppen	Sektor, Industriegruppe, Industrie, Subindustrie	Industrie, Supersektor, Sektor, Subsektor	Abschnitt, Abteilung, Gruppe, Klasse, Unterklasse (national)
Aktueller Stand	1987	2007	1997	2006	2008	2008

Tabelle 10: Unternehmensmerkmale des ehemaligen Segmentes Neuer Markt[584]

Untersuchungsgegenstand im Jahr des IPOs		Arithmetisches Mittel	Standardabweichung
Unternehmensalter seit Gründung		14,6 Jahre	10,6 Jahre
Unternehmensgröße	Bilanzsumme	118,7 Mio. €	564,2 Mio. €
	Nettoumsatz	56,1 Mio. €	118,1 Mio. €.
Sicherheiten	Sachanlagevermögen/ Gesamtvermögen	9,4 %	11,0 %
Liquidität	Kasse/Bilanzsumme	45,1 %	23,2 %
	FCF/Bilanzsumme	-24,5 %	21.6 %
Wachstumsrate	1-jährige Wachstumsrate der Bilanzsumme	426,8 %	662,4 %
	1-jährige Wachstumsrate des Nettoumsatzes	153,8 %	767,2 %
Eigentümerstruktur für Venture Capital finanzierte Unternehmen	Beteiligungsquote vor IPO	31,6 %	k. A.
	Beteiligungsquote nach IPO	17,1 %	k. A.

---

[583] Eigene Darstellung in Anlehnung an Bhojraj/Lee/Oler (2003), S.772. Vgl. U.S. Census Bureau (2008); Europäische Kommission (2008); Dow Jones Indexes & FTSE (2008); MSCI Barra (2008); Standard & Poor's (2008); Fama/French (1997), S.153ff.

[584] Eigene Darstellung in Anlehnung an Wenzel (2006), S.214ff.

Anhang

Abbildung 11: Klassifizierung immaterieller Vermögensgegenstände[585]

Kundenkapital	Humankapital
Marken	Technisches Know-how
Kundenbeziehungen	Ausbildung
Unternehmensname/ Image	Prozess Know-how
Verkaufsstrukturen & Absatz	Erfahrung
Kooperationen	Innovationen
Franchise Partnerschaften	Anpassungsfähigkeit
	Unternehmenskultur
Innovationskapital	**Prozesskapital**
Patente	Informationssysteme
Urheberrechte	Unternehmenskultur
Technologisches Know-how	Netzwerke
Marken	Standorte
Geschützte Namen	Investorenbeziehungen
Lizenzen	Prozess Know-how

Abbildung 12: Einzelfragen zur Aktivierung[586]

Fall	nach HGB	nach IAS/IFRS	nach US-GAAP
Derivativer Firmenwert	Wahlrecht bei Einzelabschluss (§ 255 (4) HGB)	Gebot (IAS 22.41), Verbot (IAS 38.36) bei selbsterstelltem Firmenwert	Gebot (SFAS 142)
F&E -Aufwendungen	Abstraktes Verbot	Verbot (IAS 38.42), Gebot unter best. Voraussetzungen bei Produktentwicklung	Verbot (SFAS 2), Gebot unter best. Voraussetzungen (SFAS 19, SFAS 25, SFAS 69, SFAS 86)
Gründungsaufwand	Verbot (§ 248 (1) HGB)	Verbot (IAS 38.48)	Verbot (SFAS 7)
Ingangsetzungs- und Erweiterungsaufwand	Wahlrecht für Kapitalgesellschaften (§ 269 (1) HGB)	Verbot (IAS 38.48)	Verbot (SFAS 7)
Selbsterstellte immaterielle Vermögenswerte des Anlagevermögens	Verbot (§ 348 (2) HGB)	Gebot unter best. Restriktionen (IAS 38.18)	Gebot unter best. Restriktionen (SFAS 142)
Werbeaufwand	Abstraktes Verbot	Verbot (IAS 38.48)	Verbot (SOP 93-7)

---

[585] Eigene Darstellung in Anlehnung an Guenther (2004), S.554.
[586] Eigene Darstellung. Vgl. Pellens/Fülbier/Gassen (2006), S.265ff.; Herzig (2004), S.91ff.

Anhang

Abbildung 13: Typischer Verlustverlauf junger Wachstumsunternehmen[587]

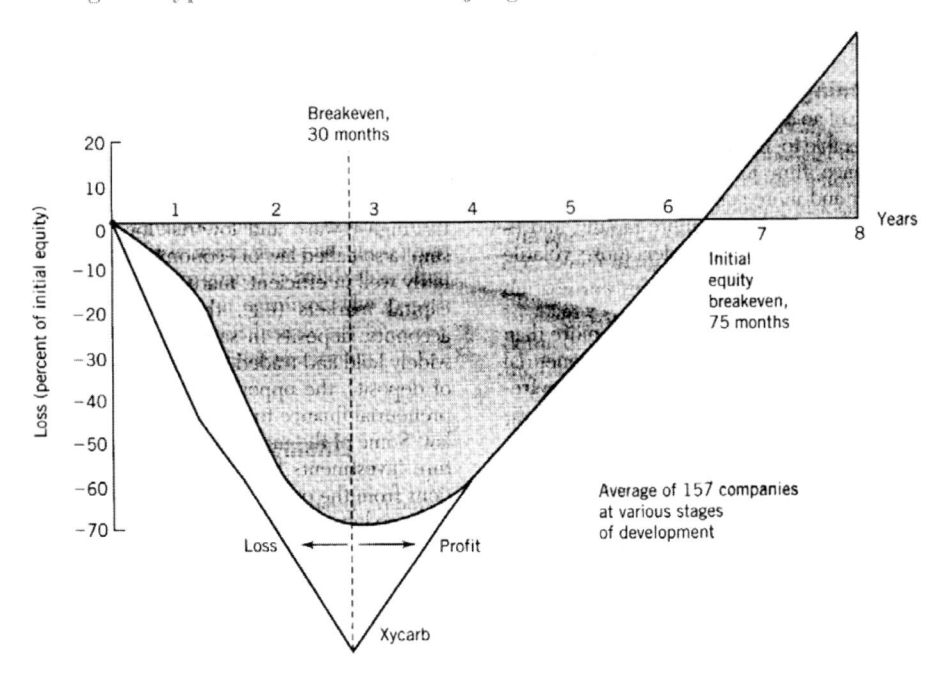

Tabelle 11: Verwendung von Wachstumsindikatoren[588]

Indikator	Verwendung	Verwendung (in %)
Umsätze	17	30,9
Beschäftigung	16	29,1
Mehrere Faktoren	10	18,2
Performance	7	12,7
Marktanteil	3	5,5
Vermögensgegenstände	1	1,8
Nicht berichtet	1	1,8

n= 55

Tabelle 12: Überlebensrate in Abhängigkeit von der Unternehmensgröße[589]

Beschäftigte im Unternehmen	Überlebensrate nach einem Jahr (in %)
1-24	53,6
25-49	68,0
50-99	69,0
100-249	73,2

---

[587] Vgl. Timmons/Spinelli (2007), S.391.
[588] Eigene Darstellung in Anlehnung an Delmar (2006), S.66.
[589] Vgl. BizMiner (2002).

Anhang

Abbildung 14: Insolvenzhäufigkeit im Zeitablauf[590]

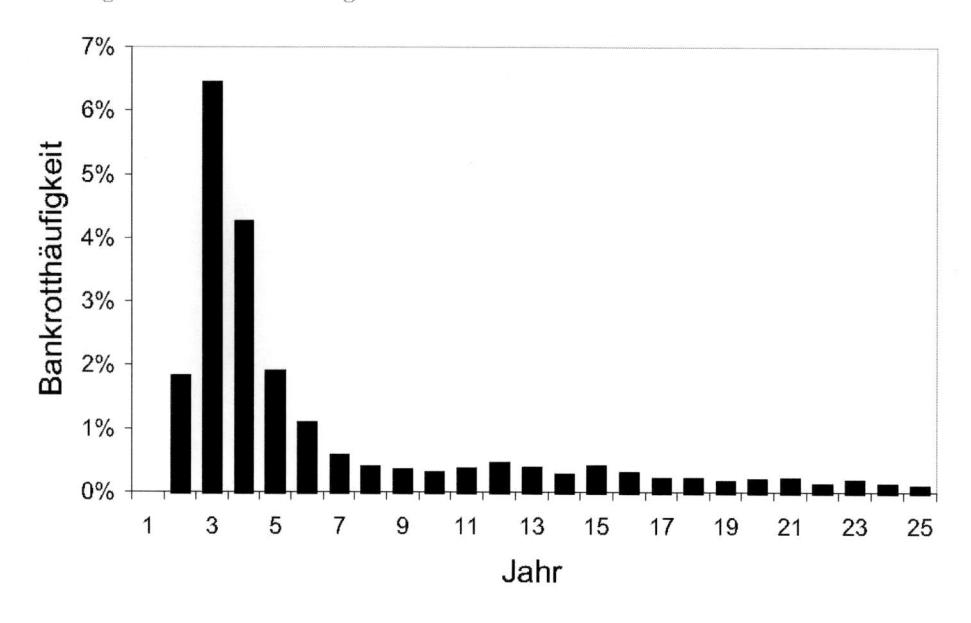

Tabelle 13: Ausfallraten junger Unternehmen in verschiedenen Branchen[591]

Branche	Startups* im 1.Quartal 1998	Überlebt im 1.Quartal 2002	Überlebt (in %)	Insolvent (in %)
Landwirtschaft	15.564	9.239	59,4	40,6
Finanzen	14.899	8.005	53,7	46,3
Industrie	32.236	18.921	58,7	41,3
Immobilien	16.229	10.261	63,2	36,8
Handel	142.504	72.512	50,9	49,1
Großhandel	37.307	19.171	51,4	48,6
Technologie	28.575	13.159	46,1	53,9
Computer Hardware	485	221	45,6	54,4
Software/ IT Service	18.733	8.387	44,8	55,2
Gesamt	565.812	303.517	53,6	46,4

* Startups, die ein Jahr oder jünger sind.

---

[590] Grafik am Beispiel Intershop Communication AG [Vgl. Keiber/Kronimus/Rudolf (2002), S.750].
[591] Vgl. BizMiner (2002).

Anhang

Tabelle 14: Anleihen-Rating und kumulierte Ausfallwahrscheinlichkeit[592]

Rating	Kumulierte Wahrscheinlichkeit einer Insolvenz	
Laufzeit	5 Jahre	10 Jahre
AAA	0.03%	0.03%
AA	0.18%	0.25%
A+	0.19%	0.40%
A	0.20%	0.56%
A-	1.35%	2.42%
BBB	2.50%	4.27%
BB	9.27%	16.89%
B+	16.15%	24.82%
B	24.04%	32.75%
B-	31.10%	42.12%
CCC	39.15%	51.38%
CC	48.22%	60.40%
C+	59.36%	69.41%
C	69.65%	77.44%

Abbildung 15: Einfluss der anfänglichen Umsatzwachstumsvolatilität auf die Insolvenzhäufigkeit und den Unternehmenswert[593]

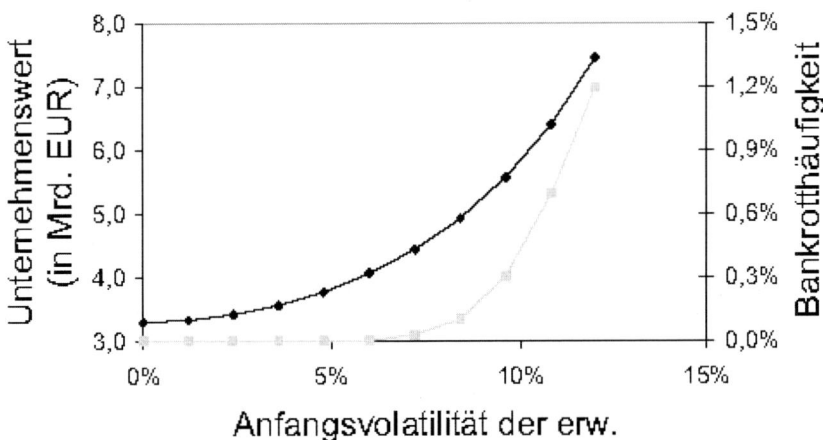

---

[592] Vgl. Damodaran (2002b), S.14f., für den Zeitraum 1971 bis 2001 in Anlehnung an Altman/Arman (2002), S.98ff.
[593] Grafik am Beispiel Qiagen N.V. [Vgl. Keiber/Kronimus/Rudolf (2002), S.752].

Abbildung 16: Beispielrechnung eines steuerlichen Verlustvortrages[594]

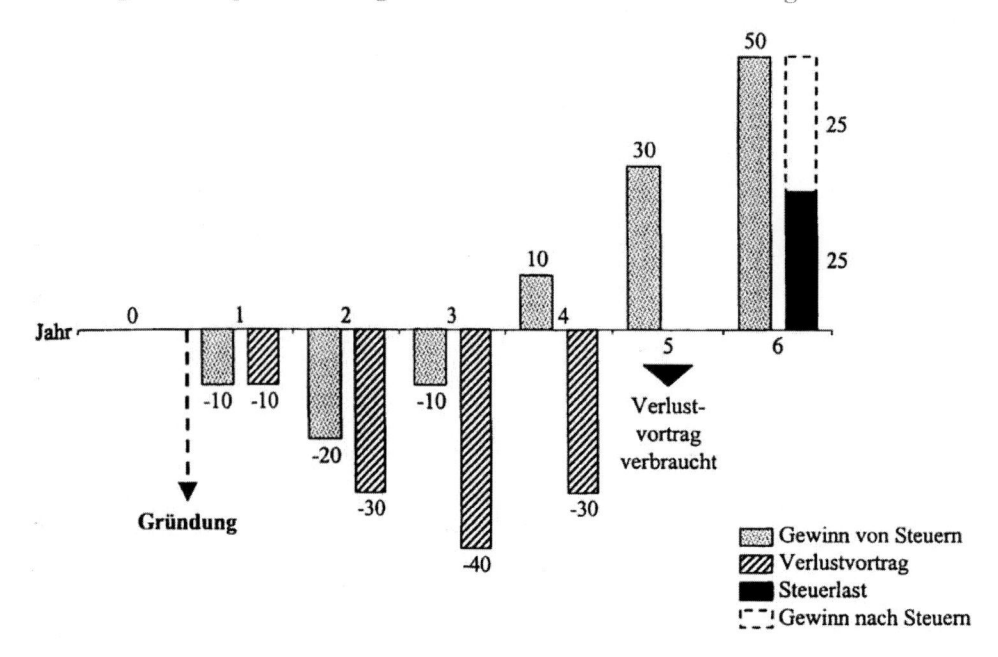

Legende:
- Gewinn von Steuern
- Verlustvortrag
- Steuerlast
- Gewinn nach Steuern

Tabelle 15: Wachstumsfinanzierungsmodell im Lebenszyklus[595]

Lebenszyklusphase		Kapitalquellen	Volumen
1. Gründungs- bzw. Anlaufphase	Konzeptentwicklung (Seed)	Eigene Mittel, persönliche Kredite	Ca. 0,15 Mio. €
	Gründung (Startup)	Familie & Freunde, Business Angels, Förderprogramme	Ca. 0,5 Mio. €
	Markteinführung (First Stage)	Venture Capital (als Lead Investor)	Ca. 1,5 Mio. €
2. Wachstumsphase	Expansion (Second Stage)	Venture Capital, teilweise Private Equity Fonds	Ca. 5 Mio. €
	Expansion mit Internationalisierung (Third Stage)	Private Equity Fonds, Mezzanine Capital, Bankkredite	Ca 7,5 Mio. €
	Börsenvorbereitung und Überbrückung (Bridge)	Mezzanine Capital Fonds, Private Equity Fonds, Investmentbanken, Bankkredite	Ca. 5 Mio. €
3. Reifephase und Devestitionsphase	Börsengang	Aktien-Emission	k. A.
	Konsolidierung/ Akquisition	Merger, Verkauf von Unternehmensanteilen an strategische Investoren, MBO, MBI	k. A.

---

[594] Vgl. Schefczyk/Pankotsch (2003), S.207.
[595] Eigene Darstellung. Vgl. Grabherr (2003), S.229f.; Timmons/Spinelli (2007), S.396f.; Böhmer (2003), S.20; Wipfli (2001), S.13f.; Knips (2000), S.11; Gruber/Harhoff/Tausend (2003), S.36; Kollmann (2005), S.71ff.

Anhang

Tabelle 16: Jährliche Renditeerwartungen und Haltedauer von Risikoinvestoren[596]

Finanzierungs-phasen	Jährlich erwartete Rendite (in %)	Typisch erwartete Haltedauer (in Jahren)
Seed und Startup	50 bis 100 oder mehr	mehr als 10
First Stage	40 bis 60	5 bis 10
Second Stage	30 bis 40	4 bis 7
Third Stage	20 bis 30	3 bis 5
Bridge	20 bis 30	1 bis 3
LBO	30 bis 50	3 bis 5

Tabelle 17: Erläuterung und Aufgaben verschiedener Eigenkapitalquellen[597]

Kapital-geber	Erläuterung	Aufgaben	Dauer der Beteiligung	Entlohnung
Business Angels	Vermögende Privatpersonen	Aktive Beratung und Betreuung, Bereitstellung von Kapital	Ca. 3 bis 10 Jahre	In erster Linie bei Exit
Inkubatoren	Dienstleistungs-zentrum zur Unterstützung	Finanzierung, Beratung, Geschäftskontakte, Bereitstellung von Infrastruktur und Umfeld	Ca. 2 Jahre	In erster Linie bei Exit
Venture Capital-Gesellschaften	Risiko-Kapitalbeteiligungs-gesellschaften	Managementunterstützung, Kontrolle und Mitsprache, Bereitstellung von Risikokapital	Ca. 1 bis 7 Jahre	In erster Linie bei Exit
Private Equity Fonds	Institutionelle Kapitalbeteiligungs-gesellschaften	Bereitstellung von Beteiligungs-kapital, LBO, MBO, MBI, Akquisition, Restrukturierungen	Ca. 3 bis 5 Jahre	In erster Linie bei Exit
Strategische Investoren	Unternehmen mit strategisch technologischen Zielsetzungen	Kapitalbereitstellung, Mitbestimmung, Ressourcen für Produktion und Vertrieb	k. A.	Synergien, Image, Exit
IPO	Börsengang des Unternehmens am organisierten Wertpapiermarkt	Kapitalbeschaffung durch Aktienemission, Risiko-diversifikation durch Streuung der Anteile, weitere Kapitalerhöhungen nach Erstemission möglich	k. A.	Kurs-steigerungen, Delisting

---

[596] Vgl. Timmons/Spinelli (2007), S.449; Titman/Martin (2008), S.328.
[597] Eigene Darstellung. Vgl. Brettel/Rudolf/Witt (2005), S.49, S.61f., S.83f., S.135ff., S.145; Grabherr (2001), S.38f.; Brettel/Jaugey/Rost (2000), S.166ff.; Achleitner/Engel (2001), S.79ff.; Mason/Harrison (2000), S.221; Knips (2000), S.43f., S.57, S.106f.; Schefczyk/Pankotsch (2003), S.231; Pernsteiner (2003), S.73f.; Wipfli (2001), S.11; Fendel (2001), S.305; Kiener (2001), S.16; Wenzel (2006), S.137.

Tabelle 18: Übersicht über Mezzanine Finanzierungsinstrumente[598]

Mezzanine-Instrumente	Beteiligungsform	Ansprüche	Rendite
Nachrangdarlehen	Keine Verlustteilnahme über eingesetztes Kapital, Gewinnbeteiligung möglich (aber nicht zwingend), keine Kontrollrechte	Ähnlich wie klassische langfristige Kreditfinanzierung, aber nachrangiger Rückzahlungsanspruch bei Insolvenz gegenüber Forderungen nicht nachrangiger Gläubiger und grundsätzlich ohne Besicherung	Ca. 10-14% i.d.R. unterteilt in fixe und variable gewinnabhängige Komponenten
Stille Beteiligung	Zwingende Gewinnbeteiligung, Verlustteilnahme wahlweise, Mitwirkungs- und Kontrollrechte	Rangrücktritt, atypischer Gesellschafter partizipiert an Unternehmensentwicklung	Ca. 10-18%
Genussscheine	I.d.R. Verbriefung eines Anspruches auf Anteil am Gewinn, typischerweise Verlustbeteiligung, i.d.R. keine Stimm-, Kontroll- und Informationsrechte	Rangrücktritt, Fester Nominalbetrag	Ca. 10-20% ohne feste Zins- und Tilgungszahlungen
Wandelanleihe	Laufende Verzinsung einer zeitlich befristeten Anleihe mit Wandlungsrecht, Anleihe geht bei Wandlung verloren	Fester Nominalbetrag, der in Eigenkapital wandelbar ist	Ca. 10-15%; bis zu 30% inkl. Wandlung
Optionsanleihe	Laufende Verzinsung einer zeitlich befristeten Anleihe mit Optionsrecht, Anleihe bleibt nach Optionsausübung bestehen	Fester Nominalbetrag und zusätzliche Option i.d.R. auf Aktienerwerb	Ca. 10-15%; bis zu 30% inkl. Optionsausübung
[Aktienoptionen]	Verbriefung des Rechts, aber nicht der Verpflichtung, innerhalb eines festgelegten Zeitraumes zu einem fixierten Preis Unternehmensanteile direkt vom Unternehmen zu erwerben	Bei anfänglich negativen Gewinnen ist keine Gewinnbeteiligung des Managements möglich, daher Aktienoptionen häufig Bestandteil der Vergütung	k. A.

---

[598] Eigene Darstellung. Vgl. Elkemann-Reusch/Zickenrott (2001), S.110ff.; Stringfellow (2001), S.120f.; Schefczyk/Pankotsch (2003), S.119ff.; Pernsteiner (2003), S.75; Knips (2000), S.19; Ballwieser (2003), S.161; Brettel/Rudolf/Witt (2005), S.26ff.; Copeland/Koller/Murrin (2002), S.256f.; Brigham/Ehrhardt (2005), S.722ff.; Ross/Westerfield/Jaffe (2005), S.677, S.692.

Anhang

Tabelle 19: Empirische Studien über Einflüsse auf den Verschuldungsgrad

Wirkung auf Verschuldungsgrad		Empirische Studien
Positiv	Sicherungswert des Vermögens	Faulkender/Petersen (2006); Friend/Lang (1988); Michaelas/Chittenden/Poutziouris (1999); Rajan/Zingales (1995); MacKie-Mason/Jeffry (1990); Hovakimian/Opler/Titman (2001); Shyam-Sunder/Myers (1999); Frank/Goyal (2003)
	Bilanzsumme als Proxy der Unternehmensgröße	Friend/Lang (1988); Michaelas/Chittenden/Poutziouris (1999); Helwege/Liang (1996); Hovakimian/Opler/Titman (2001); MacKie-Mason/Jeffry (1990)
Negativ	Rentabilität	Chittenden/Hall/Hutchinson (1996); Faulkender/Petersen (2006); Michaelas/Chittenden/Poutziouris (1999); Friend/Lang (1988); Rajan/Zingales (1995); Titman/Wessels (1988); Frank/Goyal (2003); Shyam-Sunder/Myers (1999)
	Market-to-Book Ratio als Proxy für das Wachstum	Faulkender/Petersen (2006); Rajan/Zingales (1995); Hovakimian/Opler/Titman (2001); Frank/Goyal (2003)

Abbildung 17: Besonderheiten bei der Bewertung von Realoptionen[599]

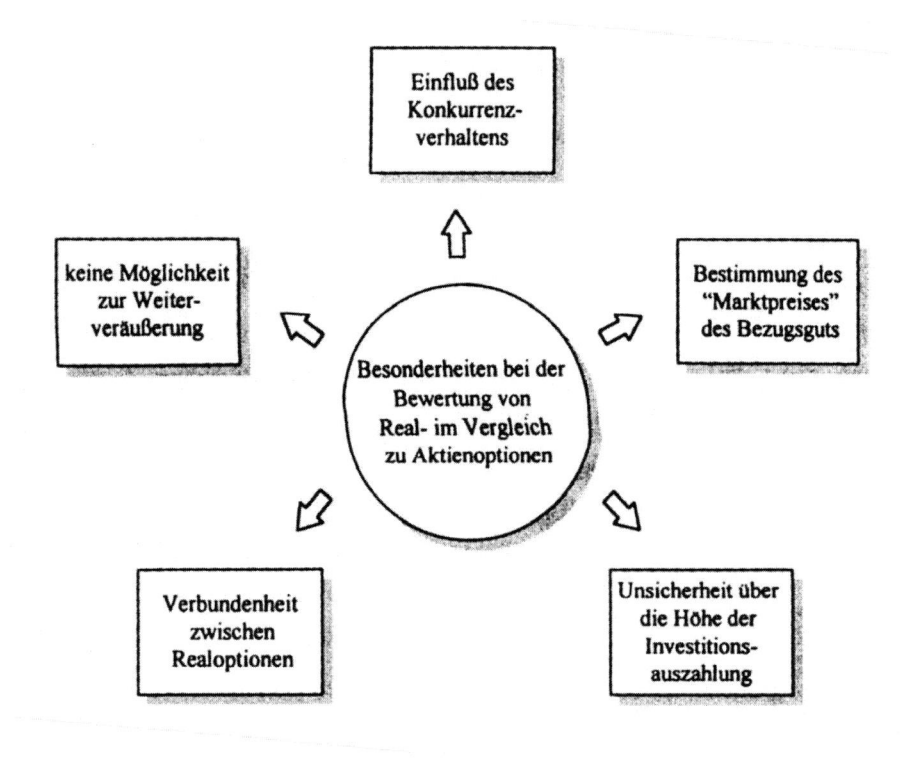

[599] Vgl. Tomaszewski (2000), S.96.

Tabelle 20: Inputparameter der Beispiele Amazon, eBay und Google[600]

Parameter	Schwartz/Moon (2000) und (2001)		Meyer (2006)
	Amazon (31.12.1999)	eBay (31.12.2000)	Google (31.12.2004)
Datenbasis	Quartalsdaten	Jahresdaten	Jahresdaten
$R(0)$	$ 356 Mio.	$ 431 Mio.	$ 3.189 Mio.
$L(0)$	$ 559 Mio.	0	0
$X(0)$	$ 906 Mio.	$ 529 Mio.	$ 426,9 Mio.
$PPE(0)$	Nicht verwendet	$ 125,2 Mio.	$ 378,916 Mio.
s	0,35	0,35	0,35
r	0,05	0,05	0,05
F	$ 75 Mio.	$ 43 Mio.	$ 2,7 Mio.
$\mu(0)$	0,11	0,434	0,409
$\sigma_R(0)$	0,1	0,167	0,14
$\bar{\mu}$	0,015	0,05	0,05
$\sigma_\mu(0)$	0,03	0,05	0,39
$\bar{\sigma}_R$	0,05	0,083	0,07
$t_{1/2}$	2,5 Jahre	2,8 Jahre	1 Jahr
α	0,75	Nicht verwendet	Nicht verwendet
β	0,19	Nicht verwendet	Nicht verwendet
$\gamma(0)$	Nicht verwendet	0,71	0,732
$\sigma_\gamma(0)$	Nicht verwendet	0,06	0,06
$\bar{\gamma}$	Nicht verwendet	0,71	0,77
$\bar{\sigma}_\gamma$	Nicht verwendet	0,03	0,03
$CAPEX(t)$	Nicht verwendet	$ 64 Mio.	0
$\bar{t}$	Nicht verwendet	1 Jahr	0
DR	Nicht verwendet	0,33	0,25
CR	Nicht verwendet	0,13	0,1
M	10	10	10
$\rho_{R;\mu}$	0	0	0
$\rho_{R;\gamma}$	Nicht verwendet	0	0
$\rho_{\mu;\gamma}$	Nicht verwendet	0	0
σ_M	0,05	Nicht verwendet	Nicht verwendet
$\rho_{R;M}$	0,2	Nicht verwendet	Nicht verwendet
$\rho_{\mu;M}$	0	Nicht verwendet	Nicht verwendet
λ_R	0,01	0,71	0,83
λ_μ	0	0	0
λ_γ	Nicht verwendet	0	0
X^*	0	$\cong -\|\text{optimaler Finanzierungsbetrag}\|$	$\cong -\|\text{optimaler Finanzierungsbetrag}\|$
T	25 Jahre	10 Jahre	25 Jahre
Δt	1 Quartal	1 Jahr	0,1 Jahre
Anzahl	100.000	10.000	10.000

---

[600] Vgl. Schwartz/Moon (2000), S.66ff.; Schwartz/Moon (2001), S.17ff.; Meyer (2006), S.230.

Abbildung 18: Histogramm zur Unternehmenswertverteilung von Google[601]

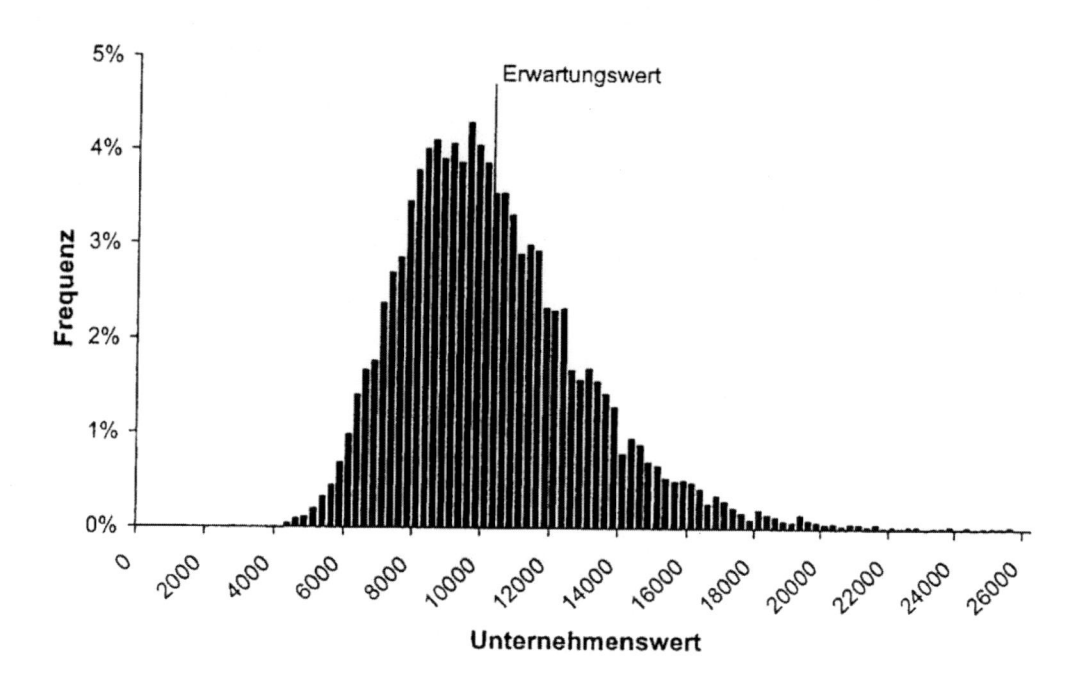

Tabelle 21: Aktienkurse von Amazon, eBay und Google und relative Schätzfehler

Unternehmen	Bewertungs-stichtag	Simulierter Aktienkurs (in $)	Beobachteter Aktienkurs (in $)	Relativer Schätzfehler (in %)
Amazon	31.12.1999	12,42	76,13	83,68
eBay	11.04.2001	22,41	39,17	42,79
Google	01.02.2005	174,16	191,90	9,24

---

[601] Vgl. Meyer (2006), S.231. Mithilfe einer Log-Normalverteilung kann die Verteilung des Unternehmenswertes beschrieben werden. Der erwartete Unternehmenswert beträgt $ 10.076,35 Mio. Zum Bewertungszeitpunkt befinden sich 57,8569 Mio. Aktien im Umlauf. Daraus resultiert ein Kurs von $ 174,16 pro Aktie.

Tabelle 22: Inputparameter der untersuchten Unternehmen auf Quartalsbasis[602]

	ACG	ADVA	AIXTRON	Balda	Biodata	Broadvision	BROKAT
$R(0)$	127.965.000	13.375.000	62.746.000	60.154.020	9.950.000	145.296.959	48.714.868
$X(0)$	27.038.000	2.355.000	73.872.000	23.403.600	20.880.000	236.223.130	135.000.486
$L(0)$	1.705.000	100.348.000	309.000	0	3.114.000	186.497.532	300.325.182
$PPE(0)$	140.830.000	166.537.000	46.967.000	88.563.700	32.850.000	726.273.552	812.655.497
$\mu(0)$	0,11077	0,18639	0,18996	0,06647	0,21325	0,12998	0,24092
$\sigma_R(0)$	0,45	0,28524	0,44761	0,20028	0,2298	0,1058	0,17372
$\sigma_\mu(0)$	0,03	0,03	0,03	0,03	0,03	0,03	0,03
$\gamma(0)$	0,93293	1,17638	0,8289	0,69799	0,60995	0,90121	1,54866
$\sigma_\gamma(0)$	0,13442	0,02016	0,03823	0,06525	0,18199	0,03611	0,10691
$\bar{\mu}$	0,0075	0,0075	0,0075	0,0075	0,0075	0,0075	0,0075
$\bar{\sigma}_R$	0,05	0,05	0,05	0,05	0,05	0,05	0,05
$\bar{\gamma}$	0,93293	0,85	0,8289	0,69799	0,60995	0,90121	0,9
$\bar{\sigma}_\gamma$	0,015	0,015	0,015	0,015	0,015	0,015	0,015
$\rho_{R;\mu}$	0	0	0	0	0	0	0
$\rho_{R;\gamma}$	0	0	0	0	0	0	0
$\rho_{\mu;\gamma}$	0	0	0	0	0	0	0
κ	0,1	0,1	0,1	0,1	0,1	0,1	0,1
F	0	0	0	2.539.211	1.441.259	0	0
CR	5,00%	7,96%	5,08%	15,00%	19,62%	5,00%	5,00%
DR	4,55%	10,31%	3,29%	3,07%	6,15%	9,51%	4,51%
s	0,35	0,35	0,35	0,35	0,35	0,35	0,35
r	0,01346	0,01346	0,01346	0,01346	0,01346	0,01346	0,01346
λ_R	0,008	0,013	0,000	0,000	0,000	0,049	0,006
λ_μ	0,000	0,000	0,006	0,037	0,000	0,064	0,069
λ_γ	0,000	0,000	0,086	0,000	0,000	0,000	0,000

	Carrier 1	Ce Consumer	ComROAD	Constantin	D.Logistics	EM.TV	EVOTEC
$R(0)$	80.115.705	133.071.330	17.326.000	37.798.275	171.418.000	171.618.955	7.069.000
$X(0)$	440.239.902	46.280.304	66.178.000	73.618.873	19.995.000	533.199.204	48.924.000
$L(0)$	63.526.352	0	0	1.804.349	1.559.611	712.190.221	69.626.000
$PPE(0)$	449.226.686	46.393.505	363.000	106.977.600	286.717.000	2.300.385.514	459.493.000
$\mu(0)$	0,17607	0,08898	0,15	0,028	0,08691	0,06551	0,43593
$\sigma_R(0)$	0,16101	0,2061	0,10984	0,1	0,20944	0,5	0,39757
$\sigma_\mu(0)$	0,03	0,03	0,03	0,03	0,03	0,03	0,03
$\gamma(0)$	1,24258	0,92617	0,74461	0,88665	0,91881	0,60409	0,71837
$\sigma_\gamma(0)$	0,13091	0,02409	0,04074	0,07026	0,02252	0,18192	0,05772
$\bar{\mu}$	0,0075	0,0075	0,0075	0,0075	0,0075	0,0075	0,0075
$\bar{\sigma}_R$	0,05	0,05	0,05	0,05	0,05	0,05	0,05
$\bar{\gamma}$	0,85	0,92617	0,74461	0,88665	0,91881	0,60409	0,71837
$\bar{\sigma}_\gamma$	0,015	0,015	0,015	0,015	0,015	0,015	0,015
$\rho_{R;\mu}$	0	0	0	0	0	0	0
$\rho_{R;\gamma}$	0	0	0	0	0	0	0
$\rho_{\mu;\gamma}$	0	0	0	0	0	0	0
κ	0,1	0,1	0,1	0,1	0,1	0,1	0,1
F	1.353.869	731.176	421.185	2.476.079	592.487	2.949.911	5.718.238
CR	10,00%	4,88%	10,99%	1,10%	4,00%	25,00%	20,00%
DR	2,84%	6,83%	17,93%	0,16%	2,95%	3,25%	7,76%
s	0,35	0,35	0,35	0,35	0,35	0,35	0,35
r	0,01346	0,01346	0,01346	0,01346	0,01346	0,01346	0,01346
λ_R	0,070	0,047	0,003	0,000	0,000	0,006	0,000
λ_μ	0,067	0,120	0,036	0,000	0,000	0,007	0,000
λ_γ	0,041	0,000	0,000	0,011	0,000	0,000	0,000

---

[602] Eigene Darstellung in Anlehnung an Kleiber/Kronimus/Rudolf (2002), S.757ff.

	Fantastic	Heyde	Highlight	IDS Scheer	IM	INTERSHOP	IXOS
$R(0)$	2.224.935	43.345.829	43.647.778	39.960.246	37.415.500	30.241.000	33.592.000
$X(0)$	87.942.254	11.154.485	100.792.791	95.237.316	191.338.000	111.571.000	17.151.000
$L(0)$	126.351.043	20.838.770	13.063.288	13.664.787	5.237.000	258.542.000	17.251.000
$PPE(0)$	9.943.209	83.454.120	150.988.785	26.553.433	121.385.000	47.616.000	10.091.000
$\mu(0)$	0,28914	0,12373	0,04862	0,07	0,22961	0,2096	0,06862
$\sigma_R(0)$	0,2	0,39134	0,17066	0,05091	0,2	0,23602	0,22439
$\sigma_\mu(0)$	0,03	0,03	0,03	0,03	0,03	0,03	0,03
$\gamma(0)$	3,61119	1,0806	0,49876	0,88688	0,38459	1,13339	1,00457
$\sigma_\gamma(0)$	0,15001	0,21573	0,08187	0,01605	0,08061	0,02886	0,0599
$\overline{\mu}$	0,0075	0,0075	0,0075	0,0075	0,0075	0,0075	0,0075
$\overline{\sigma}_R$	0,05	0,05	0,05	0,05	0,05	0,05	0,05
$\overline{\gamma}$	0,75	0,85	0,49876	0,88688	0,38459	0,85	0,85
$\overline{\sigma}_\gamma$	0,015	0,015	0,015	0,015	0,015	0,015	0,015
$\rho_{R;\mu}$	0	0	0	0	0	0	0
$\rho_{R;\gamma}$	0	0	0	0	0	0	0
$\rho_{\mu;\gamma}$	0	0	0	0	0	0	0
κ	0,1	0,1	0,1	0,1	0,1	0,1	0,1
F	0	0	1.558.866	0	1.635.498	3.210.082	1.352.459
CR	14,00%	9,00%	35,00%	3,02%	54,61%	5,00%	7,71%
DR	10,43%	9,22%	6,31%	4,39%	34,27%	8,66%	14,73%
s	0,35	0,35	0,35	0,35	0,35	0,35	0,35
r	0,01346	0,01346	0,01346	0,01346	0,01346	0,01346	0,01346
λ_R	0,045	0,047	0,000	0,000	0,037	0,109	0,075
λ_μ	0,000	0,010	0,000	0,000	0,027	0,097	0,066
λ_γ	0,000	0,000	0,037	0,000	0,000	0,000	0,000

	Kinowelt	KONTRON	Lambda	LION	MediGene	Medion	MobilCom
$R(0)$	84.641.351	56.525.916	33.273.000	7.683.000	3.002.000	406.602.833	713.692.686
$X(0)$	247.683.201	45.319.378	93.404.000	198.783.000	115.226.000	1.192.450	86.424.178
$L(0)$	10.565.847	3.330.044	271.000	18.780.000	19.522.000	0	233.174.662
$PPE(0)$	740.726.855	77.524.631	20.113.000	10.523.000	2.070.000	7.612.321	9.064.122.137
$\mu(0)$	0,1602	0,17024	0,1464	0,3561	0,2806	0,07185	0,05733
$\sigma_R(0)$	0,50439	0,16725	0,16357	0,35237	0,5	0,15208	0,12605
$\sigma_\mu(0)$	0,03	0,03	0,03	0,03	0,03	0,03	0,03
$\gamma(0)$	0,52982	0,85735	0,87994	1,65841	0,73078	0,94324	1,09421
$\sigma_\gamma(0)$	0,11768	0,02208	0,03284	0,22172	0,23804	0,03073	0,05583
$\overline{\mu}$	0,0075	0,0075	0,0075	0,0075	0,0075	0,0075	0,0075
$\overline{\sigma}_R$	0,05	0,05	0,05	0,05	0,05	0,05	0,05
$\overline{\gamma}$	0,52982	0,85735	0,87994	0,8	0,73078	0,94324	0,85
$\overline{\sigma}_\gamma$	0,015	0,015	0,015	0,015	0,015	0,015	0,015
$\rho_{R;\mu}$	0	0	0	0	0	0	0
$\rho_{R;\gamma}$	0	0	0	0	0	0	0
$\rho_{\mu;\gamma}$	0	0	0	0	0	0	0
κ	0,1	0,1	0,1	0,1	0,1	0,1	0,1
F	0	530.331	0	1.816.425	2.246.119	882.536	0
CR	37,00%	7,00%	4,00%	10,00%	13,77%	0,26%	3,00%
DR	3,55%	1,71%	5,42%	5,85%	9,93%	4,51%	2,28%
s	0,35	0,35	0,35	0,35	0,35	0,35	0,35
r	0,01346	0,01346	0,01346	0,01346	0,01346	0,01346	0,01346
λ_R	0,030	0,000	0,000	0,018	0,000	0,026	0,066
λ_μ	0,019	0,000	0,031	0,000	0,000	0,000	0,008
λ_γ	0,000	0,021	0,000	0,034	0,000	0,043	0,000

	MorphoSys	PANDATEL	Pfeiffer	Pixelpark	PrimaCom	Qiagen	SAP Systems
$R(0)$	2.231.789	12.492.100	5.014.341.700	24.429.000	42.670.000	60.195.319	56.551.000
$X(0)$	18.259.256	30.979.000	52.525.526	20.576.000	4.643.000	65.607.983	109.390.000
$L(0)$	18.988.358	327.000	0	26.619.000	277.810.000	19.213.418	0
$PPE(0)$	8.471.084	3.021.000	28.151.731	61.995.000	973.402.000	82.745.077	107.103.000
$\mu(0)$	0,26993	0,09466	0,02671	0,13383	0,07465	0,13552	0,06798
$\sigma_R(0)$	0,22152	0,27509	0,06691	0,25603	0,17216	0,08228	0,1896
$\sigma_\mu(0)$	0,03	0,03	0,03	0,03	0,03	0,03	0,03
$\gamma(0)$	1,08985	0,62997	0,72631	1,09082	0,60768	0,6806	0,82831
$\sigma_\gamma(0)$	0,14234	0,08973	0,01643	0,02251	0,0166	0,02116	0,06737
$\bar{\mu}$	0,0075	0,0075	0,0075	0,0075	0,0075	0,0075	0,0075
$\bar{\sigma}_R$	0,05	0,05	0,05	0,05	0,05	0,05	0,05
$\bar{\gamma}$	0,75	0,62997	0,72631	0,82007	0,60768	0,6806	0,82831
$\bar{\sigma}_\gamma$	0,015	0,015	0,015	0,015	0,015	0,015	0,015
$\rho_{R;\mu}$	0	0	0	0	0	0	0
$\rho_{R;\gamma}$	0	0	0	0	0	0	0
$\rho_{\mu;\gamma}$	0	0	0	0	0	0	0
κ	0,1	0,1	0,1	0,1	0,1	0,1	0,1
F	1.188.615	561.228	4.311.108	1.792.969	0	6.506.515	29.527
CR	5,00%	5,53%	5,76%	6,80%	25,00%	7,21%	2,99%
DR	6,74%	7,99%	4,53%	7,44%	2,88%	4,49%	0,74%
s	0,35	0,35	0,35	0,35	0,35	0,35	0,35
r	0,01346	0,01346	0,01346	0,01346	0,01346	0,01346	0,01346
λ_R	0,053	0,062	0,069	0,070	0,000	0,000	0,000
λ_μ	0,014	0,039	0,059	0,076	0,000	0,001	0,000
λ_γ	0,000	0,000	0,027	0,000	0,000	0,015	0,000

	SCM	SENATOR	SER	Singulus	STEAG	T-Online	Telegate
$R(0)$	41.885.781	41.891.850	55.870.350	86.509.947	50.774.000	279.021.000	31.672.998
$X(0)$	71.042.938	15.181.869	54.072.100	41.429.981	15.386.000	3.899.976.000	6.936.186
$L(0)$	53.288.042	54.708.231	11.125.103	0	26.708.000	390.381.000	45.504.977
$PPE(0)$	79.194.310	97.139.211	170.625.800	9.206.322	22.169.000	2.300.161.000	74.652.194
$\mu(0)$	0,10956	0,09963	0,10251	0,03497	0,11238	0,1823	0,13307
$\sigma_R(0)$	0,20821	0,09172	0,16843	0,10235	0,33458	0,11073	0,11045
$\sigma_\mu(0)$	0,03	0,03	0,03	0,03	0,03	0,03	0,03
$\gamma(0)$	0,95987	0,45667	0,81682	0,73484	0,89399	1,26661	0,97892
$\sigma_\gamma(0)$	0,04064	0,15081	0,03158	0,0252	0,06223	0,08692	0,05032
$\bar{\mu}$	0,0075	0,0075	0,0075	0,0075	0,0075	0,0075	0,0075
$\bar{\sigma}_R$	0,05	0,05	0,05	0,05	0,05	0,05	0,05
$\bar{\gamma}$	0,93492	0,45667	0,81682	0,73484	0,89399	0,85	0,9
$\bar{\sigma}_\gamma$	0,015	0,015	0,015	0,015	0,015	0,015	0,015
$\rho_{R;\mu}$	0	0	0	0	0	0	0
$\rho_{R;\gamma}$	0	0	0	0	0	0	0
$\rho_{\mu;\gamma}$	0	0	0	0	0	0	0
κ	0,1	0,1	0,1	0,1	0,1	0,1	0,1
F	0	889.593	0	10.727	1.588.627	0	0
CR	3,00%	46,07%	13,00%	1,83%	3,97%	4,35%	5,42%
DR	5,61%	11,47%	3,59%	16,52%	3,85%	5,30%	6,08%
s	0,35	0,35	0,35	0,35	0,35	0,35	0,35
r	0,01346	0,01346	0,01346	0,01346	0,01346	0,01346	0,01346
λ_R	0,000	0,000	0,000	0,000	0,037	0,066	0,054
λ_μ	0,000	0,000	0,000	0,000	0,010	0,034	0,000
λ_γ	0,000	0,000	0,036	0,000	0,000	0,122	0,054

	Teleplan	Thiel	Trintech	United
$R(0)$	92.467.940	231.201.000	16.499.124	55.738.926
$X(0)$	9.968.000	16.497.000	111.510.005	89.955.636
$L(0)$	120.000.000	891.000	57.488.456	61.236.413
$PPE(0)$	111.718.000	259.971.000	111.312.563	104.642.081
$\mu(0)$	0,18984	0,08791	0,1366	0,08527
$\sigma_R(0)$	0,10598	0,20806	0,09405	0,16179
$\sigma_\mu(0)$	0,03	0,03	0,03	0,03
$\gamma(0)$	0,86167	0,86763	1,56553	1,09389
$\sigma_\gamma(0)$	0,04935	0,0235	0,05051	0,01256
$\bar{\mu}$	0,0075	0,0075	0,0075	0,0075
$\bar{\sigma}_R$	0,05	0,05	0,05	0,05
$\bar{\gamma}$	0,86167	0,86763	0,9	0,9
$\bar{\sigma}_\gamma$	0,015	0,015	0,015	0,015
$\rho_{R;\mu}$	0	0	0	0
$\rho_{R;\gamma}$	0	0	0	0
$\rho_{\mu;\gamma}$	0	0	0	0
κ	0,1	0,1	0,1	0,1
F	4.027.337	4.257.712	0	0
CR	6,94%	7,55%	6,11%	6,00%
DR	2,39%	2,33%	6,26%	5,98%
s	0,35	0,35	0,35	0,35
r	0,01346	0,01346	0,01346	0,01346
λ_R	0,035	0,000	0,000	0,018
λ_μ	0,066	0,000	0,000	0,000
λ_γ	0,006	0,000	0,000	0,036

Abbildung 19: Beispielhafte simulierte Unternehmenswertverteilungen[603]

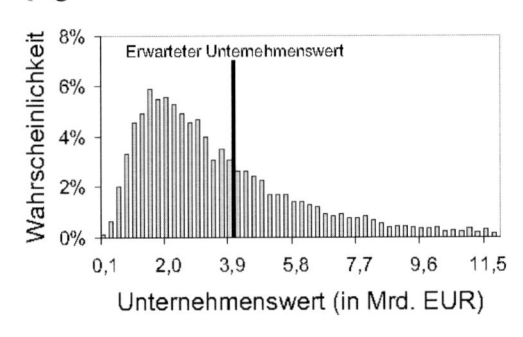

Qiagen N.V.   Intershop Communications AG

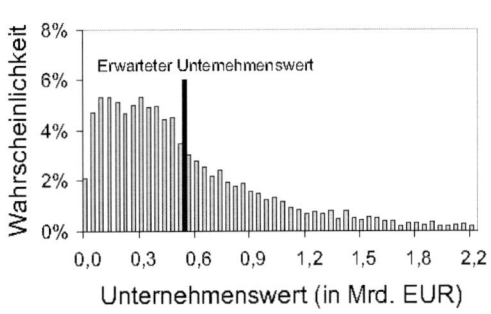

---

[603] Vgl. Keiber/Kronimus/Rudolf (2002), S.749.

Tabelle 23: S/M-Bewertung und relative Schätzfehler[604]

Unternehmen	Simulierter Firmenwert Ŝ (in Mio. EUR)	Beobachteter Firmenwert S (in Mio. EUR)	Relativer Schätzfehler (in %)
ACG AG	412,00	508,80	19,03
ADVA AG Optical Networking	230,60	1.975,10	88,32
AIXTRON AG	3.891,20	3.752,70	3,69
Balda AG	841,20	1.084,90	22,46
Biodata Information Technology AG	731,60	928,50	21,21
Broad Vision, Inc.	1.985,10	4.002,90	50,41
BROKAT AG	522,00	842,80	38,06
Carrier 1 International S.A.	938,50	1.046,00	10,28
Ce CONSUMER ELECTRONIC AG	378,70	462,80	18,17
ComROAD AG	717,30	728,40	1,52
Constantin Film AG	353,40	242,20	45,91
D. Logistics AG	1.225,30	1.291,40	5,12
EM.TV & Merchandising AG	2.975,60	3.021,10	1,51
EVOTEC BioSystems AG	1.220,70	1.164,60	4,82
Fantastic Corporation	40,20	212,30	81,06
Heyde AG	270,50	549,50	50,77
Highlight Communications AG	716,10	468,20	52,95
IDS Scheer AG	625,10	457,00	36,78
IM InternationalMedia AG	1.028,50	1.308,00	21,37
INTERSHOP Communications AG	525,70	2.932,50	82,07
IXOS Software AG	149,30	117,30	27,28
Kinowelt Medien AG	934,00	991,00	5,75
KONTRON Embedded Computer AG	1.732,40	1.107,40	56,44
Lambda Physik AG	892,80	845,80	5,56
LION Bioscience AG	558,70	1.575,20	64,53
MediGene AG	331,10	744,10	55,50
Medion AG	3.244,80	2.556,20	26,94
MobilCom AG	6.823,00	7.024,50	2,87
MorphoSys AG	185,80	450,30	58,74
PANDATEL AG	492,00	390,20	26,09
Pfeiffer Vacuum Technology AG	646,30	432,00	49,61
Pixelpark AG	279,50	678,20	58,79
PrimaCom AG	915,60	982,70	6,83
Qiagen N.V.	3.960,50	5.487,70	27,83
SAP Systems Integration AG	1.266,40	577,70	119,21
SCM Microsystems, Inc.	418,10	472,20	11,46
SENATOR Entertainment AG	366,60	168,30	117,83
SER Systeme AG	487,70	262,60	85,72
Singulus Technologies AG	2.378,30	1.329,00	78,95
STEAG HamaTech AG	542,60	291,00	86,46
T-Online International AG	13.773,20	15.857,00	13,14
Telegate AG	338,50	1.223,40	72,33
Teleplan International N.V.	1.146,20	814,50	40,72
Thiel Logistik AG	2.434,60	2.146,70	13,41
Trintech Group Plc.	137,30	665,60	79,37
United Internet AG	380,20	316,40	20,16
Summe	64.444,80	74.486,70	13,48

---

[604] Eigene Darstellung in Anlehnung an Keiber/Kronimus/Rudolf (2002), S.746.

Anhang

Tabelle 24: Multiple-Bewertung und relative Schätzfehler[605]

Unternehmen	Umsätze U (in Mio €)	EntV/ Umsatz	Multiple-Firmenwert Ŝ (in Mio. €)	Beobachteter Firmenwert S (in Mio. €)	Relativer Schätzfehler (in %)
ACG AG	127,97	3,98	4.280,89	508,80	741,37
ADVA AG Optical Networking	13,38	147,67	447,44	1.975,10	77,35
AIXTRON AG	62,75	59,81	2.099,08	3.752,70	44,06
Balda AG	60,15	18,04	2.012,37	1.084,90	85,49
Biodata Information Technology AG	9,95	93,32	332,86	928,50	64,15
Broad Vision, Inc.	145,30	27,55	4.860,71	4.002,90	21,43
BROKAT AG	48,71	17,30	1.629,69	842,80	93,37
Carrier 1 International S.A.	80,12	13,06	2.680,16	1.046,00	156,23
Ce CONSUMER ELECTRONIC AG	133,07	3,48	4.451,72	462,80	861,91
ComROAD AG	17,33	42,04	579,62	728,40	20,43
Constantin Film AG	37,80	6,41	1.264,49	242,20	422,08
D. Logistics AG	171,42	7,53	5.734,55	1.291,40	344,06
EM.TV & Merchandising AG	171,62	17,60	5.741,28	3.021,10	90,04
EVOTEC BioSystems AG	7,07	164,75	236,48	1.164,60	79,69
Fantastic Corporation	2,22	95,42	74,43	212,30	64,94
Heyde AG	43,35	12,68	1.450,08	549,50	163,89
Highlight Communications AG	43,65	10,73	1.460,18	468,20	211,87
IDS Scheer AG	39,96	11,44	1.336,82	457,00	192,52
IM InternationalMedia AG	37,42	34,96	1.251,68	1.308,00	4,31
INTERSHOP Communications AG	30,24	96,97	1.011,67	2.932,50	65,50
IXOS Software AG	33,59	3,49	1.123,77	117,30	858,03
Kinowelt Medien AG	84,64	11,71	2.831,56	991,00	185,73
KONTRON Embedded Computer AG	56,53	19,59	1.891,00	1.107,40	70,76
Lambda Physik AG	33,27	25,42	1.113,10	845,80	31,60
LION Bioscience AG	7,68	205,02	257,02	1.575,20	83,68
MediGene AG	3,00	247,87	100,43	744,10	86,50
Medion AG	406,60	6,29	13.602,34	2.556,20	432,13
MobilCom AG	713,69	9,84	23.875,61	7.024,50	239,89
MorphoSys AG	2,23	201,77	74,66	450,30	83,42
PANDATEL AG	12,49	31,24	417,91	390,20	7,10
Pfeiffer Vacuum Technology AG	5.014,34	0,09	167.747,94	432,00	38.730,54
Pixelpark AG	24,43	27,76	817,24	678,20	20,50
PrimaCom AG	42,67	23,03	1.427,47	982,70	45,26
Qiagen N.V.	60,20	91,16	2.013,75	5.487,70	63,30
SAP Systems Integration AG	56,55	10,22	1.891,84	577,70	227,48
SCM Microsystems, Inc.	41,89	11,27	1.401,23	472,20	196,75
SENATOR Entertainment AG	41,89	4,02	1.401,43	168,30	732,70
SER Systeme AG	55,87	4,70	1.869,07	262,60	611,75
Singulus Technologies AG	86,51	15,36	2.894,07	1.329,00	117,76
STEAG HamaTech AG	50,77	5,73	1.698,57	291,00	483,70
T-Online International AG	279,02	56,83	9.334,27	15.857,00	41,13
Telegate AG	31,67	38,63	1.059,58	1.223,40	13,39
Teleplan International N.V.	92,47	8,81	3.093,39	814,50	279,79
Thiel Logistik AG	231,20	9,28	7.734,51	2.146,70	260,30
Trintech Group Plc.	16,50	40,34	551,96	665,60	17,07
United Internet AG	55,74	5,68	1.864,67	316,40	489,34
Summe	8.818,91		295.024,60	74.486,70	296,08

MULTIPLE	33,45

Die die drei kleinsten und drei größten Werte der EntV/Umsatz-Verhältnisse werden als Ausreißer deklariert und zur Multiple-Bestimmung eleminiert.

---

[605] Eigene Darstellung. Für die Quartalsumsätze und die beobachteten Unternehmenswerte werden die Daten aus Keiber/Kronimus/Rudolf (2002), S.746, S.757ff., verwendet.

Tabelle 25: Auswertung der Schätzfehler bei der S/M- und Multiple-Bewertung

Statistische Maße	Relativer Schätzfehler (in %)	
	Schwartz/Moon-Bewertung	Multiplikator-Bewertung
Median	32,31	91,70
Mittlere Absolute Abweichung vom Median	26,83	996,78
Minimaler Bewertungsfehler	1,51	4,31
Maximaler Bewertungsfehler	119,21	38.730,54
Spannweite	117,71	38.726,24
Arithmetisches Mittel	40,59	1.048,14
Standardabweichung vom arithmetischen Mittelwert	32,15	5.684,25
Maße ohne Pfeiffer Vacuum Technology AG		
Median	27,83	90,04
Mittlere Absolute Abweichung vom Median	26,94	160,26
Minimaler Bewertungsfehler	1,51	4,31
Maximaler Bewertungsfehler	119,21	861,91
Spannweite	117,71	857,60
Arithmetisches Mittel	40,39	210,75
Standardabweichung vom arithmetischen Mittelwert	32,48	236,52

Die hohen Werte für das arithmetische Mittel, für die Standardabweichung und für die mittlere absolute Abweichung vom Median bei der Multiple-Bewertung resultieren u.a. durch die Berücksichtigung des extremen relativen Schätzfehlers bei der Pfeiffer Vacuum Technology AG. Wird dieser Extremwert eliminiert, dann beträgt der Median 90,04%. Das arithmetische Mittel, die Standardabweichung und die mittlere absolute Abweichung vom Median weisen die Werte 210,75%, 236,52% und 160,26% auf. Diese Werte liegen immer noch deutlich über den statistischen Werten bei der Anwendung des S/M-Modells.

Anhang

Tabelle 26: Beobachtete Gesamtunternehmenswerte[606]

		31.12.2003	31.12.2004	31.12.2005	31.12.2006	31.12.2007
Amazon	Marktkapitalisierung	21.105	18.073	19.542	16.254	38.462
	Fremdkapital	1.930	1.850	1.519	1.283	1.361
	EntV	23.034	19.922	21.061	17.537	39.823
eBay	Marktkapitalisierung	41.737	77.123	60.239	41.921	44.924
	Fremdkapital	127	124	0	0	200
	EntV	41.864	77.247	60.239	41.921	45.124
Google	Marktkapitalisierung	noch nicht börsennotiert	11.154	82.766	102.865	162.839
	Fremdkapital		2	0	0	0
	EntV		11.156	82.766	102.865	162.839

in Mio. $

Tabelle 27: Bestimmung anfänglicher Wachstumsraten und Wachstumsvolatilitäten[607]

Jahr	Quartal	Amazon Umsätze in Mio. $	log. Umsatzwachstum	$\mu(0)$	$\sigma_R(0)$	eBay Umsätze in Mio. $	log. Umsatzwachstum	$\mu(0)$	$\sigma_R(0)$	Google Umsätze in Mio. $	log. Umsatzwachstum	$\mu(0)$	$\sigma_R(0)$
2002	Q1	847,00				245,11				42,29			
	Q2	806,00	-4,96%			266,29	8,29%			78,53	61,90%		
	Q3	851,00	5,43%			288,78	8,11%			130,79	51,02%		
	Q4	1.429,00	51,83%			413,93	36,00%			187,91	36,24%		
2003	Q1	1.084,00	-27,63%			476,49	14,08%			248,62	27,99%		
	Q2	1.100,00	1,47%			509,27	6,65%			311,20	22,45%		
	Q3	1.134,00	3,04%			530,94	4,17%			393,94	23,58%		
	Q4	1.946,00	54,00%	11,88%	30,12%	648,39	19,98%	13,90%	11,09%	512,18	26,25%	35,63%	15,23%
2004	Q1	1.530,00	-24,05%			756,24	15,39%			651,62	24,08%		
	Q2	1.387,00	-9,81%			773,41	2,25%			700,21	7,19%		
	Q3	1.462,00	5,27%			805,88	4,11%			805,89	14,06%		
	Q4	2.541,00	55,28%	12,17%	30,68%	935,78	14,95%	9,64%	6,98%	1.031,50	24,68%	20,33%	7,01%
2005	Q1	1.902,00	-28,97%			1.031,72	9,76%			1.256,52	19,73%		
	Q2	1.753,00	-8,16%			1.086,30	5,15%			1.384,50	9,70%		
	Q3	1.858,00	5,82%			1.105,52	1,75%			1.578,46	13,11%		
	Q4	2.977,00	47,14%	9,51%	30,84%	1.328,86	18,40%	8,05%	6,52%	1.919,09	19,54%	15,43%	6,18%
2006	Q1	2.279,00	-26,72%			1.390,42	4,53%			2.253,76	16,07%		
	Q2	2.139,00	-6,34%			1.410,78	1,45%			2.455,99	8,59%		
	Q3	2.307,00	7,56%			1.448,64	2,65%			2.689,67	9,09%		
	Q4	3.986,00	54,68%	10,57%	29,84%	1.719,90	17,16%	7,30%	7,30%	3.205,50	17,54%	13,38%	4,43%
2007	Q1	3.015,00	-27,92%			1.768,07	2,76%			3.663,97	13,37%		
	Q2	2.886,00	-4,37%			1.834,43	3,68%			3.871,99	5,52%		
	Q3	3.262,00	12,25%			1.889,22	2,94%			4.231,35	8,88%		
	Q4	5.673,00	55,34%	13,03%	31,39%	2.180,61	14,34%	6,43%	6,46%	4.826,68	13,16%	10,88%	4,02%

---

[606] Eigene Darstellung. Quelle: Thomson Financial Datastream.
[607] Eigene Darstellung. Quellen: Reuters 3000 Xtra und Factset.

Abbildung 20: Bestimmung der Kostenparameter[608]

Jahr	Quartal	Amazon			
		Umsätze in Mio. $	Gesamtkosten in Mio. $	Variable Umsatzkosten in Mio. $	Variable Umsatzkosten/ Umsatz
1996	Q1	0,9	1,2		
	Q2	2,2	3,0		
	Q3	4,2	6,6		
	Q4	8,5	10,9		
1997	Q1	16,0	19,1		
	Q2	27,9	35,7		
	Q3	37,9	48,2		
	Q4	66,0	77,4		
1998	Q1	87,4	97,3		
	Q2	116,0	134,4		
	Q3	153,6	195,2		
	Q4	252,8	292,0		
1999	Q1	293,6	345,6		
	Q2	314,4	427,3		
	Q3	355,8	522,9		
	Q4	676,0	848,8		
2000	Q1	573,9	771,8		
	Q2	577,9	758,3		
	Q3	637,9	801,4		
	Q4	972,4	1.294,5		
2001	Q1	700,4	917,0		
	Q2	667,6	807,5		
	Q3	639,3	709,6		
	Q4	1.115,2	1.100,6		
2002	Q1	847,0	846,0		
	Q2	806,0	804,0		
	Q3	851,0	861,0		
	Q4	1.429,0	1.358,0		
2003	Q1	1.084,0	1.044,0	813	75,00%
	Q2	1.100,0	1.058,0	826	75,09%
	Q3	1.134,0	1.083,0	849	74,87%
	Q4	1.946,0	1.808,0	1.519	78,06%
2004	Q1	1.530,0	1.420,0	1.169	76,41%
	Q2	1.387,0	1.301,0	1.046	75,41%
	Q3	1.462,0	1.382,0	1.107	75,72%
	Q4	2.541,0	2.378,0	1.997	78,59%
2005	Q1	1.902,0	1.794,0	1.444	75,92%
	Q2	1.753,0	1.649,0	1.303	74,33%
	Q3	1.858,0	1.803,0	1.395	75,08%
	Q4	2.977,0	2.812,0	2.310	77,59%
2006	Q1	2.279,0	2.174,0	1.732	76,00%
	Q2	2.139,0	2.092,0	1.630	76,20%
	Q3	2.307,0	2.267,0	1.758	76,20%
	Q4	3.986,0	3.789,0	3.136	78,68%
2007	Q1	3.015,0	2.869,0	2.296	76,15%
	Q2	2.886,0	2.770,0	2.185	75,71%
	Q3	3.262,0	3.139,0	2.500	76,64%
	Q4	5.673,0	5.402,0	4.503	79,38%

Amazon: Kosten vs. Umsätze

$y = 0,932x + 76,11$
$R^2 = 0,994$

Steigung	0,93197913	α	76,35%
Achsenabschnitt	76,1135503	β	16,85%
R²	0,9943	F	76,11 Mio. $

---

[608] Eigene Darstellung. Quellen: Reuters 3000 Xtra; Amazon (2008); eBay (2008) und Google (2008).

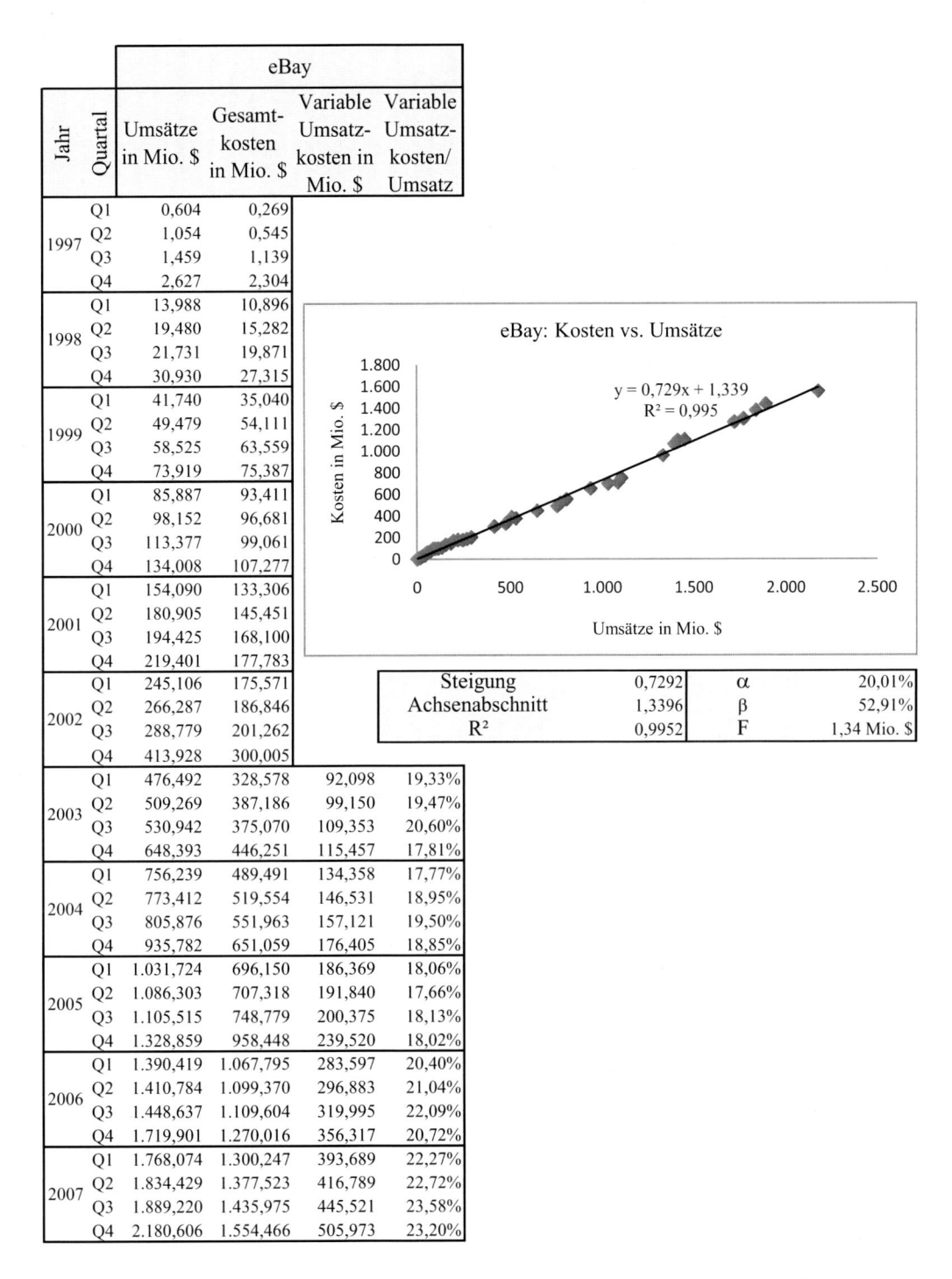

Jahr	Quartal	eBay			
		Umsätze in Mio. $	Gesamt-kosten in Mio. $	Variable Umsatz-kosten in Mio. $	Variable Umsatz-kosten/ Umsatz
1997	Q1	0,604	0,269		
	Q2	1,054	0,545		
	Q3	1,459	1,139		
	Q4	2,627	2,304		
1998	Q1	13,988	10,896		
	Q2	19,480	15,282		
	Q3	21,731	19,871		
	Q4	30,930	27,315		
1999	Q1	41,740	35,040		
	Q2	49,479	54,111		
	Q3	58,525	63,559		
	Q4	73,919	75,387		
2000	Q1	85,887	93,411		
	Q2	98,152	96,681		
	Q3	113,377	99,061		
	Q4	134,008	107,277		
2001	Q1	154,090	133,306		
	Q2	180,905	145,451		
	Q3	194,425	168,100		
	Q4	219,401	177,783		
2002	Q1	245,106	175,571		
	Q2	266,287	186,846		
	Q3	288,779	201,262		
	Q4	413,928	300,005		
2003	Q1	476,492	328,578	92,098	19,33%
	Q2	509,269	387,186	99,150	19,47%
	Q3	530,942	375,070	109,353	20,60%
	Q4	648,393	446,251	115,457	17,81%
2004	Q1	756,239	489,491	134,358	17,77%
	Q2	773,412	519,554	146,531	18,95%
	Q3	805,876	551,963	157,121	19,50%
	Q4	935,782	651,059	176,405	18,85%
2005	Q1	1.031,724	696,150	186,369	18,06%
	Q2	1.086,303	707,318	191,840	17,66%
	Q3	1.105,515	748,779	200,375	18,13%
	Q4	1.328,859	958,448	239,520	18,02%
2006	Q1	1.390,419	1.067,795	283,597	20,40%
	Q2	1.410,784	1.099,370	296,883	21,04%
	Q3	1.448,637	1.109,604	319,995	22,09%
	Q4	1.719,901	1.270,016	356,317	20,72%
2007	Q1	1.768,074	1.300,247	393,689	22,27%
	Q2	1.834,429	1.377,523	416,789	22,72%
	Q3	1.889,220	1.435,975	445,521	23,58%
	Q4	2.180,606	1.554,466	505,973	23,20%

eBay: Kosten vs. Umsätze

$y = 0,729x + 1,339$
$R^2 = 0,995$

Steigung	0,7292	α	20,01%
Achsenabschnitt	1,3396	β	52,91%
R^2	0,9952	F	1,34 Mio. $

Im dritten Quartal 2007 werden die Gesamtkosten um die Abschreibung vom „Goodwill" bereinigt.

Jahr	Quartal	Google			
		Umsätze in Mio. $	Gesamt-kosten in Mio. $	Variable Umsatz-kosten in Mio. $	Variable Umsatz-kosten/ Umsatz
2002	Q1	42,29	27,08		
	Q2	78,53	47,43		
	Q3	130,79	73,87		
	Q4	187,91	104,66		
2003	Q1	248,62	163,91	88,647	35,66%
	Q2	311,20	206,42	118,762	38,16%
	Q3	393,94	327,39	173,398	44,02%
	Q4	512,18	425,76	253,604	49,52%
2004	Q1	651,62	496,30	320,474	49,18%
	Q2	700,21	529,25	328,923	46,97%
	Q3	805,89	794,78	364,095	45,18%
	Q4	1.031,50	728,70	455,475	44,16%
2005	Q1	1.256,52	813,75	546,781	43,52%
	Q2	1.384,50	908,80	598,119	43,20%
	Q3	1.578,46	1.049,29	655,154	41,51%
	Q4	1.919,09	1.349,45	777,035	40,49%
2006	Q1	2.253,76	1.511,06	904,119	40,12%
	Q2	2.455,99	1.640,62	989,032	40,27%
	Q3	2.689,67	1.758,34	1048,728	38,99%
	Q4	3.205,50	2.144,90	1283,148	40,03%
2007	Q1	3.663,97	2.442,76	1470,426	40,13%
	Q2	3.871,99	2.767,37	1560,255	40,30%
	Q3	4.231,35	2.913,51	1662,579	39,29%
	Q4	4.826,68	3.385,95	1955,825	40,52%

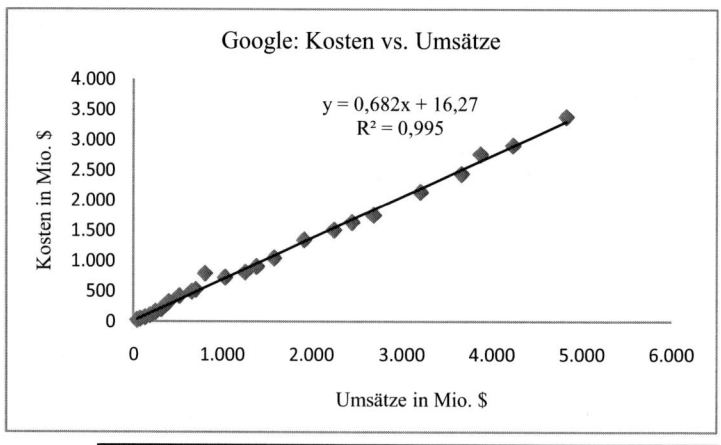

Google: Kosten vs. Umsätze

$y = 0{,}682x + 16{,}27$
$R^2 = 0{,}995$

Steigung	0,6823	α	42,06%
Achsenabschnitt	16,2731	β	26,17%
R^2	0,9951	F	16,27 Mio. $

Tabelle 28: Bestimmung der Risikoparameter[609]

Jahr	Quartal	Amazon		NASDAQ 100		Korrelations-koeffizienten			Risikoparameter	
		Umsätze in Mio. $	log. Umsatz-wachstum	Kurs in $	log. Kurs-änderungen	σ_M	$\rho_{R;M}$	$\rho_{\mu;M}$	λ_R	λ_μ
2001	Q4			1.577,05						
2002	Q1	847,00		1.452,81	-8,21%					
	Q2	806,00	-4,96%	1.051,41	-32,34%					
	Q3	851,00	5,43%	832,52	-23,34%					
	Q4	1.429,00	51,83%	984,36	16,75%					
2003	Q1	1.084,00	-27,63%	1.018,66	3,43%					
	Q2	1.100,00	1,47%	1.201,69	16,52%					
	Q3	1.134,00	3,04%	1.303,70	8,15%					
	Q4	1.946,00	54,00%	1.467,92	11,86%	0,1985	0,4020	0,4140	0,0798	0,0822
2004	Q1	1.530,00	-24,05%	1.438,41	-2,03%					
	Q2	1.387,00	-9,81%	1.516,64	5,30%					
	Q3	1.462,00	5,27%	1.412,74	-7,10%					
	Q4	2.541,00	55,28%	1.621,12	13,76%	0,0860	0,7827	0,5333	0,0673	0,0459
2005	Q1	1.902,00	-28,97%	1.482,53	-8,94%					
	Q2	1.753,00	-8,16%	1.493,52	0,74%					
	Q3	1.858,00	5,82%	1.601,66	6,99%					
	Q4	2.977,00	47,14%	1.645,20	2,68%	0,0794	0,8203	0,6555	0,0651	0,0521
2006	Q1	2.279,00	-26,72%	1.703,66	3,49%					
	Q2	2.139,00	-6,34%	1.575,23	-7,84%					
	Q3	2.307,00	7,56%	1.654,13	4,89%					
	Q4	3.986,00	54,68%	1.756,90	6,03%	0,0499	0,7782	0,3411	0,0388	0,0170
2007	Q1	3.015,00	-27,92%	1.772,36	0,88%					
	Q2	2.886,00	-4,37%	1.934,10	8,73%					
	Q3	3.262,00	12,25%	2.091,11	7,81%					
	Q4	5.673,00	55,34%	2.084,93	-0,30%	0,0579	0,6962	0,1555	0,0403	0,0090

[609] Eigene Darstellung. Quellen: Reuters 3000 Xtra, Thomson Financial Datastream und Factset.

Jahr	Quartal	eBay		NASDAQ Composite		Korrelationskoeffizienten			Risikoparameter	
		Umsätze in Mio. $	log. Umsatzwachstum	Kurs in $	log. Kursänderungen	σ_M	$\rho_{R;M}$	$\rho_{\mu;M}$	λ_R	λ_μ
2001	Q4			1.950,40						
2002	Q1	245,11		1.845,35	-5,54%					
	Q2	266,29	8,29%	1.463,21	-23,20%					
	Q3	288,78	8,11%	1.172,06	-22,19%					
	Q4	413,93	36,00%	1.335,51	13,06%					
2003	Q1	476,49	14,08%	1.341,17	0,42%					
	Q2	509,27	6,65%	1.622,80	19,06%					
	Q3	530,94	4,17%	1.786,94	9,64%					
	Q4	648,39	19,98%	2.003,37	11,43%	0,1722	0,4639	0,3361	0,0799	0,0579
2004	Q1	756,24	15,39%	1.994,22	-0,46%					
	Q2	773,41	2,25%	2.047,79	2,65%					
	Q3	805,88	4,11%	1.896,84	-7,66%					
	Q4	935,78	14,95%	2.175,44	13,70%	0,0919	0,8578	0,2633	0,0788	0,0242
2005	Q1	1.031,72	9,76%	1.999,23	-8,45%					
	Q2	1.086,30	5,15%	2.056,96	2,85%					
	Q3	1.105,52	1,75%	2.151,69	4,50%					
	Q4	1.328,86	18,40%	2.205,32	2,46%	0,0758	0,6796	0,2823	0,0515	0,0214
2006	Q1	1.390,42	4,53%	2.339,79	5,92%					
	Q2	1.410,78	1,45%	2.172,09	-7,44%					
	Q3	1.448,64	2,65%	2.258,43	3,90%					
	Q4	1.719,90	17,16%	2.415,29	6,71%	0,0473	0,9087	0,3452	0,0429	0,0163
2007	Q1	1.768,07	2,76%	2.421,64	0,26%					
	Q2	1.834,43	3,68%	2.603,23	7,23%					
	Q3	1.889,22	2,94%	2.701,50	3,71%					
	Q4	2.180,61	14,34%	2.652,28	-1,84%	0,0521	0,8828	0,2285	0,0460	0,0119

Jahr	Quartal	Google		NASDAQ 100		σ_M	$\rho_{R;M}$	$\rho_{\mu;M}$	λ_R	λ_μ
		Umsätze in Mio. $	log. Umsatz-wachstum	Kurs in $	log. Kurs-änderungen					
2001	Q4			1.577,05						
2002	Q1	42,285		1.452,81	-8,21%					
	Q2	78,525	61,90%	1.051,41	-32,34%					
	Q3	130,787	51,02%	832,52	-23,34%					
	Q4	187,911	36,24%	984,36	16,75%					
2003	Q1	248,618	27,99%	1.018,66	3,43%					
	Q2	311,199	22,45%	1.201,69	16,52%					
	Q3	393,942	23,58%	1.303,70	8,15%					
	Q4	512,175	26,25%	1.467,92	11,86%	0,1985	0,4304	-0,9106	0,0854	0,0000
2004	Q1	651,623	24,08%	1.438,41	-2,03%					
	Q2	700,212	7,19%	1.516,64	5,30%					
	Q3	805,887	14,06%	1.412,74	-7,10%					
	Q4	1.031,50	24,68%	1.621,12	13,76%	0,0860	0,8770	0,4397	0,0754	0,0378
2005	Q1	1.256,52	19,73%	1.482,53	-8,94%					
	Q2	1.384,50	9,70%	1.493,52	0,74%					
	Q3	1.578,46	13,11%	1.601,66	6,99%					
	Q4	1.919,09	19,54%	1.645,20	2,68%	0,0794	0,6855	0,1547	0,0544	0,0123
2006	Q1	2.253,76	16,07%	1.703,66	3,49%					
	Q2	2.455,99	8,59%	1.575,23	-7,84%					
	Q3	2.689,67	9,09%	1.654,13	4,89%					
	Q4	3.205,50	17,54%	1.756,90	6,03%	0,0499	0,8292	0,4757	0,0414	0,0237
2007	Q1	3.663,97	13,37%	1.772,36	0,88%					
	Q2	3.871,99	5,52%	1.934,10	8,73%					
	Q3	4.231,35	8,88%	2.091,11	7,81%					
	Q4	4.826,68	13,16%	2.084,93	-0,30%	0,0579	0,9234	-0,0829	0,0535	0,0000

Abbildung 21: Verlauf der 1-jährigen US Treasury-Bill Rate[610]

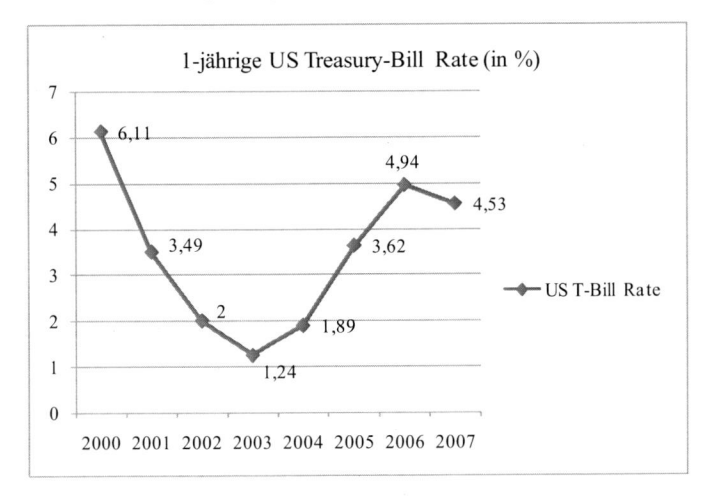

[Diagramm: 1-jährige US Treasury-Bill Rate (in %) — Werte: 2000: 6,11; 2001: 3,49; 2002: 2; 2003: 1,24; 2004: 1,89; 2005: 3,62; 2006: 4,94; 2007: 4,53]

---

[610] Eigene Darstellung. Vgl. FED (2008).

Tabelle 29: Zusammenfassung der Parameterbestimmung

Parameter	Notation	Quelle
Simulationszeitraum	T	Werte werden auf 25 Jahre bzw. 100 Quartale festgelegt
EBITDA- Multiple	M	Werte werden auf 10 festgelegt
Zeitintervall für diskrete Variablen	Δt	Werte werden auf 1 Quartal festgelegt
Simulationsdurchläufe	N	Werte werden auf 10.000 Durchläufe festgelegt
Kassenbestand in t=0	$X(0)$	Aus letzter Bilanz entnommen, ohne Berücksichtigung von Marketable Securities
Stetiger, risikofreier Zins	r	1-jährige US Treasury Bill-Rate
Umsatz in t=0	$R(0)$	Aus letzter GuV entnommen (Quartalsdaten)
Volatilität der Umsatzerlöse	$\sigma_R(0)$	Volatilität der Umsatzveränderungen als die Standardabweichung des logarithmischen Umsatzwachstums über die letzten acht Quartale
Langfristige Umsatzvolatilität	$\bar{\sigma}_R$	Werte werden auf 0,05 pro Quartal festgelegt
Fixkosten	F	Konstante aus der Regression der Kosten vorhandener Quartalsdaten auf die entsprechenden Umsätze
Variabler umsatzabhängiger Kostensatz	α	Durchschnittlicher Anteil der variablen Herstellkosten an den Umsätzen im Zeitraum von 2003 bis 2007
Variabler sonstiger Kostensatz	β	Aus der Differenz des Steigungsparameters (aus der Regression der Kosten vorhandener Quartalsdaten auf die entsprechenden Umsätze) und des variablen Herstellkostensatzes α
Korrelationen zwischen tatsächlicher Umsatzentwicklung und erwartetem Umsatzwachstum	$\rho_{R;\mu}$	Tatsächliche Umsatzentwicklung und erwartetes Umsatzwachstum korrelieren annahmegemäß nicht miteinander
Korrelationen zwischen tatsächlicher Umsatzentwicklung bzw. erwartetem Umsatzwachstum und Rendite des Marktportfolios	$\rho_{R;M}$; $\rho_{\mu;M}$	Korrelation zwischen der Umsatzentwicklung und Kursentwicklung des NASDAQ 100 bzw. NASDAQ Composite der letzten acht Quartale; Korrelation zwischen logarithmischem Umsatzwachstum und der logarithmischen Kursänderungen des NASDAQ 100 bzw. NASDAQ Composite der letzten acht Quartale
Marktvolatilität	σ_M	Volatilität des NASDAQ 100 bzw. NASDAQ Composite als Standardabweichung der logarithmischen Kursänderungen über die letzten acht Quartale
Erwartetes Umsatzwachstum in t=0	$\mu(0)$	Durchschnittliches logarithmisches Umsatzwachstum über die letzten acht Quartale
Langfristiges Umsatzwachstum	$\bar{\mu}$	Werte werden auf 0,015 pro Quartal festgelegt

Parameter	Notation	Quelle
Volatilität des erwarteten Umsatzwachstums in t=0	$\sigma_\mu(0)$	Werte werden auf 0,03 pro Quartal festgelegt
Konvergenzgeschwindigkeiten der Umsatzvolatilität, des erwarteten Umsatzwachstums und der Volatilität des erwarteten Umsatzwachstums	κ_{σ_R}; κ_μ; κ_{σ_μ}	Einheitliche Halbwertzeit von einem Jahr für alle Anpassungsgeschwindigkeiten der stochastischen Prozesse.
Insolvenzschwelle	X^*	Werte werden auf null festgelegt
Verlustvortrag in t=0	$L(0)$	Aus letzter Bilanz entnommen
Steuersatz	s	Werte werden auf 35% festgelegt

Tabelle 30: Inputwerte für Amazon, eBay und Google[611]

Parameter	Inputwerte für S/M-Bewertung von Amazon auf Quartalsbasis				
	31.12.2003	31.12.2004	31.12.2005	31.12.2006	31.12.2007
$R(0)$	$ 1.946 Mio.	$ 2.541 Mio.	$ 2.977 Mio.	$ 3.986 Mio.	$ 5.673 Mio.
$L(0)$	$ 2.974 Mio.	$ 2.386 Mio.	$ 2.027 Mio.	$ 1.837 Mio.	$ 1.375 Mio.
$X(0)$	$ 1.102 Mio.	$ 1.303 Mio.	$ 1.013 Mio.	$ 1.022 Mio.	$ 2.539 Mio.
$\mu(0)$	0,1188	0,1217	0,0951	0,1057	0,1303
$\sigma_R(0)$	0,3012	0,3068	0,3084	0,2984	0,3139
$\sigma_\mu(0)$	0,03	0,03	0,03	0,03	0,03
$\bar{\mu}$	0,015	0,015	0,015	0,015	0,015
$\bar{\sigma}_R$	0,05	0,05	0,05	0,05	0,05
$t_{1/2}$	1 Jahr	1 Jahr	1 Jahr	1 Jahr	1 Jahr
α	0,7635	0,7635	0,7635	0,7635	0,7635
β	0,1685	0,1685	0,1685	0,1685	0,1685
F	76,11 Mio. $	76,11 Mio. $	76,11 Mio. $	76,11 Mio. $	76,11 Mio. $
$\rho_{R;\mu}$	0	0	0	0	0
σ_M	0,1985	0,0860	0,0794	0,0499	0,0579
$\rho_{R;M}$	0,4020	0,7827	0,8203	0,7782	0,6962
$\rho_{\mu;M}$	0,4140	0,5333	0,6555	0,3411	0,1555
λ_R	0,0798	0,0673	0,0651	0,0388	0,0403
λ_μ	0,0822	0,0459	0,0521	0,0170	0,0090
X^*	0	0	0	0	0
s	0,35	0,35	0,35	0,35	0,35
r	0,0124	0,0189	0,0362	0,0494	0,0453
M	10	10	10	10	10
T	25 Jahre	25 Jahre	25 Jahre	25 Jahre	25 Jahre
Δt	1 Quartal	1 Quartal	1 Quartal	1 Quartal	1 Quartal
N	10.000	10.000	10.000	10.000	10.000

---

[611] Eigene Darstellung. Quellen: Amazon (2008), eBay (2008), Google (2008), Reuters 3000 Xtra, Thomson Financial Datastream und Factset.

Parameter	Inputwerte für S/M-Bewertung von eBay auf Quartalsbasis				
	31.12.2003	31.12.2004	31.12.2005	31.12.2006	31.12.2007
$R(0)$	$ 648 Mio.	$ 936 Mio.	$ 1.329 Mio.	$ 1.720 Mio.	$ 2.181 Mio.
$L(0)$	0	0	0	0	0
$X(0)$	$ 1.382 Mio.	$ 1.330 Mio.	$ 1.314 Mio.	$ 2.663 Mio.	$ 4.221 Mio.
$\mu(0)$	0,1390	0,0964	0,0805	0,0730	0,0643
$\sigma_R(0)$	0,1109	0,0698	0,0652	0,0730	0,0646
$\sigma_\mu(0)$	0,03	0,03	0,03	0,03	0,03
$\bar{\mu}$	0,015	0,015	0,015	0,015	0,015
$\bar{\sigma}_R$	0,05	0,05	0,05	0,05	0,05
$t_{1/2}$	1 Jahr	1 Jahr	1 Jahr	1 Jahr	1 Jahr
α	0,2001	0,2001	0,2001	0,2001	0,2001
β	0,5291	0,5291	0,5291	0,5291	0,5291
F	1,34 Mio. $	1,34 Mio. $	1,34 Mio. $	1,34 Mio. $	1,34 Mio. $
$\rho_{R;\mu}$	0	0	0	0	0
σ_M	01722	0,0919	0,0758	0,0473	0,0521
$\rho_{R;M}$	0,4639	0,8578	0,6796	0,9087	0,8828
$\rho_{\mu;M}$	0,3361	0,2633	0,2823	0,3452	0,2285
λ_R	0,0799	0,0788	0,0515	0,0429	0,0460
λ_μ	0,0579	0,0242	0,0214	0,0163	0,0119
X^*	0	0	0	0	0
s	0,35	0,35	0,35	0,35	0,35
r	0,0124	0,0189	0,0362	0,0494	0,0453
M	10	10	10	10	10
T	25 Jahre	25 Jahre	25 Jahre	25 Jahre	25 Jahre
Δt	1 Quartal	1 Quartal	1 Quartal	1 Quartal	1 Quartal
N	10.000	10.000	10.000	10.000	10.000

Parameter	Inputwerte für S/M-Bewertung von Google auf Quartalsbasis				
	31.12.2003	31.12.2004	31.12.2005	31.12.2006	31.12.2007
$R(0)$	$ 512 Mio.	$ 1.032 Mio.	$ 1.919 Mio.	$ 3.206 Mio.	$ 4.827 Mio.
$L(0)$	0	0	0	0	0
$X(0)$	$ 149 Mio.	$ 427 Mio.	$ 3.877 Mio.	$ 3.545 Mio.	$ 6.082 Mio.
$\mu(0)$	0,3563	0,2033	0,1543	0,1338	0,1088
$\sigma_R(0)$	0,1523	0,0701	0,0618	0,0443	0,0402
$\sigma_\mu(0)$	0,03	0,03	0,03	0,03	0,03
$\overline{\mu}$	0,015	0,015	0,015	0,015	0,015
$\overline{\sigma}_R$	0,05	0,05	0,05	0,05	0,05
$t_{1/2}$	1 Jahr	1 Jahr	1 Jahr	1 Jahr	1 Jahr
α	0,4206	0,4206	0,4206	0,4206	0,4206
β	0,2617	0,2617	0,2617	0,2617	0,2617
F	16,27 Mio. $	16,27 Mio. $	16,27 Mio. $	16,27 Mio. $	16,27 Mio. $
$\rho_{R;\mu}$	0	0	0	0	0
σ_M	0,1985	0,0860	0,0794	0,0499	0,0579
$\rho_{R;M}$	0,4304	0,8770	0,6855	0,8292	0,9234
$\rho_{\mu;M}$	-0,9106	0,4397	0,1547	0,4757	-0,0829
λ_R	0,0854	0,0754	0,0544	0,0414	0,0535
λ_μ	0	0,0378	0,0123	0,0237	0
X^*	0	0	0	0	0
s	0,35	0,35	0,35	0,35	0,35
r	0,0124	0,0189	0,0362	0,0494	0,0453
M	10	10	10	10	10
T	25 Jahre	25 Jahre	25 Jahre	25 Jahre	25 Jahre
Δt	1 Quartal	1 Quartal	1 Quartal	1 Quartal	1 Quartal
N	10.000	10.000	10.000	10.000	10.000

Tabelle 31: Auswertung der Schätzfehler und Korrelationskoeffizienten

	Relativer Schätzfehler			
	∅	Amazon	eBay	Google
Median	32,02%	35,82%	24,44%	37,89%
Mittlere Absolute Abweichung vom Median	15,84%	21,94%	13,48%	9,64%
Minimum	1,87%	1,87%	3,43%	21,30%
Maximum	62,75%	62,75%	41,54%	44,33%
Spannweite	60,89%	60,89%	38,11%	23,03%
Arithmetisches Mittel	28,11%	30,05%	22,35%	34,51%
Standardabweichung vom arithmetischen Mittelwert	19,41%	27,22%	15,56%	11,88%

Korrelationkoeffizient zwischen beobachteten und simulierten Werten		
Amazon	eBay	Google
0,8952	-0,2620	0,9993

Tabelle 32: Insolvenzwahrscheinlichkeit im Zeitverlauf

	31.12.2003	31.12.2004	31.12.2005	31.12.2006	31.12.2007
Amzon	2,08%	0,45%	0,54%	0,04%	0,00%
eBay	0,00%	0,00%	0,00%	0,00%	0,00%
Google	0,00%	0,00%	0,00%	0,00%	0,00%

Tabelle 33: Sensitivität der Modellparameter

Parameter	Wert des veränderten Inputparameters (Steigerung um +10%)			Simulierter EntV in Mio. $ (N=1.000)			Veränderung zum Basis-EntV (in %)			Zusammenhang zwischen Parameter und EntV
	Amazon	eBay	Google	Amazon	eBay	Google	Amazon	eBay	Google	
$\mu(0)$	0,1433	0,0707	0,1197	55.872	62.750	215.457	3,30%	5,34%	9,08%	positiv
$\sigma_R(0)$	0,3453	0,0711	0,0442	50.809	58.606	195.659	-6,06%	-1,62%	-0,94%	negativ
$\sigma_\mu(0)$	0,0330	0,0330	0,0330	52.386	61.331	201.199	-3,14%	2,96%	1,86%	nicht eindeutig
μ	0,0165	0,0165	0,0165	57.048	65.836	221.612	5,47%	10,52%	12,20%	positiv
$\overline{\sigma}_R$	0,0550	0,0550	0,0550	52.725	60.906	194.082	-2,52%	2,24%	-1,74%	nicht eindeutig
s	0,3850	0,3850	0,3850	51.565	56.444	187.316	-4,66%	-5,25%	-5,17%	negativ
r	0,0498	0,0498	0,0498	48.502	56.775	180.199	-10,33%	-4,69%	-8,77%	negativ
κ	0,1906	0,1906	0,1906	50.403	58.204	185.911	-6,81%	-2,29%	-5,88%	negativ
α	0,8399	0,2201	0,4627	0	55.748	170.242	-100,00%	-6,42%	-13,81%	negativ
β	0,1854	0,5820	0,2879	39.699	47.695	178.921	-26,60%	-19,94%	-9,42%	negativ
F	83,72	1,47	17,90	52.938	60.632	196.065	-2,12%	1,78%	-0,74%	nicht eindeutig
M	11	11	11	56.692	61.561	195.483	4,82%	3,34%	-1,03%	nicht eindeutig
λ_R	0,0443	0,0506	0,0589	52.030	59.415	194.353	-3,80%	-0,26%	-1,60%	negativ
λ_μ	0,0099	0,0131	0,0000	52.071	58.939	197.519	-3,73%	-1,06%	0,00%	negativ
$\rho_{R;\mu}$	0,5	0,5	0,5	55.707	62.711	196.017	2,99%	5,27%	-0,76%	nicht eindeutig
	-0,5	-0,5	-0,5	48.339	58.682	191.687	-10,63%	-1,49%	-2,95%	negativ

Anmerkung: Da bei der Erhöhung von α um 10% der Anteil der umsatzabhängigen variablen Kosten an den Umsatzerlösen bei Amazon größer als 100% ist, führt jeder simulierte Pfad in diesem Szenario in die Insolvenz.

Basis-EntV zum 31.12.2007		
Amazon	eBay	Google
54.087	59.571	197.519

Literaturverzeichnis

Aboody, D.; Lev, B. (2000): Information Asymmetry, R&D, and Insider Gains, Journal of Finance, Vol.55, No.6, S.2747 – 2766.

Achleitner, A.-K.; Bassen, A. (2003): Controlling von jungen Unternehmen, Stuttgart, Schäffer-Poeschel.

Achleitner, A.-K.; Bassen, A.; Pietzsch, L. (2001): Kapitalmarktkommunikation von Wachstumsunternehmen, Stuttgart, Schäffer-Poeschel.

Achleitner, A.-K.; Engel, R. (2001): Situation und Entwicklungstendenzen auf dem Markt für Inkubatoren in Deutschland, Finanz Betrieb, Vol.3, S.76 – 82.

Achleitner, A.-K.; Nathusius, E. (2003): Bewertung von Unternehmen bei Venture-Capital- Finanzierungen, Working Paper, München, TU München.

Achleitner, A.-K.; Nathusius, E. (2004): Venture Valuation – Bewertung von Wachstumsunternehmen, Stuttgart, Schäffer-Poeschel.

Adams, M.; Rudolf, M. (2005): Bewertung von Wachstumsunternehmen, in Börner, C. J.; Grichnik, D. (Hrsg.): Entrepreneurial Finance – Ein Kompendium der Gründungs- und Wachstumsfinanzierung, Heidelberg, Physica, S.193 – 212.

Aldrich, H.; Auster, E. (1986): Even Dwarfs Started Small: Liabilities of Size and Age and their Strategic Implication, Research in Organizational Behavior, Vol.8, No.1, S.65 – 198.

Alford, Andrew W. (1992): The Effect of the Set of Comparable Firms on the Accuracy of the Price-Earnings Valuation Method, Journal of Accounting Research, Vol.30, No.1, S.94 – 108.

Altman, Edward I. (1984): A Further Empirical Investigation of the Bankruptcy Cost Question, Journal of Finance, Vol.39, No.4, S.1067 – 1089.

Altman, E. I.; Arman, P. (2002): Defaults and Returns on High Yield Bonds: Analysis Through 2001, Journal of Applied Finance, Vol.12, No.1, S.98 – 112.

Altman, E. I.; Chen, Y.; Weston, J. F. (2002): Financial Distress and Restructuring Models, in Altman, E. I. (Hrsg.): Bankruptcy, Credit Risk and High Yield Junk Bonds, Oxford, Blackwell, S.505 – 532.

Altman, E. I.; Hotchkiss, E. (2006): Corporate Financial Distress and Bankruptcy, 3rd Edition, New Jersey, John Wiley and Sons.

Amazon (2008): Investors Relations: Quarterly Results, http://phx.corporate-ir.net/phoenix.zhtml?c=97664&p=irol-reportsOther (02.04.2008).

Andrade, G.; Kaplan, S. N. (1998): How Costly is Financial (Not Economic) Distress? Evidence from Highly Leveraged Transactions that became Distressed, Journal of Finance, Vol.53, Issue 5, S.1443 – 1494.

Baetge, J.; Niemeyer, K.; Kümmel, J. (2005): Darstellung der Discounted-Cashflow-Verfahren (DCF-Verfahren) mit Beispiel, in Peemöller, V. H. (Hrsg.): Praxishandbuch der Unternehmensbewertung, 3.Auflage, Herne, Neue Wirtschafts-Briefe, S.265 – 362.

Ballwieser, Wolfgang (2003): Externes Rechnungswesen in Wachstumsunternehmen, in Achleitner, A.-K.; Bassen, A. (Hrsg.): Controlling von jungen Unternehmen, Stuttgart, Schäffer-Poeschel, S.159 – 173.

Ballwieser, Wolfgang (2007): Unternehmensbewertung, 2.Auflage, Stuttgart, Schäffer-Poeschel.

Bartov, E.; Mohanram, P.; Seethamraju, C. (2002): Valuation of Internet Stocks – An IPO Perspective, Journal of Accounting Research, Vol.40, No.2, S.321 – 346.

Bass, Frank M. (1969): A New-Product Growth Model for Consumer Durables, Management Science, Vol.15, Issue 5, S.215 – 227.

Bass, F. M.; Jain, D.; Kirshnan, T. (2000): Modeling the Marketing-Mix Influence in New-Product Diffusion Models, in Mahajan, V.; Muller, E.; Wind, Y. (Hrsg.): New-Product Diffusion Models, Boston, Kluwer Academic, S.99 – 122.

Baule, R.; Tallau, C. (2006): Option Prices of Growth Companies - The Explanatory Power of the Schwartz/Moon Model, Working Paper, Göttingen, Universität Göttingen.

Baxter, Nevins D. (1967): Leverage, Risk of Ruin and the Cost of Capital, Journal of Finance, Vol.22, No.3, S.395 – 403.

Beckmann, Christoph (2006): Der Realoptionsansatz in der Investitionsrechnung und Unternehmensbewertung, Dissertation, München, Herbert Utz.

Behm, Georg (2003): Valuation of Innovative Companies, Dissertation, Wien, Josef Eul.

Berger, A. N.; Udell, G. F. (1998): The Economics of Small Business Finance: The Roles of Private Equity and Debt Markets in the Financial Growth Cycle, Journal of Banking and Finance, Vol.22, Issue 6-8, S.613 – 673.

Bernstein, Peter L. (1956): Growth Companies vs. Growth Stocks, Harvard Business Review, Vol.34, Issue 5, S.87 – 98.

Bertl, Andreas (2003): Die Bewertung von jungen Wachstumsunternehmen, in Kofler, G.; Polster-Grüll, B. (Hrsg.): Private Equity & Venture Capital, Wien, Linde, S.87 – 124.

Betker, Brian L. (1997): The Administrative Costs of Debt Restructurings: Some Recent Evidence, Financial Management, Vol.26, No.4, S.56 – 68.

Bhojraj, S.; Lee, C. M. C. (2002): Who Is My Peer? A Valuation-Based Approach to the Selection of Comparable Firms, Journal of Accounting Research, Vol.40, No.2, S.407 – 437.

Bhojraj, S.; Lee, C. M. C.; Oler, D. K. (2003): What's My Line? A Comparison of Industry Classification Schemes for Capital Market Research, Journal of Accounting Research, Vol.41, Issue 5, S.745 – 774.

BizMiner (2002): Startup Business Risk Index: Major Industry Report, Camp Hill, Brandow.

Black, Ervin L. (2003): Usefulness of Financial Statement Components in Valuation: An Examination of Start-up and Growth Firms, Venture-Capital, Vol.5, No.1, S.47 – 69.

Black, F.; Scholes, M. (1973): The Pricing of Options and Corporate Liabilities, Journal of Political Economy, Vol.81, No.3, S.637 – 659.

Boden, R. J.; Nucci, A. R. (2000): On the Survival Prospects of Men's and Women's New Business Ventures, Journal of Business Venturing, Vol.15, No.4, S.347 – 362.

Böhmer, Christiane (2003): Risikoanalyse und Bewertung von Venture Capital-finanzierten Unternehmen, Dissertation, Bern, Haupt.

Bomsdorf, Eckart (2002): Deskriptive Statistik, 11.Auflage, Köln, Josef Eul.

Bracker, J. S.; Pearson, J. N. (1986): Planning and Financial Performance of Small Mature Firms, Strategic Management Journal, Vol.7, No.6, S.503 – 522.

Brennan, M. J.; Schwartz, E. S. (1982): Consistent Regulatory Policy under Uncertainty, The Bell Journal of Economics, Vol.13, No.2, S.507 – 521.

Brettel, M.; Jaugey, C.; Rost, C. (2000): Business Angels: Der informelle Beteiligungskapitalmarkt in Deutschland, Wiesbaden, Gabler.

Brettel, M.; Rudolf, M.; Witt, P. (2005): Finanzierung von Wachstumsunternehmen, Wiesbaden, Gabler.

Brigham, E. F.; Ehrhardt, M. C. (2005): Financial Management, 11th Edition, Cincinnati, South-Western.

Bruderl, J.; Preisendorfer, P.; Ziegler, R. (1992): Survival Chances of Newly Founded Business Organizations, American Sociological Review, Vol.57, No.2, S.227 – 242.

Bundesministerium der Justiz (2008a): Einkommensteuergesetz, http://www.gesetze-im-internet.de/estg/index.html (28.02.2008).

Bundesministerium der Justiz (2008b): Gewerbesteuergesetz, http://www.gesetze-im-internet.de/gewstg/index.html (28.02.2008).

Bundesministerium der Justiz (2008c): Körperschaftsteuergesetz, http://www.gesetze-im-internet.de/kstg_1977/index.html (28.02.2008).

Bundesministerium der Justiz (2008d): Solidaritätszuschlaggesetz, http://www.gesetze-im-internet.de/solzg/index.html (04.03.2008).

Burgstahler, D.; Dichev, I. (1997): Earnings, Adaptation, and Firm Value, The Accounting Review, Vol.72, Issue 2, S.187 – 215.

Camerer, C.; Loewenstein, G.; Prelec, D (2005): Neuroeconomics: How Neuroscience Can Inform Economics, Journal of Economic Literature, Vol.43, Issue 1, S.9 – 64.

Chandler, G. N.; Jansen, E. (1992): The Founder's Self-assessed Competence and Venture Performance, Journal of Business Venturing, Vol.7, No.3, S.223 – 236.

Chittenden, F.; Hall, G.; Hutchinson, P. (1996): Small Firm Growth, Access to Capital Markets and Financial Structure: Review of Issues and an Empirical Investigation, Small Business Economics, Vol.8, No.1, S.59 – 67.

Chrisman, J.; Bauerschmidt, A.; Hofer, C.W. (1998): The Determinants of New Venture Performance – An Extended Model, Entrepreneurship: Theory & Practice, Vol.23, No.3, S.5 – 29.

Claas, Susanne (2006): Marktorientiertes Management in Wachstumsunternehmen, Dissertation, Wiesbaden, Gabler.

Cochrane, J. C.; Saá-Requejo, J. (2000): Beyond Arbitrage: Good-deal Asset Price Bounds in Incomplete Markets, Journal of Political Economy, Vol.108, Issue 1, S.79 – 108.

Collins, D. W.; Pincus, M.; Xie, H. (1999): Equity Valuation and Negative Earnings: The Role of Book Value of Equity, The Accounting Review, Vol.74, No.1, S.29 – 61.

Copeland, T. E.; Koller, T.; Murrin, J. (2002): Unternehmenswert: Methoden und Strategien für eine wertorientierte Unternehmensführung, 3.Auflage, Frankfurt, Campus.

Copeland, T. E.; Weston, J.; Shastri, K. (2005): Financial Theory and Corporate Policy, 4th Edition, New York, Pearson Addison Wesley.

Cox, J. C.; Ross, S. A.; Rubenstein, M. (1979): Option Pricing: A Simplified Approach, Journal of Financial Economies, Vol.7, No.3, S.229 – 264.

Damodaran, Aswath (2000): The Dark Side of Valuation: Firms with no Earnings, no History and no Comparables – Can Amazon.com be valued?, Working Paper, New York, Stern School of Business.

Damodaran, Aswath (2001): The Dark Side of Valuation: Valuing Old Tech, New Tech, and New Economic Companies, London, Prentice Hall.

Damodaran, Aswath (2002a): Investment Valuation: Tools and Techniques for Determining the Value of any Asset, 2nd Edition, New Jersey, John Wiley and Sons.

Damodaran, Aswath (2002b): Dealing with Distress in Valuation, Working Paper, New York, Stern School of Business.

Darrough, M.; Ye, J. (2007): Valuation of Loss Firms in a Knowledge-Based Economy, Review of Accounting Studies, Vol.12, Issue 1, S.61 – 93.

Davidsson, P.; Wilkund, J. (2006): Conceptual and Empirical Challenges in the Study of Firm Growth, in Davidsson, P.; Delmar, F.; Wiklund, J. (Hrsg.): Entrepreneurship and the Growth of Firms, Cheltenham, Edward Elgar, S.39 – 62.

Delmar, Frédéric (2006): Measuring Growth: Methodological Considerations and Empirical Results, in Davidsson, P.; Delmar, F.; Wiklund, J. (Hrsg.): Entrepreneurship and the Growth of Firms, Cheltenham, Edward Elgar, S.62 – 84.

Delmar, F.; Davidsson, P.; Gartner, W. B. (2003): Arriving at the High-Growth Firm, Journal of Business Venturing, Vol.18, Issue 2, S.189 – 216.

Demers, E.; Lev, B. (2000): A Rude Awakening: Internet Shakeout in 2000, Review of Accounting Studies, Vol.6, Issue 2/3, S.331 – 359.

Deutsche Börse AG (2001): Regelwerk Neuer Markt, Frankfurt am Main, Stand 01.01.2001.

Deutsche Börse AG (2008): Marktdaten zum TecDax, http://deutsche-boerse.com/dbag/dispatch/de/kir/gdb_navigation/listing/10_Market_Structure/31_aus wahlindizes/30_TecDAX (12.02.2008).

Dixit, A. K.; Pindyck, R. S. (1994): Investment under Uncertainty, New Jersey, Princeton University Press.

Dow Jones Indexes & FTSE (2008): Industry Classification Benchmark (ICB), http://www.icbenchmark.com/index.html (10.03.2008).

Drukarczyk, J.; Schüler, A. (2007): Unternehmensbewertung, 5.Auflage, München, Vahlen.

Dunne, T.; Roberts, M. J.; Samuelson, L. (1989): The Growth and Failure of US Manufacturing Plants, Quarterly Journal of Economics, Vol.104, No.4, S.671 – 698.

Easingwood, C. J.; Mahajan, V.; Muller, E. (1983): A Non-Uniform Influence Innovation Diffusion Model of New Product Acceptance, Marketing Science, Vol.2, No.3, S.273 – 296.

eBay (2008): Investor Relations: Quarterly Results, http://investor.ebay.com/results.cfm (02.04.2008).

Eberhart, A. C.; Maxwell, W. F.; Siddique, A. R. (2004): An Examination of Long-Term Abnormal Stock Returns and Operating Performance Following R&D Increases, Journal of Finance, Vol.59, No.2, S.623 – 650.

Ehrhardt, O.; Merlaud, V. (2004): Bewertung von Wachstumsunternehmen mit der DCF-Methode und dem Schwartz/Moon-Realoptionsmodell, Finanz-Betrieb, 6.Jg., Nr.11; S.777 – 785.

Elkemann-Reusch, M.; Zickenrott, W. (2001): Die Praxis der Expansionsfinanzierung des Mittelstands: Direktbeteiligung (IKB) und Mezzanine-Kapital, in Stadler, Wilfried (Hrsg.): Venture Capital und Private Equity, Köln, Deutscher Wirtschaftsdienst, S.107 – 116.

Ellsberg, Daniel (1961): Risk, Ambiguity, and the Savage Axioms, Quarterly Journal of Economics, Vol.75, Issue 4, S.643 – 669.

Europäische Kommission (2003): Commission Recommendation of 6 May 2003 concerning the Definition of Micro, Small and Medium-Sized Enterprises, Official Journal of the European Union, L124/36, http://europa.eu/eur-lex/pri/en/oj/dat/2003/l_124/l_12420030520en00360041.pdf (07.03.2008).

Europäische Kommission (2008): List of NACE Codes, http://ec.europa.eu/comm/competition/mergers/cases/index/nace_all.html (10.03.2008).

Evans, David S. (1987): Relationship between Firm Growth, Size, and Age: Estimates for 100 Manufacturing Industries, The Journal of Industrial Economics, Vol.35, No.4, S.567 – 581.

Everling, Oliver (2003): Controlling und Rating, in Achleitner, A.-K.; Bassen, A. (Hrsg.): Controlling von jungen Unternehmen, Stuttgart, Schäffer-Poeschel, S.329 – 356.

Fallgatter, Michael J. (2002): Theorie des Entrepreneurship: Perspektiven zur Erforschung der Entstehung und Entwicklung junger Unternehmungen, Wiesbaden, Deutscher Universitäts-Verlag.

Fama, E. F.; French, K. R. (1997): Industry Costs of Equity, Journal of Financial Economics, Vol.43, Issue 2, S.153 – 193.

Fan, J. P. H.; Lang, L. H. P. (2000): The Measurement of Relatedness: An Application to Corporate Diversification, Journal of Business, Vol.73, Issue 4, S.629 – 659.

Faulkender, M.; Petersen, M. A. (2006): Does the Source of Capital Affect Capital Structure?, Review of Financial Studies, Vol.19, Issue 1, S.45 – 79.

FED (2008): Federal Reserve Statistical Release: Selected Interest Rates, http://www.federalreserve.gov/releases/h15/data/Annual/H15_TCMNOM_Y1.txt (04.04.2008).

Fendel, Andreas (2001): Partner auf Zeit – Die De-Investitionsphase von Beteiligungsgesellschaften, in Stadler, Wilfried (Hrsg.): Venture Capital und Private Equity, Köln, Deutscher Wirtschaftsdienst, S.297 – 306.

Fischer, T. R.; Hahnenstein, L.; Heitzer, B. (1999): Kapitalmarkttheoretische Ansätze zur Berücksichtigung von Handlungsspielräumen in der Unternehmensbewertung, Zeitschrift für Betriebswirtschaft, 69.Jg., S.1207 – 1232.

Frank, M. Z.; Goyal, V. K. (2003): Testing the Pecking Order Theory of Capital Structure, Journal of Financial Economics, Vol.67, Issue 2, S.217 – 248.

Freihube, Klaus (2001): Die Bedeutung und die Bewertung von Realoptionen (Handlungsspielräumen) in der wertorientierten Unternehmensführung, Dissertation, Berlin, FU Berlin.

Friedl, Gunther (2003): Realoptionen als Bewertungs- und Controllinginstrument, in Achleitner, A.-K.; Bassen, A. (Hrsg.): Controlling von jungen Unternehmen, Stuttgart, Schäffer-Poeschel, S.239 – 258.

Friend, I.; Lang, L. (1988): An Empirical Test of the Impact of Managerial Self-interest on Corporate Capital Structure, Journal of Finance, Vol.43, No.2, S.271 – 281.

Gebhardt, W. R.; Lee, C. M. C.; Swaminathan, B. (2001): Toward an Implied Cost of Capital, Journal of Accounting Research, Vol.39, Issue 1, S.135 – 176.

Gompers, P. A.; Lerner, J. (2001): The Money of Invention – How Venture Capital Creates New Wealth, Boston, Harvard Business School Press.

Google (2008): Investor Relations: Financial Tables, http://investor.google.com/fin_data.html (02.04.2008).

Grabherr, Oliver (2001): Risikokapitalinstrumente im unternehmerischen Wachstumszyklus, in Stadler, Wilfried (Hrsg.): Venture Capital und Private Equity, Köln, Deutscher Wirtschaftsdienst, S.29 – 42.

Grabherr, Oliver (2003): Finanzierung mit Private Equity und Venture Capital, in Kofler, G.; Polster-Grüll, B. (Hrsg.): Private Equity & Venture Capital, Wien, Linde, S.219 – 264.

Grinblatt, M.; Titman, S. (2002): Financial Markets and Corporate Strategy, 2nd Edition, New York, McGraw-Hill.

Gruber, M.; Harhoff, D.; Tausend, C. (2003): Finanzielle Entwicklung junger Wachstumsunternehmen, in Achleitner, A.-K.; Bassen, A. (Hrsg.): Controlling von jungen Unternehmen, Stuttgart, Schäffer-Poeschel, S.27 – 50.

Guenther, D. A.; Rosman, A. J. (1994): Differences between COMPUSTAT and CRSP SIC Codes and Related Effects on Research, Journal of Accounting and Economics, Vol.18, Issue 1, S.115 – 128.

Guenther, Thomas W. (2004): Communicating Intangible Resources for the Capital Market, in Fandel, G. et al. (Hrsg.): Modern Concepts of the Theory of the Firm, Berlin, Springer, S.552 – 574.

Hachmeister, Dirk (2004): Business Valuation in the New Economy – Back to the Basics, in Fandel, G. et al. (Hrsg.): Modern Concepts of the Theory of the Firm, Berlin, Springer, S.575 – 589.

Häcker, Joachim (2000): New Economy: Quo Vadis (I), Finanz Betrieb 2000, No.7, S.527 – 532.

Hand, John R. M. (2001): The Role of Book Income, Web Traffic, and Supply and Demand in the Pricing of U.S. Internet Stocks, European Finance Review, Vol.5, Issue 3, S.295 – 317.

Hanks, S. H.; Watson, C. J.; Jansen, E.; Chandler, G. N. (1993): Tightening the Life-Cycle Construct: A Taxonomic Study of Growth Stage Configurations in High-Technology Organizations, Entrepreneurship: Theory & Practice, Vol.18, Issue 2, S.5 – 30.

Harms, Rainer (2004): Entrepreneurship in Wachstumsunternehmen: Unternehmerisches Management als Erfolgsfaktor, Wiesbaden, Deutscher Universitäts-Verlag.

Hausberger, J.; Prohazka, M. (2001): Die Dynamik der Zusammenarbeit zwischen Unternehmer und Eigenkapitalpartner, in Stadler, Wilfried (Hrsg.): Venture Capital und Private Equity, Köln, Deutscher Wirtschaftsdienst, S.239 – 251.

Hauser, Stephanie E. (2003): Informationsverarbeitung am Neuen Markt, Dissertation, Wiesbaden, Gabler.

Hayn, Marc (2000): Bewertung junger Unternehmen, 2.Auflage, Herne, Neue Wirtschafts-Briefe.

Hayn, Marc (2005): Bewertung junger Unternehmen, in Peemöller, V. H. (Hrsg.): Praxishandbuch der Unternehmensbewertung, 3.Auflage, Herne, Neue Wirtschafts-Briefe, S.495 – 526.

Heckemüller, Carsten (2004): Corporate Finance Management zur Etablierung junger Wachstumsunternehmen, Wiesbaden, Gabler.

Helwege, J.; Liang, N. (1996): Is There a Pecking Order? Evidence from a Panel of IPO Firms, Journal of Financial Economics, Vol.40, Issue 3, S.429 – 458.

Hendel, Holger (2003): Die Bewertung von Start-up Unternehmen im Rahmen von Venture Capital Finanzierungen, Dissertation, Aachen, Shaker.

Herzig, Norbert (2004): IAS/IFRS und steuerliche Gewinnermittlung, Düsseldorf, IDW Verlag.

Hofer, C. W.; Sandberg, W. R. (1987): Improving New Venture Performance: Some Guidelines for Success, American Journal of Small Business, Vol.12, No.1, S.11 – 25.

Kaplan, S. N.; Ruback, R. S. (1995): The Valuation of Cash Flow Forecasts: An Empirical Analysis, The Journal of Finance, Vol.50, No.4, S.1059 – 1093.

Kaplan, S. N.; Sensoy, B. A.; Strömberg, P. (2005): What Are Firms? Evolution from Birth to Public Companies, Working Paper 11581, Cambridge, National Bureau of Economic Research.

Keiber, K.; Kronimus, A.; Rudolf, M. (2002): Bewertung von Wachstumsunternehmen am Neuen Markt, Zeitschrift für Betriebswirtschaft, 72.Jg., Nr.7, S.735 – 764.

Kiener, Wolfgang (2001): Unternehmensbewertung bei Neuemissionen innovativer Wachstumsunternehmen, Marburg, Tectum.

Kim, Yong H. (1978): A Mean-Variance Theory of Optimal Capital Structure and Corporate Debt Capacity, Journal of Finance, Vol.33, No.1, S.45 – 63.

King, Alfred M. (2002): Valuation – What Assets Are Really Worth, New Jersey, John Wiley and Sons.

Klein, A.; Marquardt, C. A. (2006): Fundamentals of Accounting Losses, Accounting Review, Vol.81, Issue 1, S.179 – 206.

Knetsch, J. L.; Sinden, J. A. (1984): Willingness to Pay and Compensation Demanded: Experimental Evidence of an Unexpected Disparity in Measures of Value, Quarterly Journal of Economics, Vol.99, Issue 3, S.507 – 521.

Knips, Susanne (2000): Risikokapital und Neuer Markt, Frankfurt am Main, Peter Lang.

Koller, T.; Goedhart, M.; Wessels, M. (2005): Valuation: Measuring and Managing the Value of Companies, 4th Edition, New Jersey, John Wiley and Sons.

Kollmann, Tobias (2005): Finanzierung von jungen Unternehmen in der Net Economy, in Börner, C. J.; Grichnik, D. (Hrsg.): Entrepreneurial Finance – Ein Kompendium der Gründungs- und Wachstumsfinanzierung, Heidelberg, Physica, S.65 – 80.

Kosfeld, Reinhold (1996): Kapitalmarktmodelle und Aktienbewertung, Eine statistisch-ökonometrische Analyse, Wiesbaden, Gabler.

Krafft, Manfred (2007): Kundenbindung und Kundenwert, 2.Auflage, Heidelberg, Physica.

Hommel, U.; Lehmann, H. (2001): Die Bewertung von Investitionsprojekten mit dem Realoptionsansatz – Ein Methodenüberblick, in Hommel, U.; Scholich, M.; Vollrath, R. (Hrsg.): Realoptionen in der Unternehmenspraxis, Berlin, Springer, S.113 – 129.

Hommel U.; Knecht, T. C. (2002): Wertorientiertes Start-Up-Management, München Vahlen.

Hommel, U.; Scholich, M.; Baecker, P. (2003): Reale Optionen – Konzepte, Praxis und Perspektiven strategischer Unternehmensfinanzierung, Berlin, Springer.

Hovakimian, A.; Opler, T.; Titman, S. (2001): The Debt-Equity Choice, Journal of Financial & Quantitative Analysis, Vol.36, Issue 1, S.1 – 24.

Howell, S. D.; Jagle, A. J. (1997): Laboratory Evidence on How Managers Intuitively Value Real Growth Options, Journal of Business Finance & Accounting, Vol.24, Issue 7/8, S.915 – 935.

Hull, John: (2006): Options, Futures and other Derivatives, 6th Edition, New Jersey, Pearson Prentice Hall.

IDW (2007): Entwurf einer Neufassung des IDW Standards: Grundsätze zur Durchführung von Unternehmensbewertungen (IDW ES 1 i.d.F. 2007), http://www.idw.de/idw/portal/d302226/index.jsp (07.10.2007).

Irmler, Danilo (2005): Bewertung von Wachstumsunternehmen auf der Basis des Modells von Schwartz und Moon, Dissertation, Erlangen, Universität Erlangen-Nürnberg.

Joos, P.; Plesko, G. A. (2005): Valuing Loss Firms, Accounting Review, Vol.80, Issue 3, S.847 – 870.

Jungbauer-Gans, M.; Preisendörfer, P. (1991): Verbessern eine gründliche Vorbereitung und sorgfältige Planung die Erfolgschancen neugegründeter Betriebe?, Zeitschrift für betriebswirtschaftliche Forschung, 20.Jg., Nr.11, S.987 – 997.

Kahneman, D.; Tversky, A. (1979): Prospect Theory: An Analysis of Decision Under Risk, Econometrica, Vol.47, Issue 2, S.263 – 291.

Kahneman, D.; Tversky, A. (1992): Advances in Prospect Theory: Cumulative Representation of Uncertainty, Journal of Risk & Uncertainty, Vol.5, Issue 4, S.297 – 323.

Krafft, M.; Rudolf, M.; Rudolf-Sipötz, E. (2005): Valuation of Customers in Growth Companies – A Scenario Based Model, Schmalenbach Business Review, Vol.57, S.103 – 127.

Krag, J.; Kasperzak, R. (2000): Grundzüge der Unternehmensbewertung, München, Franz Vahlen.

Kraus, Sascha (2006): Strategische Planung und Erfolg junger Unternehmen, Dissertation, Wiesbaden, Deutscher Universitäts-Verlag.

Krishnan, J.; Press, E. (2003): The North American Industry Classification System and Its Implications for Accounting Research, Contemporary Accounting Research, Vol.20, Issue 4, S.685 – 717.

Krolle, S.; Oßwald, U. (2001): Real Option Valuation: Synthese von Strategie und Wert: Anwendungsbeispiel für ein Internet Portal, in Hommel, U.; Scholich, M.; Vollrath, R. (Hrsg.): Realoptionen in der Unternehmenspraxis, Berlin, Springer, S.279 – 302.

Kronimus, André (2003): Firm Valuation in Continuous Time, Dissertation, Vallendar, WHU.

Kruschwitz, Lutz (2007): Investitionsrechnung, 11. Auflage, München, Oldenbourg.

Küting, Karlheinz (2001): Bilanzierung und Bilanzanalyse am Neuen Markt: Wege zur umfassenden Unternehmensanalyse, Stuttgart, Schäffer-Poeschel.

Lev, Baruch (2001): Intangibles – Management, Measurement, and Reporting, Washington D.C., Brookings Institution Press.

Lev, B.; Sougiannis, T. (1996): The Capitalization, Amortization, and Value-Relevance of R&D, Journal of Accounting and Economics, Vol.21, No.1, S.107 – 138.

Li, Haiyang (2001): How Does New Venture Strategy Matter in the Environment-Performance Relationship?, Journal of High Technology Management Research, Vol.12, No.2, S.183 – 204.

Liu, J.; Nissim, D.; Thomas, J. (2002): Equity Valuation Using Multiples, Journal of Accounting Research, Vol.40, Issue 1, S.135 – 172.

Liu, J.; Nissim, D.; Thomas, J. (2007): Is Cash Flow King in Valuations?, Financial Analysts Journal, Vol.63, No.2, S.56 – 65.

Loderer, C.; Jörg, P.; Pichler, K.; Roth, L.; Zgraggen, P. (2002): Handbuch der Bewertung, 2. Auflage, Frankfurt am Main, Frankfurter Allgemeine Zeitung.

Löhnert, P. G.; Böckmann, U. J. (2005): Multiplikatoren in der Unternehmensbewertung, in Peemöller, V. H. (Hrsg.): Praxishandbuch der Unternehmensbewertung, 3.Auflage, Herne, Neue Wirtschafts-Briefe, S.403 – 428.

Longstaff, F. A.; Schwartz, E. S. (2001): Valuing American Options by Simulation: A Simple Least-Squares Approach, Review of Financial Studies, Vol.14, Issue 1, S.113 – 147.

Mackie-Mason, Jeffrey K. (1990): Do Taxes Affect Corporate Financing Decisions?, Journal of Finance, Vol.45, Issue 5, S.1471 – 1493.

MacMahon, J.; Murphy, E. (1999): Managerial Effectiveness in Small Enterprises: Implications for HRD, Journal of European Industrial Training, Vol.32, No.1, S.25 – 35.

Mahajan, V.; Muller, E. (1996): Timing, Diffusion and Substitution of Successive Generations of Technological Innovations: The IBM Mainframe Case, Technological Forecasting and Social Change, Vol.51, No.2, S.109 – 132.

Mandl, G.; Rabel, K. (1997): Unternehmensbewertung: Eine praxisorientierte Einführung, Wien, Ueberreuter Wirtschaft.

Mandl, G.; Rabel, K. (2005): Methoden der Unternehmensbewertung (Überblick), in Peemöller, V. H. (Hrsg.): Praxishandbuch der Unternehmensbewertung, 3.Auflage, Herne, Neue Wirtschafts-Briefe, S.47 – 88.

Markowitz, Harry M. (1952): Portfolio Selection, Journal of Finance, Vol.7, Issue 1, S.77 – 91.

Mason, C. M.; Harrison, R. T. (2000): Informal Venture Capital and the Financing of Emergent Growth Businesses, in Sexton, D. L.; Landström, H. (Hrsg.): The Blackwell Handbook of Entrepreneurship, Oxford, Blackwell, S.221 – 239.

McGrath, R. G.; MacMillan, I. C. (2000): The Entrepreneurial Mindset, Boston, Harvard Business School Press.

Merton, Robert C. (1973a): An Intertemporal Capital Asset Pricing Model, Econometrica, Vol.41, No.5, S.867 – 887.

Merton, Robert C. (1973b): Theory of Rational Option Pricing, Bell Journal of Economics and Management Science, Vol.4, No.1, S.141 – 181.

Meyer, Bernhard H. (2006): Stochastische Unternehmensbewertung – Der Wertbeitrag von Realoptionen, Dissertation, Wiesbaden, Gabler.

Michaelas, N.; Chittenden, F.; Poutziouris, P. (1999): Financial Policy and Capital Structure Choice in UK SMEs: Empirical Evidence from Company Panel Data, Small Business Economics, Vol.12, No.2, S.113 – 130.

Miles, J. A.; Ezzell, J. R. (1980): The Weighted Average Cost of Capital, Perfect Capital Markets, and Project Life: A Clarification, Journal of Financial and Quantitative Analysis, Vol.15, Issue 3, S.719 – 730.

Modigliani, F.; Miller, M. H. (1958): The Cost of the Capital, Corporation Finance and the Theory of Investment, American Economic Review, Vol.48, No.3, S.261 – 297.

Modigliani, F.; Miller, M. H. (1963): Corporate Income Taxes and the Cost of Capital: A Correction, American Economic Review, Vol.53, No.3, S.433 – 443.

Moog, Petra (2004): Humankapital des Gründers und Erfolg der Unternehmensgründung, Dissertation, Wiesbaden, Deutscher Universitäts-Verlag.

Moreno, Justo de Jorge (2008): Productivity Growth, Technical Progress and Efficiency Change in Spanish Retail Trade (1995-2004): A Disaggregated Sectoral Analysis, International Review of Retail, Distribution & Consumer Research, Vol.18, Issue 1, S.87 – 103.

Mostowfi, Mehdi (2000): Berücksichtigung von Realoptionen bei der Bewertung von Unternehmensakquisitionen, Dissertation, Frankfurt am Main, Peter Lang.

Moxter, Adolf (1983): Grundzüge ordnungsmäßiger Unternehmensbewertung, 2. Auflage, Wiesbaden, Gabler.

MSCI Barra (2008): Global Industry Classification Standard (GICS), http://www.mscibarra.com/products/gics/ (10.03.2008).

Müller, Jürgen (2001): Bewertung von Markteintrittsoptionen unter Berücksichtigung des Wettbewerbs, in Hommel, U.; Scholich, M.; Vollrath, R. (Hrsg.): Realoptionen in der Unternehmenspraxis, Berlin, Springer, S.303 – 324.

Müller, Sarah (2003): Die Bewertung junger Unternehmen und Behavioral Finance, Dissertation, Köln, Josef Eul.

Münstermann, Hans (1970): Wert und Bewertung der Unternehmung, 3.Auflage, Wiesbaden, Gabler.

Mun, Johnathan (2006): Modeling Risk – Applying Monte Carlo Simulation, Real Options Analysis, Forecasting, and Optimization Techniques, New Jersey, John Wiley and Sons.

Myers, Stewart C. (1977): Determinants of Corporate Borrowing, Journal of Financial Economics, Vol.5, Issue 2, S.147 – 175.

Myers, Stewart C. (1984): The Capital Structure Puzzle, Journal of Finance, Vol.39, No.3, S.575 – 592.

Myers, S. C.; Majluf, N. S. (1984): Corporate Financing and Investment Decisions When Firms Have Information That Investors Do Not Have, Journal of Financial Economics, Vol.13, Issue 2, S.187 – 221.

Newton, D. P.; Paxson, D. A.; Widdicks, M. (2004): Real R&D Options, International Journal of Management Reviews, Vol.5/6, Issue 2, S.113 – 130.

Nitzsch, von R.; Rouette, C.; Stotz, O. (2005): Kapitalstrukturentscheidungen junger Unternehmen, in Börner, C. J.; Grichnik, D. (Hrsg.): Entrepreneurial Finance – Ein Kompendium der Gründungs- und Wachstumsfinanzierung, Heidelberg, Physica, S.409 – 429.

Nowak, Karsten (2000): Marktorientierte Unternehmensbewertung, Dissertation, Wiesbaden, Gabler.

Paddock, J. L.; Siegel, D. R.; Smith, J. L. (1988): Option Valuation of Claims on Real Assets: The Case of Offshore Petroleum Leases, Quarterly Journal of Economics, Vol.103, Issue 3, S.479 – 508.

Peemöller, Volker H. (2005): Praxishandbuch der Unternehmensbewertung, 3.Auflage, Herne, Neue Wirtschafts-Briefe.

Peemöller, V. H.; Geiger, T.; Barchet, H. (2001): Bewertung von Early-Stage-Investments im Rahmen der Venture Capital-Finanzierung, Finanz Betrieb, Nr.5, S.334 – 344.

Pellens, B.; Fülbier, R. U.; Gassen, J. (2006): Internationale Rechnungslegung, 6.Auflage, Stuttgart, Schäffer-Poeschel.

Pernsteiner, Helmut (2003): Venture Capital und ähnliche Formen – Eine finanzwirtschaftliche Erörterung, in Kofler, G.; Polster-Grüll, B. (Hrsg.): Private Equity & Venture Capital, Wien, Linde, S.63 – 86.

Phillips, B. D.; Kirchoff, B. A. (1989): Formation, Growth, and Survival: Small Firm Dynamics in the. U.S. Economy, Small Business Economics, Vol.1, No.1, S.65 – 74.

Pleschak, Franz (1996): Finanzierung junger Technologieunternehmen, in Baier, W.; Pleschak, F. (Hrsg.): Marketing und Finanzierung junger Technologieunternehmen, Wiesbaden, Gabler, S.101 – 166.

Porter, Michael E. (1999): Wettbewerbsstrategie – Methoden zur Analyse von Branchen und Konkurrenten, 10.Auflage, Frankfurt am Main, Campus.

Purle, Enrico (2004): Management von Komplexität in jungen Wachstumsunternehmen, Dissertation, Köln, Josef Eul.

Quigg, Laura (1993): Empirical Testing of Real Option-Pricing Models, Journal of Finance, Vol.48, Issue 2, S.621 – 640.

Rajan, R. G.; Zingales, L. (1995): What Do We Know About Capital Structure? Some Evidence from International Data, Journal of Finance, Vol.50, No.5, S.1421 – 1460.

Rajgopal, S.; Kotha, S.; Venkatachalam, M. (2000): The Relevance of Traffic for Internet Stock Prices, Working Papers, California, Stanford Graduate School of Business.

Rappaport, Alfred (1998): Creating Shareholder Value: A Guide for Managers and Investors, 2nd, New York, Free Press.

REGIERUNGonline (2007): Unternehmenssteuerreform 2008: Gut für den Standort Deutschland, http://www.bundesregierung.de/Content/DE/Artikel/2007/07/2007-07-06-unternehmenssteuerreform.html (29.02.2008).

Ross, S. A.; Westerfield, R. W.; Jaffe, J. (2005): Corporate Finance, 7th Edition, Boston, McGraw-Hill.

Rudolf, Markus (2004): Valuation of Growth Companies and Growth Options, in Fandel, G. et al. (Hrsg.): Modern Concepts of the Theory of the Firm, Berlin, Springer, S.449 – 473.

Rudolf, M.; Witt, P. (2002): Bewertung von Wachstumsunternehmen, Wiesbaden, Gabler.

Ruhnka, J. C.; Young, J. E. (1987): A Venture Capital Model of the Development Process for New Ventures, Journal of Business Venturing, Vol.2, Issue 2, S.167 – 184.

Sawhney, M.; Gulati, R.; Paoni, A. (2001): TechVenture – New Rules on Value and Profit from Silicon Valley, New Jersey, John Wiley and Sons.

Schäfer, H.; Schässburger, B. (2001a): Bewertungsmängel von CAPM und DCF bei innovativen wachstumsstarken Unternehmen und optionspreistheoretische Alternativen, Zeitschrift für Betriebswirtschaft, 71.Jg., Nr.1, S.85 – 107.

Schäfer, H.; Schässburger, B. (2001b): Bewertung eines Biotech-Start-ups mit dem Realoptionsansatz, in Hommel, U.; Scholich, M.; Vollrath, R. (Hrsg.): Realoptionen in der Unternehmenspraxis, Berlin, Springer, S.252 – 278.

Schefczyk, M.; Pankotsch, F. (2003): Betriebswirtschaftslehre junger Unternehmen, Stuttgart, Schäffer-Poeschel.

Schierenbeck, H.; Lister, M. (2001): Value Controlling: Grundlagen wertorientierter Unternehmensführung, München, Oldenbourg.

Schildbach, Thomas (2000): Ein fast problemloses DCF-Verfahren zur Unternehmensbewertung, Zeitschrift für betriebswirtschaftliche Forschung, 52.Jg., S.707 – 723.

Schopper, Christian (2001): Die Bewertung von Wachstumsunternehmen, in Stadler, Wilfried (Hrsg.): Venture Capital und Private Equity, Köln, Deutscher Wirtschaftsdienst, S.283 – 296.

Schreiner, A.; Spremann, K. (2007): Multiples and Their Valuation Accuracy in European Equity Markets, Working Paper, St. Gallen, Universität St. Gallen.

Schwartz, Eduardo S. (2004): Patents and R&D as Real Options, Economic Notes, Vol.33, Issue 1, S.23 – 54.

Schwartz, E. S.; Moon, M. (2000): Rational Pricing of Internet Companies, Financial Analysts Journal, Vol.56, Issue 3, S.62 – 75.

Schwartz, E. S.; Moon, M. (2001): Rational Pricing of Internet Companies Revisted, The Financial Review, Vol.36, Issue 4, S.7 – 26.

Schwartz, E. S.; Trigeorgis, L. (2001): Real Options And Investment Under Uncertainty: Classical Readings and Recent Contributions, Cambridge, The MIT Press.

Schwetzler, Bernhard (2000): Der Einfluß von Wachstum, Risiko und Risikoauflösung auf den Unternehmenswert, HHL-Arbeitspapier 35, Leipzig, HHL.

Schwetzler, Bernhard (2005): Bewertungsverfahren für Early-Stage-Finanzierungen, in Börner, C. J.; Grichnik, D. (Hrsg.): Entrepreneurial Finance – Ein Kompendium der Gründungs- und Wachstumsfinanzierung, Heidelberg, Physica, S.155 – 177.

Seidenschwarz, W.; Brinkmann, H.-D.; Linnemann, S.; Grandl, G. (2003): Kundenorientierung im Controlling junger Wachstumsunternehmen, in Achleitner, A.-K.; Bassen, A. (Hrsg.): Controlling von jungen Unternehmen, Stuttgart, Schäffer-Poeschel, S.51 – 68.

Sharpe, William F. (1964): Capital Asset Prices: A Theory of Market Equilibrium under Conditions of Risk, The Journal of Finance, Vol.19, Issue 3, S.425 – 442.

Shyam-Sunder, L.; Myers, S. C. (1999): Testing Static Trade-Off against Pecking Order Models of Capital Structure, Journal of Financial Economics, Vol.51, No.2, S.219 – 244.

Sieben, Günter (1993): Unternehmensbewertung, in Wittmann, W.; Kern, W.; Köhler, R.; Küpper, H. U.; Wysocki, K. V. (Hrsg.): Handwörterbuch der Betriebswirtschaft, 5.Auflage, Stuttgart, Schäffer-Poeschel, Sp.4315 – 4331.

Sieben, G.; Maltry, H. (2005): Der Substanzwert der Unternehmung, in Peemöller, V. H. (Hrsg.): Praxishandbuch der Unternehmensbewertung, 3.Auflage, Herne, Neue Wirtschafts-Briefe, S.377 – 401.

Siegel, R.; Siegel, E; MacMillan, I. C. (1993): Characteristics Distinguishing High-Growth Ventures, Journal of Business Venturing, Vol.8, No.2, S.169 – 180.

Simon, Herbert A. (1955): A Behavioral Model of Rational Choice, Quarterly Journal of Economics, Vol.69, Issue 1, S.99 – 118.

Smith, J. K.; Smith, R. L. (2004): Entrepreneurial Finance, 2nd Edition, New Jersey, John Wiley and Sons.

Specht, Katja (2000): Modelle zur Schätzung der Volatilität: Eine theoretische und empirische Analyse am Beispiel von Finanzmarktdaten, Wiesbaden, Gabler.

Spremann, Klaus (2002): Finanzanalyse und Unternehmensbewertung, München, Oldenbourg.

Stadler, Wilfried (2001): Venture Capital und Private Equity, Köln, Deutscher Wirtschaftsdienst.

Standard & Poor's (2008): GICS, http://www2.standardandpoors.com/portal/site/sp/en/us/page.topic/Indices_gics/2,3,1,7,0,0,0,0,0,0,0,0,0,0,0,0.html (10.03.2008).

Stearns, T. M.; Carter, N. M.; Reynolds, P. D.; Williams, M. L. (1995): New Firm Survival: Industry, Strategy and Location, Journal of Business Venturing, Vol.10, No.1, S.23 – 42.

Steiner, M.; Wallmeier, M. (1998): Erwartete Renditen am deutschen Aktienmarkt, in Kleeberg, J. M.; Rehkugler, H. (Hrsg.): Handbuch Portfoliomanagement, Bad Soden/ Taunus, Uhlenbruch.

Stewart, Thomas A. (1999): Intellectual Capital – The New Wealth of Organizations, Reprint, London, Brealey.

Stinchcombe, Arthur L. (1965): Social Structure and Organizations, in March, J. G. (Hrsg.): Handbook of Organizations, Chicago, Rand McNally, S.142 – 193.

Stringfellow, Martin (2001): Mezzanine-Finanzierung für Wachstumsunternehmen, in Stadler, Wilfried (Hrsg.): Venture Capital und Private Equity, Köln, Deutscher Wirtschaftsdienst, S.117 – 122.

Tashjian, E.; Lease, R. C. (1996): Prepacks an Empirical Analysis of Prepackaged Bankruptcies, Journal of Financial Economics, Vol.40, Issue 1, S.135 – 162.

Teitz, M. B.; Glasmeier, A.; Svensson, D. (1981): Small Business and Employment Growth in California, Working Paper No.348, Berkeley, University of California.

Timmons, J. A.; Spinelli, S. (2007): New Venture Creation: Entrepreneurship for the 21st Century, 7th Edition, Boston, McGraw-Hill.

Titman, S.; Martin, J. D. (2008): Valuation: The Art & Sience of Corporate Investment Decisions, New York, Pearson Addison Wesley.

Titman, S.; Wessels, R. (1988): The Determinants of Capital Structure Choice, Journal of Finance, Vol.42, No.1, S.1 – 19.

Tomaszewski, Claude (2000): Bewertung strategischer Flexibilität beim Unternehmenserwerb, Frankfurt am Main, Peter Lang.

Treynor, Jack L. (1994): Growth Companies, Financial Analysts Journal, Vol.50, Issue 6, S.12 – 16.

Trigeorgis, Lenos (1996): Real Options: Managerial Flexibility and Strategy in Resource Allocation, Cambridge, MIT Press.

Trueman, B.; Wong, F.; Zhang, X.-J. (2000): The Eyeballs Have It: Searching for the Value in Internet Stocks, Journal of Accounting Research, Vol.38, Issue 3, S.137 – 162.

U.S. Census Bureau (2008): North American Industry Classification System (NAICS): 2007 NAICS Codes and Titles, http://www.census.gov/naics/2007/NAICOD07.HTM (10.03.2008).

Valkanov, Rossen (2001): Rational Valuation of an Internet Company: The Case of Amazon.com, Working Paper, Los Angeles, The Anderson School UCLA.

Voigt, K.-I.; Erhardt V.; Ingerfeld, M. (2003): Innovationen und Innovationscontrolling in jungen Unternehmen, in Achleitner, A.-K.; Bassen, A. (Hrsg.): Controlling von jungen Unternehmen, Stuttgart, Schäffer-Poeschel, S.91 – 115.

Warner, Jerold B. (1977): Bankruptcy Costs: Some Evidence, Journal of Finance, Vol.32, No.2, S.337 – 347.

Weckbach, Stefan (2004): Corporate Financial Distress: Unternehmensbewertung bei finanzieller Enge, Dissertation, Bamberg, Difo-Druck.

Weinzimmer, L. G.; Nystrom, P. C.; Freeman, S. J. (1998): Measuring Organizational Growth: Issues, Consequences and Guidelines, Journal of Management, Vol.24, No.2, S.235 – 262.

Weiss, Lawrence A. (1990): Bankruptcy Resolution: Direct Costs and Violation of Priority Claims, Journal of Financial Economics, Vol.27, Issue 2, S.285 – 314.

Wenzel, Andreas (2006): Kapitalstrukturpolitik in Wachstumsunternehmen, Dissertation, Bad Soden/Taunus., Uhlenbruch.

Weston, J. F.; Mitchell, M. L.; Mulherin, J. H. (2004): Takeovers, Restructuring, and Corporate Governance, 4th Edition, New Jersey, Pearson Prentice Hall.

White, Michelle J. (1989): The Corporate Bankruptcy Decision, Journal of Economic Perspectives, Vol.3, No.2, S.129 – 151.

White, Michelle J. (1993): The Costs of Corporate Bankruptcy: A U.S.-European Comparison, in Bhandari, J.; Weiss, L. (Hrsg.): Corporate Bankruptcy: Economic and Legal Perspectives, Cambridge, Cambridge University Press.

Wiklund, Johan (1998): Small Firm Growth and Performance: Entrepreneurship and Beyond, Dissertation, Jönköping, Jönköping International Business School.

Winkelmann, Michael (1984): Aktienbewertung in Deutschland, Königstein, Hain.

Wipfli, Cyrill (2001): Unternehmensbewertung im Venture Capital-Geschäft, Dissertation, Wien, Paul Haupt.

Witt, Peter (2004): The Valuation of Intangibles in New Economy Firms, in Fandel, G. et al. (Hrsg.): Modern Concepts of the Theory of the Firm, Berlin, Springer, S.615 – 632.

Wortmann, André (2001): Shareholder Value in mittelständischen Wachstumsunternehmen, Wiesbaden, Gabler.

Zahra, Shaker A. (1996): Technology Strategy and New Venture Performance: A Study of Corporate-Sponsored and Independent Biotechnology Ventures, Journal of Business Venturing, Vol.11, No.4, S.289 – 321.

Autorenprofil

Nicolas Heinrichs, Dipl. Kfm., Studium der Betriebswirtschaftslehre an der Universität zu Köln und an der Corvinus Universität in Budapest mit der Spezialisierung Corporate Finance. Abschluss im April 2008 als Diplom Kfm. Anschließend Stipendium zur Promotion im Graduiertenkolleg mit der Thematik „Theoretische und empirische Grundlagen des Risikomanagements".